RECOMENDACIONES

APRENDA A LEER EL GRIEGO DEL NU

MW00786161

Aprenda a leer el griego del Nuevo Testamento es una obra que combina la lucidez de un gran erudito del Nuevo Testamento y la pasión de un piadoso seguidor de Jesucristo. Dr. David Black es un gran maestro. Le doy gracias a Dios por la publicación de este texto en español. Aproveche el recurso que tiene en sus manos y aprenda a leer en griego la dulce y eterna Palabra de Dios revelada en el Nuevo Testamento.

Edgar Aponte
Director de Desarrollo de Liderazgo Hispano y Instructor de Teología
Southeastern Baptist Theological Seminary
Contribuyente del blog "Entre los tiempos"

La iglesia del mundo hispano será bendecida grandemente con esta traducción del magnifico libro de David Alan Black al español. Lo recomiendo para cada estudiante del idioma del Nuevo Testamento para el conocimiento de la Palabra de Dios y preparación para el ministerio a Su sagrada iglesia.

Alex Montoya
Pastor
Primera Iglesia Bíblica Fundamental
Autor de *Predicando con pasíon* (Portavoz)

Esta gramática, que tienes en tus manos, está escrita con la finalidad de que puedas aprender a leer el texto del Nuevo Testamento por ti mismo o con un grupo de amigos. No necesita, en principio, profesor–aunque no se lo excluye.

Se trata de una gramática actualizada que incorpora los logros de las gramáticas tradicionales de la lengua griega neotestamentaria así como los de la investigación lingüística y semántica elemental actual, y todo ello expuesto de modo sencillo y comprensible para el lector no especializado, utilizando técnicas de aprendizaje de las lenguas vivas y usando siempre desde el primer momento el léxico del Nuevo Testamento y/o textos de fácil lectura del mismo.

Es una gramática muy pedagógica. Cada lección sigue un esquema similar: explicación breve de la nomenclatura gramatical con ejemplos comparativos tomados de la lengua española, utilizando letras negritas, fondos grises o tablas y gráficos para destacar los elementos más importantes de la misma.

Por todo ello, esperamos que sea sumamente útil para quienes desean aprender a leer el Nuevo Testamento en su lengua original.

Jesús Peláez
Catedrático de Filología Griega
Universidad de Córdoba (España)
Cofundador y editor de *Filología Neotestamentaria*

Aprenda a leer el griego del Nuevo Testamento tiene características significativas que tienen el propósito de ayudar al hispanoparlante a aprender este idioma en la forma más fácil posible. El autor utiliza una metodología de aprendizaje actualizada. La forma progresiva en la cual se presentan los temas, las explicaciones sencillas, las ilustraciones que toman en cuenta el contexto hispano y los ejercicios prácticos ayudan al alumno a enfrentar confiadamente el desafío de aprender este idioma que es esencial para comprender claramente y explicar correctamente el mensaje de Dios en el Nuevo Testamento.

Daniel R. Sanchez
Profesor de Misiones
Southwestern Baptist Theological Seminary
Coautor de *Sharing the Good News with Roman Catholic Friends* (Church Starting Network)

... condensa muchos años de experiencia y conocimiento linguistico; conciso, preciso, pulido, y escrito por alguien con el corazón de un pastor.

Gary S. Shogren
Profesor
Seminario ESEPA
Autor de *1 and 2 Thessalonians* (Zondervan)

Leer el Nuevo Testamento en el original griego es la aspiración de muchos pero la realidad de relativamente pocos hispanoparlantes. Esta nueva gramática que Energion Publications nos ofrece es el instrumento ideal para satisfacer de manera efectiva y contundente la necesidad de elevar la comprensión de los textos inspirados basándose en el original. La gramática de David Black presenta el material que debe ser aprendido en forma clara y acertada. No hay otra gramática en español con la que se la pueda comparar por ser tan fácil de entender o más completa en su exposición. Todo aquel que la use encontrará en ella todo lo que necesita saber para leer el mensaje del Nuevo Testamento y ver cosas que nunca antes había visto.

Herold Weiss
Profesor Emérito de Nuevo Testamento
Saint Mary's College (Indiana EE.UU.)
Autor de *Meditations on According to John: Exercises in Biblical Theology*

RECOMENDACIONES TRADUCIDAS DE LA EDICIÓN EN INGLÉS

Una gramática introductoria simplificada que los estudiantes le gustarían en clases de griego.
Murray J. Harris
Profesor Emérito de Nuevo Testamento y Teología
Trinity Evangelical Divinity School
Autor de *3 preguntas clave sobre Jesús* (Clie)

Con gráficos claros, claros ejemplos, y claros explicaciones, ¡¿qué más se puede pedir de una gramática introductoria?!

Darrell L. Bock
Profesor de Investigación de Estudios del Nuevo Testamento
Dallas Theological Seminary
Autor de *Lucas* (Vida)

Pedagógico concebido, lingüísticamente informado, hermenéutico sensible, enfocado en la Biblia—única entre las gramáticas introductorias. Se establece un nuevo estándar.

Robert Yarbrough
Profesor de Nuevo Testamento
Covenant Theological Seminary
Coautor de *Al Encuentro del Nuevo Testamento* (Nelson)

Aprenda a leer
el griego
del Nuevo Testamento

David Alan Black

Traducido por Thomas W. Hudgins,
Lesly J. Hudgins, y Fiorella Polo

Energion Publications
Gonzalez, Florida
2015

Cover Design: Henry E. Neufeld
Cover Image Credit: ID 16226298 © Dave Bredeson | Dreamstime.com

ISBN 10: 1-63199-029-2
ISBN 13: 978-1-63199-029-8
Library of Congress Control Number: 2015936488

Energion Publications
P. O. Box 841
Gonzalez, FL 32560

energion.com

A MIS ESTUDIANTES DE GRIEGO

PASADOS,
PRESENTES,
Y FUTUROS

CONTENIDO

Acerca de este libro

La lengua griega ha ejercido siempre una atracción peculiar para los lectores y expositores del Nuevo Testamento. En inglés se han publicado más de un centenar de gramáticas introductorias sobre el griego del Nuevo Testamento, muchas de ellas compuestas por eruditos de primera clase. Sería muy raro, por tanto, que la gramática actual no hubiera sufrido la influencia de las anteriores, pero estoy seguro de que la aparición de este libro no es el mero producto de las deficiencias de sus precursores. Sin embargo, es satisfactorio saber que cualquier tema aumenta su interés, aunque sea en un grado pequeño, gracias al tratamiento independiente de la misma materia a la luz de las investigaciones más recientes. Por tanto, el objetivo del presente volumen — escrito por la amable invitación de los editores — es satisfacer la necesidad de hoy día acerca de esta materia, aplicar una metodología lingüística bien informada y hacer hincapié en los modelos contemporáneos del aprendizaje de idiomas. La simplicidad de las explicaciones, el uso de un vocabulario básico, y los abundantes ejercicios de traducción están diseñados para preparar al estudiante para futuros cursos "prácticos" en exégesis. Además, el hincapié en la lengua proporciona la base para cursos más avanzados de gramática. Albergo la esperanza de que este libro no sea indigno de las gramáticas que lo han precedido, y que la naturaleza de las lecciones lo signifique como una introducción útil a la lingüística griega, un campo especialmente preparado para proyectar una luz nueva sobre las palabras de las Escrituras.

El texto está dividido en 26 lecciones, la mayoría de las cuales se organiza de acuerdo a la siguiente distribución: presentación de los conceptos gramaticales y de las formas que deben ser aprendidos, dividida en unidades manejables; una lista de vocablos esenciales que han de aprenderse de memoria; y ejercicios basados en el material que se ha tratado en la lección. El libro es adecuado para el estudio o para el repaso, para el trabajo individual o de grupo, como parte de un curso de actualización, o como guía útil de referencia. Está pensado para ser utilizado durante un año completo de estudio con una clase a la semana, con tiempo suficiente para pruebas complementarias, y para el repaso.

Algunas características de las lecciones merecen una breve explicación:

(1) La presentación de la gramática no solo intenta aclarar las reglas, sino dar al estudiante una comprensión de la naturaleza de la lengua, sobre todo en temas tan fundamentales como la importancia del aspecto verbal y la función del artículo.

(2) Ya que muchos estudiantes no están familiarizados con la gramática y en particular con la nomenclatura gramatical, se presenta cada tema por medio de una explicación preliminar sencilla de la terminología con ilustraciones de la lengua española.

(3) He adoptado en todas partes el lenguaje más sencillo posible para explicar cada tema concreto, y he incluido solo aquellos conceptos y términos lingüísticos que tienen en mi opinión la mejor aplicación en la enseñanza del griego.

(4) Ya que el acercamiento más estimulante al griego antiguo se logra por medio de frases griegas originales, las lecciones contienen numerosos ejemplos tomados directamente del Nuevo Testamento, y, en la medida posible, las que contienen sólo formas gramaticales aparecidas anteriormente.

(5) La memorización de los paradigmas se ha reducido al mínimo, pues el estudiante necesita que se le enseñe cómo reconocer los esquemas básicos de las palabras y cómo interpretarlas a través del análisis morfológico.

(6) Hemos adoptado varios elementos visuales como ayuda a la comprensión, como el empleo de la negrita, los subrayados, tablas, y gráficos.

(7) Finalmente, en la presentación de los rasgos principales de la lengua hemos imprimido los principios fundamentales en caracteres grandes, mientras que las cuestiones en detalle se presentan en una fuente reducida, sin que ello implique que los temas así ofrecidos sean de menor importancia o que puedan ser omitidos.

Las diversas formas de la flexión y los invariables aquí presentados son los normales en una introducción a la gramática. Teniendo en cuenta el hecho de que muchos estudiantes no han tenido una idea previa de la flexión del verbo, se ha centrado la atención especialmente en la descripción progresiva de los tiempos en griego. Los tiempos del indicativo activo se presentan de la siguiente manera: presente y futuro (Lección 3), imperfecto y aoristo (Lección 7), y perfecto y pluscuamperfecto (Lección 10). Lecciones subsecuentes tratan las voces media y pasiva del modo indicativo, verbos contractos y líquidos, participios, infinitivos, el subjuntivo, imperativo y optativo, y, finalmente, los verbos de la conjugación en -μι. Se ha realizado un esfuerzo considerable para colocar unos al lado de otros los paradigmas de formas más o menos similares para facilitar su comprensión (como el presente y futuro indicativo de la voz activa), así como para presentar las formas nuevas relacionadas en su secuencia natural (como con los verbos contractos y líquidos). Por otro lado, la introducción a las voces media y pasiva ha sido deliberadamente pospuesta hasta que se haya aprendido todo el sistema de la voz activa, secuencia que en la práctica real significa alcanzar el objetivo de una comprensión más clara de la importancia del aspecto verbal del griego en el Nuevo Testamento. Con el fin de que el alumno pueda tener la oportunidad de familiarizarse con los tiempos griegos antes de enfrentarse a la flexión, la Lección 2 ofrece una descripción preliminar del sistema de los verbos en griego. Ello se complementa con un resumen del modo indicativo en la Lección 16.

Los vocabularios contienen palabras que son lo suficientemente regulares en el Nuevo Testamento griego como para que se justifique la recomendación de que se aprendan de forma permanente lo más pronto posible. Se han agrupado todas las palabras de un mismo tipo, y se ha proporcionado una lista completa de derivados y de términos parecidos en español para demostrar la estrecha relación entre el español y el griego, y permitir así que el estudiante aprenda y comprenda el vocabulario de la mejor y más fácil manera posible. Siempre que la lengua lo permita, se añade la raíz griega en la lista de palabras. Esta es una manera de aliviar la carga de adquisición del vocabulario. Por ello el instructor que use este manual como libro de texto puede requerir que estas formas sean aprendidas como parte del vocabulario regular, especialmente a los estudiantes que tengan en mente seguir sus estudios de griego más de un año.

Los ejercicios de griego-español están diseñados en este libro para ilustrar los principios gramaticales que van apareciendo en cada lección, así como las formas y usos gramaticales que han sido explicados anteriormente. Con la repetición de cada uno de estos ejercicios, el estudiante obtendrá una facilidad considerable para entender mucho mejor la lengua. En la primera parte del libro, algunas de estas frases han sido tomadas del Nuevo Testamento, aunque he tratado de no introducir empleos poco usuales en la lengua del Nuevo Testamento. A partir de la Lección 18, sin embargo, se utilizan exclusivamente fragmentos del Nuevo Testamento griego para la traducción de los ejercicios. Este uso del griego original tiene un doble objetivo: dar a los estudiantes una visión del lenguaje y del pensamiento de los autores del Nuevo Testamento, y prepararlos para la experiencia de la culminación de sus estudios, a saber, leer, y entender el texto original del Nuevo Testamento. Una consideración fundamental en la inclusión de estos extractos consiste en que el material sea interesante por sí mismo y no escogido simplemente por el hecho de que ilustra las formas y las sintaxis.

Puesto que el objetivo principal de este libro es la lectura del texto griego, y no la composición en esta lengua, hemos relegado a un apéndice el uso de los acentos griegos. Por ello no se han incluido en este libro ejercicios de retroversión del español al griego, y prácticas con los numerales, con las formas y construcciones no usuales como el participio y el infinitivo futuros, el optativo, y la negación μή usada como una conjunción. Por ello, el lector encontrará aquí poco que sea tan sólo "interesante":

los temas presentados están directamente relacionados con la interpretación del Nuevo Testamento griego. Por lo tanto, es más importante aún que el estudiante aprenda bien los principios aquí incluidos para ser capaces de avanzar tan rápido como sea posible de la gramática a la exégesis.

Este volumen es el tercer y último tomo de una trilogía de contribuciones al estudio del Nuevo Testamento en griego. El primero, *Linguistics for Students of New Testament Greek: A Survey of Basic Concepts and Applications* (publicado por Baker), está diseñado para mostrar la importancia de la moderna lingüística en la interpretación del Nuevo Testamento. El segundo volumen, *Using New Testament Greek in Ministry: A Practical Guide for Students and Pastors* (publicado también por Baker) pretende ofrecer al estudiante las características principales de la exégesis del Nuevo Testamento en una forma práctica y flexible. El trabajo presente completa la serie con una presentación sencilla pero completa de los elementos del griego en el Nuevo Testamento. Ya que este libro se ocupa principalmente de los elementos del griego con el objetivo de la adquisición de la lengua y no de las discusiones detalladas de lingüística, el procedimiento de análisis del discurso en la Lección 26, por ejemplo, se limita a los elementos del discurso y permanece sólo en la superficie de este importante campo de estudio. Los estudiantes interesados en esos temas deben consultar la bibliografía proporcionada en el Epílogo.

Me resta reconocer mi más cálido agradecimiento a aquellos que me han ayudado a escribir este libro y a quienes son responsables en gran parte de lo mucho que pueda ser útil. En primer lugar, mi agradecimiento a los autores cuyos trabajos están catalogados en el Epílogo, muestra evidente para todos de mi agradecimiento siempre presente para con sus valiosas y provechosas contribuciones en el estudio del griego del Nuevo Testamento. También estoy en deuda con los muchos colegas y amigos que leyeron y criticaron el manuscrito aún en forma de trabajo de clases — Karen Jobes, Joseph Modica, Robert Smith, Stephen Veteto, John Landers, Mark Seifrid, and Chris Church deben ser mencionados sobre todo — y a mis propios estudiantes, cuyo interés me proporcionó muchos estímulos. Un agradecimiento especial al Dr. Ed Childs de Biola University por ayudarme a transcribir "La canción mnemotécnica del alfabeto griego" que aparece en el Apéndice 2. Finalmente, agradezco muy sinceramente el apoyo fiel de mi colega y amigo David Dockery, antes de Broadman Press y actualmente decano de la Escuela de Teológica de Southern Baptist Theological Seminary en Louisville, Kentucky, Estados Unidos. Aunque la composición de la gramática ha mostrado ser una tarea mucho más ardua de lo que parecía cuando acepté su invitación, ahora que está terminada estoy agradecido por haberme dado la oportunidad de ampliar los conocimientos de los lectores del griego del Nuevo Testamento. Por lo menos, soy más capaz ahora de sentir empatía con el autor antiguo de 2 Macabeos 15:37-38:

αὐτόθι τὸν λόγον καταπαύσω. καὶ εἰ μὲν καλῶς εὐθίκτως τῇ συντάξει, τοῦτο καὶ αὐτὸς ἤθελον· εἰ δὲ εὐτελῶς καὶ μετρίως, τοῦτο ἐφικτὸν ἦν μοι.

"En este lugar pongo punto final a mi trabajo. Si se comprueba que está bien escrito y que ha sido elaborado acertadamente, es eso lo que yo deseé; pero si es superficial y mediocre, es lo mejor que pude hacer."

David Alan Black

DEL AUTOR A LOS LECTORES

¡Bienvenidos al estudio de la lengua griega! El objetivo de este libro es ayudarle a usted aprender a leer y entender el griego del Nuevo Testamento, aunque nunca haya estudiado antes un idioma extranjero. Si trata usted de escribir un sermón que esté sólidamente compuesto, de preparar una lección para la escuela dominical, de expresar la teología apropiada en la letra de una canción, o traducir el Nuevo Testamento a un idioma moderno, el griego de este corpus de escritos es un guía sin el cual es probable que tropiece o se pierda en el camino. El enfoque de este libro se centra en los aspectos de la gramática griega que ofrecen una contribución más importante a la comprensión del Nuevo Testamento, contribución que generalmente no sería posible obtener de una traducción al español. Los principios y métodos utilizados en *Aprenda a leer el griego del Nuevo Testamento* le permitirán avanzar rápidamente en sus estudios. La nueva información se va presentando en unidades pequeñas y manejables. Los temas gramaticales se explican y se ilustran ampliamente. Después de diecisiete lecciones podrá usted comenzar a leer pasajes seleccionados del Nuevo Testamento griego, y hacia el final del curso usted será capaz de leer la mayor parte del Nuevo Testamento sin la referencia constante a un diccionario. Usted tendrá también una buena comprensión de la estructura de la lengua griega, la capacidad de usar recursos y otros trabajos basados en el texto griego, y una capacidad creciente para conocer las profundidades de la revelación de Dios para con usted mismo.

En *Aprenda a leer el griego del Nuevo Testamento*, la memorización de las formas gramaticales ha sido mantenida en el mínimo posible. En cambio, aprenderá a reconocer los patrones que se repiten en las palabras y cómo interpretarlas por medio de principios lingüísticos. Esto le preparará para leer con seguridad pasajes no tan conocidos del Nuevo Testamento. Además, luego de aprender las listas de palabras básicas, le serán familiares casi el setenta y cinco por ciento de las palabras del Nuevo Testamento, y el resto quedará dentro del alcance de una conjetura inteligente.

Al usar este libro, siga estas sencillas instrucciones:

(1) Cuando comience una nueva lección, léala de corrido. Luego estudie sección por sección, haciendo una pausa breve al final de cada sección para asimilar su contenido. Nunca comience una nueva lección hasta que esté completamente familiarizado a fondo con la lección anterior. Si es usted alumno de una clase, haga preguntas sobre cualquier punto que no entienda. Su profesor estará contento de que esté suficientemente interesado en preguntar.

(2) Cuando sienta que ha comprendido la lección, comience los ejercicios. Para obtener el máximo beneficio del libro, complete todos los ejercicios de cada lección, pues cada uno ha sido diseñado para brindarle la práctica más completa posible en la utilización de una estructura específica del griego. Si está participando en un curso de griego, procure no retrasarse en los ejercicios, ya que "ponerse al día" es sumamente difícil en un curso elemental.

(3) Nunca escriba la traducción en español de las palabras u oraciones en su libro de texto. Si lo hace, recordará el español pero olvidará el griego. Por el contrario, complete todos los ejercicios en una hoja de papel aparte. Luego lea los ejercicios otra vez, preferiblemente en voz alta, hasta que sea capaz de traducirlos fácil y rápidamente.

(4) Por último, disfrute de las lecciones y alégrese por su progreso. No se impaciente si su ritmo parece lento. El estudio de un idioma extranjero requiere mucho tiempo y esfuerzo. Las afirmaciones de métodos milagrosos para aprender idiomas extranjeros en tan solo unos días o semanas son completamente irresponsables y sin fundamento. Por otro lado, si usted hace un uso apropiado de las instrucciones de este libro, se sorprenderá de la rapidez con la que avanza. ¡Al final de este curso, estará leyendo su Nuevo Testamento en el griego original!

Nota: Tendrá que comprar lo más pronto posible una edición del Nuevo Testamento griego. Hay dos ediciones ampliamente recomendables: (1) Nestle-Aland *The Greek New Testament*, 28ª edición, conocida también como NA28, y (2) *The Greek New Testament*, 5ª edición publicado por las Sociedades Bíblicas Unidas, también conocida como UBS5. UBS4 tiene el mismo texto que NA28, pero con aparato crítico diferente. Cita menos fuentes, pero ofrece un aparato crítico más detallado de las variantes señaladas. Ambas ediciones están disponibles en una amplia variedad de formatos. UBS5 también existe con un diccionario al final. Otra edición importante del Nuevo Testamento griego es *The New Testament in the Original Greek: Byzantine Textform*, compilado y editado por Maurice Robinson y William G. Pierpont, que prefiere editar el "texto mayoritario."

PREFACIO A LA EDICIÓN EN ESPAÑOL

El Nuevo Testamento fue escrito en griego, no inglés y no español. He encontrado que mis amigos hispanohablantes entienden mucho más como, según la expresión en inglés, "las cosas se pierden en la traducción." Bueno, eso probablemente no captura exactamente lo que se expresa en el inglés. Cada vez que pasamos de un idioma a otro, hay muchas decisiones que necesitamos tomar para comunicar lo que pretendía el autor original. Moviendo de un idioma a otro nunca es tan fácil como buscando palabras en el diccionario. Si lo fuera, traductores en línea como Google Translate tendría sentido. Pero, como nosotros sabemos, no lo hacen. La mejor manera de entender exactamente lo que un autor original quería decir o escribir es aprender su idioma.

Todo el Nuevo Testamento fue escrito en una lengua. Entonces, ¿Por qué griego? Por Alejandro Magno, cuyas conquistas abarcadas desde Asia a Egipto, la mayoría del mundo conocido en aquel momento hablaba este idioma. Además de griego, conservaron sus propios idiomas. Recuerda, por ejemplo, Marcos 5:41 y Marcos 15:34. Los autores del Nuevo Testamento, sin embargo, optaron por escribir cada una de sus obras en griego porque era la *lingua franca* del primer siglo. Todos en la región mediterránea podrían hablar, leer, y pensar en griego. La misión dada a los discípulos era "todas las naciones" (πάντα τὰ ἔθνη; Mateo 28:19). Y el único idioma en el primer siglo apto para tal misión fue griego!

Y no olvidemos lo que Pablo escribió en 2 Timoteo 3:16, "Toda Escritura es inspirada por Dios y útil para enseñar, para reprender, para corregir, y para instruir en justicia." De este versículo, David Alan Black dice:

"Todo escrito (πᾶσα γραφή) en el texto de las Escrituras es inspirada por Dios (θεόπνευστος). Pero esto incluye no sólamente las palabras. Palabras no son las unidades mínimas de significado de un lenguaje, ni son las más importantes. Una comprensión adecuada de la inspiración bíblica, basada en el griego, incluiría las palabras pero también el tiempo, voz, modo, aspecto, persona, número, género, caso, orden de palabra, frase, orden cláusula, estructura del discurso, etc. Todas estas características fueron puestas en el texto por el Espíritu Santo e incumbe a intérpretes del Nuevo Testamento hacer su mejor esfuerzo para sacar lo que está ahí."

Dios eligió más que palabras cuando fue escrito el Nuevo Testamento. Hay mucho más en aprender griego que sólo memorizar palabras. Y hay más en la enseñanza del Nuevo Testamento que definir palabras utilizando el *Diccionario de la lengua española RAE*. Recuerda lo que Pablo le dijo a Timoteo. El hombre que tiene las Escrituras es "equipado para toda buena obra" (2 Timoteo 3:17). Y nuestro objetivo es enseñar "con precisión la palabra de verdad" (2 Timoteo 2:15).

La Gran Comisión no es solamente la razón para la lengua del Nuevo Testamento, es también la razón para la traducción de esta gramática griega introductoria. Me gustaría expresar profundo agradecimiento a la casa editorial de la edición en inglés, B&H Academic, ubicada en Nashville, Tennessee. Cuando me acerqué a mis amigos, Ray Clendenen, Jim Baird, y Chris Cowan, y pedí su permiso para traducir este recurso, estaban entusiasmados y me animaron en el proyecto. De hecho, sin su apoyo, está traducción no existiría. Me han dado generosamente los derechos para la edición en español sin ningún costo. B&H Academic es una casa editorial comprometida a la Gran Comisión. Ellos saben que tan valiosa esta gramática ha sido en inglés para personas que desean conocer el Nuevo Testamento más profundamente. Compartieron la visión de ver esta gramática disponible para hispanohablantes, pastores y otros líderes-siervos cristianos. Como nosotros, ellos quieren ver vidas impactadas por la enseñanza de la Palabra de Dios en toda América Latina.

Además de B&H, Dios organizó un equipo de traductores — Lesly J. Hudgins (mi esposa y más fiel colaboradora en la obra del evangelio), nuestra querida hermana Fiorella Polo, y yo. La Gran Comisión no es una misión en solitario. Todo trabajo de la Gran Comisión debería hacerse en equipos. Definitivamente no quiero que piensen que esta traducción es obra de un norteamericano quien habla inglés. Soy sólo un tercio del equipo. Lesly es de Honduras, y Fiorella de Perú. Han trabajado tan duro en hacer realidad esta traducción. Y ellas estaban pensando en ti todo el tiempo. Ambas crecieron la mayoría de sus vidas en sus países. El español es la lengua materna de las dos. Y saben cuán grande es la necesidad de fieles expositores de la Palabra de Dios en América Latina. Ellas estaban pensando en ti y la iglesia donde sirves. ¿Por qué trabajaban muy duro, leyendo y editando el manuscrito varias veces, y a veces hasta medianoche? ¡Ellas quieren que seas capaz de estudiar y enseñar el Nuevo Testamento con poder, confianza, y precisión! Y ellas quieren que las ovejas que tú alimentas crezcan "en la gracia y el conocimiento de nuestro Señor y Salvador Jesucristo" (2 Pedro 3:18).

También hemos tenido ayuda de personas de otras partes del mundo de hispanohablantes. Al final, tuvimos ojos revisando el texto de Honduras, Perú, México, El Salvador, Hawái, Carolina del Norte, Colombia, Argentina, y España sobre todo o parte del manuscrito. Estamos muy agradecidos especialmente por la ayuda de Antonio Piñero de la Universidad Complutense de Madrid por leer todo el manuscrito y proporcionar una lista de numerosas revisiones que hicieron la traducción mil veces mejor. Eso es bastante notable, sí me preguntas. Esta colaboración internacional me da tanto gozo. Necesitamos más colaboración así en la obra del evangelio. Este proyecto me da alguna esperanza. Si nos acercaría a las misiones globalmente y en colaboración, ¿Qué podríamos hacer por causa del evangelio? ¿Cuánto más grande podrían ser nuestro progreso? Todas nuestras habilidades diferentes y todos estos dones diferentes deben ser utilizados para la gloria de Dios—en unidad. Esta traducción refleja el tipo de unidad que Jesús oró en Juan 17.

Desde el día que empezamos a traducir esta gramática, oramos que Dios nos daría una casa editorial dedicada a la Gran Comisión para la edición en español. Recursos teológicos no son tan abundantes en español. Y los disponibles son a menudo muy caros, lo cual los hace inaccesibles para la gente que fueron escritos o traducidos. Para que este libro tenga el máximo impacto por causa del evangelio en América Latina, fue absolutamente necesario que este libro sea accesible a tantas personas como sea posible. Esto significa que el factor costo debía ser eliminado o reducido significativamente. En orden para que esto sea posible, necesitamos una casa editorial dispuesta a sacrificarse con nosotros. Dios respondió a nuestras oraciones con Energion Publications. Henry y Jody Neufeld son valiosos colaboradores y amigos fieles para nosotros. Como B&H, Lesly, y Fiorella, esta traducción no sería una realidad sin ellos. Su ministerio es un reflejo del poder que se encuentra en un matrimonio de la Gran Comisión.

Y, por supuesto, todo esto sería imposible sin el autor del libro, Dr. David Alan Black. Uno de los mayores privilegios de mi vida es la oportunidad que tuve de estudiar bajo su supervisión en Southeastern Baptist Theological Seminary. Él es un amigo muy especial, un hermano fiel, y un valioso colaborador en la obra del evangelio. Su inversión en mi vida es tan grande que es indescriptible. No sólo me enseñó griego, me mostró un estilo de vida que honra y agrada al Señor Jesucristo. Es un autor prolífico, habiendo escrito numerosos libros sobre el Nuevo Testamento y griego. Y se molestaría al escucharme decir esto, pero él es un experto en el campo. Sería imposible por Dave viajar a cada ciudad en América Latina para enseñar griego. Y sería imposible para todos los que desean estudiar griego viajar a Wake Forest, Carolina del Norte para estudiar griego con él. Pero me alegra tanto que, a través de esta traducción, tendrás la oportunidad de estudiar con mi amigo. Y sé que tu ministerio nunca será el mismo después de esta oportunidad.

Estas comenzando un "viaje" maravilloso. Aprender griego del Nuevo Testamento implica trabajo — trabajo duro — pero sí, ¡vale la pena! Siempre les digo a mis alumnos, "Todo lo que hacemos en el ministerio debe ser centrado en otros." Déjame animarte a estudiar griego y no pensar en tí mismo, sino en aquellos que Dios ha prestado a tu cuidado. Algunos de ellos que incluso aún no conoces todavia. Todo el esfuerzo vale la pena si llegan a ser más como Jesús. Que Dios te acompañe en todos tus esfuerzos en el evangelio—incluyendo el estudio de griego.

Thomas W. Hudgins
Profesor asistente de estudios bíblicos y teológicos
Capital Seminary and Graduate School
Washington, D.C.

Lección 1:

Las letras y los sonidos de griego

> El primer paso para estudiar el Nuevo Testamento griego es aprender a leer y escribir el alfabeto griego. El estudio del orden y de los sonidos de las letras griegas le ayudará a usted a familiarizarse con el griego, a permitirle encontrar una palabra en un diccionario griego-español, y a descubrir las relaciones entre las palabras en griego y español.

1. La lengua del Nuevo Testamento

Se está usted embarcando en el estudio de una de las lenguas más trascendentales del mundo. Su importancia radica no tanto en la riqueza de sus formas como en el hecho de que Dios lo usó como instrumento para comunicar su Palabra, al igual que él había empleado antes el hebreo y el arameo. La historia nos dice que los antiguos helenos se establecieron en la península griega por vez primera en el siglo XIII antes de Jesucristo. Su lengua tenía varios dialectos, uno de los cuales — el ático, el que era hablado en Atenas — se convirtió en el más importante. Un estado de lengua del griego ático fue adoptado como idioma oficial del Imperio griego después de las conquistas de Alejandro Magno, por lo cual se empleó en el Nuevo Testamento. Este tipo de lengua de un mundo nuevo fue denominado griego "koiné," o "común," ya que era la lengua comúnmente empleada en el comercio y en la comunicación diaria. Este tipo de griego era hablado en Roma tanto como el latín, por lo que cuando Pablo escribió su carta a los romanos, la redactó en griego. Así pues, la lengua del Nuevo Testamento es un idioma que perteneció a la corriente viva del progreso histórico desde los antiguos helenos hasta los atenienses modernos, una lengua hablada tanto por la gente común como por la culta, una lengua única muy apta para la propagación del evangelio de Cristo cuando comenzó a ser proclamado entre las naciones del mundo.

2. El alfabeto griego

El primer paso para estudiar el griego es aprender sus letras y sonidos. Este paso no es tan difícil como se podría imaginar. Todos los sonidos son fáciles de pronunciar, pues el griego sigue casi siempre los valores fonéticos de sus letras. Debemos indicar que la pronunciación que usted aprenderá es un compromiso entre los sonidos tal como probablemente fueron producidos en tiempos antiguos y la manera como se deletrean. Este esquema de pronunciación tiene la práctica ventaja de asignar un solo sonido a cada letra, de modo que si recuerda la pronunciación de una palabra, será capaz generalmente de recordar su ortografía.

En el siguiente cuadro encontrará las letras griegas con sus equivalentes más cercanos en español. Cuando usted los haya estudiado con cuidado, cubra la cuarta y quinta columna y trate de pronunciar cada letra.

NOMBRE	MAYUSCULAS	MINUSCULAS	ESPAÑOL	PRONUNCIACIÓN
Alfa	A	α	A	**pa**dre
Beta	B	β	B	**b**ajo o **b**ate
Gamma	Γ	γ	G	**g**asto
Delta	Δ	δ	D	**de**
Épsilon	E	ε	e	**e**scuela
Dzeta	Z	ζ	z	*como el sonido de una abeja, "dzzzz"
Eta	H	η	ē	*el sonido de "e" es más larga que la "e" en **e**scuela
Theta	Θ	θ	th	*pronunciación de "z" como los Españoles o Argentinos
Iota	I	ι	i	**i**dea
Kappa	K	κ	k	**k**iwi
Lambda	Λ	λ	l	**l**uz
Mu	M	μ	m	**m**aíz
Nu	N	ν	n	**n**uevo
Xi	Ξ	ξ	x	é**xi**to
Ómicron	O	ο	o	**o**frenda
Pi	Π	π	p	**p**erro
Rho	P	ρ	r	**r**egalo
Sigma	Σ	σ , ς	s	**s**i
Tau	T	τ	t	**t**eléfono
Ípsilon	Υ	υ	u	**u**sted
Phi	Φ	φ	ph	**f**uerza
Chi	X	χ	ch	**j**inete
Psi	Ψ	ψ	ps	*como el *psi* en Pe**psi**
Omega	Ω	ω	ō	**h**ombre

     i. Observe que la *gamma* se pronuncia como una *g* dura (como en gasto), nunca como una *g* suave (como en "gente"). Sin embargo, antes de κ, χ, u otra γ, la γ es pronunciada como una *n*. Así ἄγγελος ("ángel") se pronuncia *án-ge-los*, no *ág-ge-los*.

     ii. ¿Notó usted que la *sigma* tiene dos formas? La sigma como "ς" escrita al final de una palabra, y la sigma como "σ" escrita en otras posiciones (véase ἀπόστολος, "apóstol"). La forma "ς" se le llama "sigma final."

     iii. En el griego antiguo, la letra "χ" fue probablemente pronunciada como la *ch* en el escocés *loch,* o el alemán *Bach.* El sonido *ch* puede equivaler a "q" cómo en *químico* (p.ej., aproximadamente el mismo sonido que en *qui,* o a "j" como *jinete*).

3.   *La fonología y la morfología griegas*

     Los sonidos griegos se representan por letras del alfabeto llamados *fonemas* (de φωνή, "sonido" o "fono"). Simplificando, puede decirse que los fonemas son los elementos más pequeños que contrastan entre sí en el sistema fonológico de una lengua. En español, las palabras *lucha* y *ducha* se distinguen entre sí por los fonemas "l" y "d." De la misma manera, la κ y χ son diferentes fonemas porque afectan al significado: ἐκεῖ significa "allí," y ἔχει significa "él tiene." Asimismo, en Romanos 5:1 un fonema diferencia entre "*tenemos* [ἔχομεν] paz con Dios" y "*tengamos* [ἔχωμεν] paz con Dios."

Los fonemas, pues, son los sonidos enfáticos de una lengua que ayudan a discernir entre las partes significativas de esa lengua.

Los fonemas generalmente se combinan para formar lo que los lingüistas llaman *morfemas* (de μορφή, "forma"). Los morfemas pueden ser definidos como las unidades mínimas capaces de expresar un significado concreto. Ejemplos de morfemas en el español son: –s (que aparece como la desinencia plural en *perros* y *gatos*), -é (que ocurre como la desinencia de una palabra en el futuro como *estudiaré*, *amaré*, y *hablaré*), y –mente (que aparece como desinencia adverbial en *rápidamente*, *ciertamente*, y *lentamente*). Conocer los morfemas españoles nos permite captar la diferencia entre palabras como amor, amable, amabilidad, y amablemente, de igual modo la comprensión de la morfología griega nos ayudará a conocer los significados de las palabras griegas. *No es posible dominar totalmente la fonología y la morfología griega en este curso.* De todos modos, las ventajas de poner en práctica un enfoque lingüístico, aún en un nivel introductorio, superan con creces las desventajas de ignorar tal enfoque por completo.

4. *Las vocales griegas*

Como en español, las letras griegas pueden clasificarse también en vocales y consonantes. Las vocales se producen cuando se exhala el aire de los pulmones. El griego tiene siete vocales: α, ε, η, ι, o, υ, ω. Dos de ellas siempre son breves (ε, o); dos son siempre largas (η, ω); y tres pueden ser breves o largas (α, ι, υ). Por esta razón, los valores tonales de α, ι, y υ solo pueden aprenderse al observar y retener determinadas palabras griegas.

A veces dos vocales diferentes se combinan en una sílaba. Esta combinación se llama *diptongo* (de δίφθογγος, "que tiene dos sonidos"). El griego tiene siete diptongos comunes o "propios," cuatro de los cuales acaban en ι y tres en υ:

DIPTONGO	PRONUNCIACIÓN	EJEMPLO	DEFINICIÓN
αι	**ai**re	**αἰ**ών	"siglo" (cf. *eón*)
ει	**rei**nar	**εἰ**ρήνη	"paz" (cf. *Irene*)
οι	**soi**s	**οἶ**κος	"casa" (cf. *economía*)
υι	**jui**cio	**υἱ**ός	"hijo"
αυ	**au**to	**αὐ**τός	"el" (cf. *automóvil*)
ευ	**neu**tro	**εὐ**λογητός	"bienaventurado" (cf. *elogio*)
ου	**bou**tique	**οὐ**ρανός	"cielo" (cf. *Urano*)

En algunos casos, las vocales largas (α, η, ω) se combinan con una ι. En este caso la ι se escribe *bajo* la vocal (ᾳ, ῃ, ῳ) y se llama *iota suscrita*. Ya que la vocal no se pronuncia, estas combinaciones se denominan a menudo "diptongos irregulares o impropios." Varias palabras que contienen una iota suscrita se encuentran en los primeros versículos del Evangelio de Juan, que se usan en los ejercicios de esta lección (§11): ἀρχῇ, αὐτῷ, τῇ, y σκοτίᾳ.

5. *Las consonantes griegas*

Las consonantes se producen cuando se interfiere en el flujo de aire de los pulmones. Las consonantes griegas pueden clasificarse según (1) *cómo se* interfiere en el flujo (se llama *modo de articulación*), (2) según *dónde se* interfiere en el flujo (se llama *lugar de articulación*), y (3) si las cuerdas vocales vibran al producir el sonido.

El modo de articulación implica una interrupción *completa* del flujo de aire o bien la restricción *incompleta* del flujo. Esta distinción proporciona la base para clasificar a las consonantes como *oclusivas* (a veces llamadas *mudas*, como en la letra β y δ) y como *fricativas* (como en φ y θ).

El lugar de articulación implica tres posibilidades básicas: en los labios (las *bilabiales*, como en μ y π), en los dientes o casi detrás de los dientes (*dentales* o *alveolares*, como en δ y τ), o en el velo o paladar (*velares* o las *palatales*, como en γ y κ).

Finalmente, la vibración de las cuerdas vocales o la falta de ella distingue las consonantes sonoras de las sordas (nótese la diferencia entre β y π).

El griego tiene también cuatro silbantes, es decir, sonidos de "s" (ζ, ξ, σ, y ψ). Tres son *consonantes dobles*, o combinaciones de una consonante con un sonido "s" (ζ [dz], ξ [kz], ψ [ps]). Además, el griego tiene tres *aspiradas*, o consonantes combinadas con una "h" (θ [th], φ [ph], χ [ch]), y cuatro *nasales*, llamadas así porque el aliento pasa por la nariz (λ, μ, ν, y ρ). El conocimiento de estos términos simplificará la introducción de ciertos conceptos más adelante.

6. *El empleo y formación de las letras griegas*

Las letras mayúsculas griegas son las formas más antiguas de las letras griegas. Son las que se hallan en las inscripciones y se usan en libros modernos impresos para comenzar nombres propios, párrafos, y discursos directos (donde el español usaría comillas). Las oraciones griegas, sin embargo, no comienzan con mayúsculas. La minúscula es por tanto de mayor importancia que las letras mayúsculas y debe ser dominada primero.

El diagrama siguiente le muestra como formar las letras minúsculas griegas. Las flechas indican el lugar más fácil para comenzar la escritura. Nótese que muchas de las letras pueden ser escritas sin levantar la pluma de la página (p.ej., β y ρ se forman con un solo trazo, que comienza en la parte inferior). Sea muy cuidadoso para distinguir los siguientes pares de letras: φ / ψ, ν / υ, ν / γ, ο / σ.

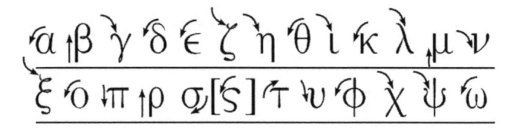

7. *Señales griegas de aspiración (espíritus)*

Cada palabra griega que comienza con una vocal o un diptongo tiene un símbolo sobre ella llamado *espíritu de aspiración. Los* e*spíritus ásperos* (‘) indican que la palabra debe ser pronunciada con un sonido inicial de "h." Los e*spíritus suaves* (’) indican que la palabra carece de este sonido inicial de "h." Así ἕν ("uno") es pronunciado *jen*, y ἐν ("en") es pronunciada *en*. El espíritu es colocado sobre la *segunda* vocal en un diptongo (p.ej., εὐλογητός, "bienaventurado"). La ρ y la υ iniciales siempre llevan el espíritu áspero como en ῥῆμα ("palabra") y ὑποκριτής ("hipócrita"). Cuando se usa con ρ, sin embargo, los espíritus generalmente no son pronunciados (cf. "retórica," "rododendro"). Cuando la vocal inicial es una mayúscula, el espíritu se coloca a la izquierda de esta, como en Ἀβραάμ ("Abraham") y Ἑβραῖος ("Hebreo").

8. *La puntuación griega*

Aunque el griego antiguo no empleaba las señales de puntuación, se encuentran hoy en todas las ediciones impresas del Nuevo Testamento griego. Esta lengua tiene cuatro señales de puntuación. La coma (,) y el *punto final* (.) corresponden tanto en la forma como en la función a la coma y el punto final en español. El *kólon* (·) y el *signo de interrogación* (;) corresponden a los dos puntos y a los signos de interrogación del español.

Ya que no existe la puntuación en los manuscritos más antiguos del Nuevo Testamento, la puntuación de las ediciones modernas impresas es a menudo una cuestión de interpretación (p.ej., Juan 1:3b-4). Además, ya que el griego no utiliza las comillas, en varias partes del Nuevo Testamento es incierto en donde comienza y termina el discurso directo (p.ej., las palabras de Jesús a Nicodemo en Juan 3). Estos y otros problemas de puntuación son verdaderos campos de batalla en el Nuevo Testamento.

9.   *Los signos diacríticos griegos*

Las ediciones modernas impresas del Nuevo Testamento griego emplean tres diferentes signos diacríticos. El *apóstrofe* (') indica la omisión de una vocal final breve antes de una palabra que comienza con una vocal o diptongo, como en δι' αὐτοῦ ("por el") en vez de διὰ αὐτοῦ (Juan 1:3). Este proceso se llama *elisión* (del lat. *elido*, "excluyo"). *Diéresis* (¨) ocurre cuando dos vocales que normalmente se combinan para formar un diptongo deben ser pronunciadas separadamente, como en Ἡσαΐας (forma griega de Isaías: Juan 1:23). Nótese que esta palabra tiene cuatro silabas (Ἡ-σα-ι-ας), no tres (Ἡ-σαι-ας). Finalmente, la *coronis* (') indica la combinación de dos palabras con la pérdida de una letra o letras intermedias. Este proceso de combinar dos palabras se llama *crasis* (de κρᾶσις, "mezcla") y se encuentra, por ejemplo, en inglés en formas tales como "I'm" ("soy" o "estoy") y "You're" ("eres" o "estas"). Tanto en inglés como en castellano (p.ej. del [de y el], al [a el]) este hecho se denomina "contracción". Ocurre a menudo cuando una palabra termina con una vocal y la palabra siguiente comienza también con una vocal (aunque no siempre). El mismo proceso se utiliza también en francés. "Te amo" debe escribirse "Je t'aime" y no "Je te aime." En el Nuevo Testamento, la *crasis* ocurre en ciertas combinaciones concretas, entre las cuales la más común es κἀγώ (por καὶ ἐγώ, "y yo"; Juan 1:31) y κἀκεῖνος (por καὶ ἐκεῖνος, "y aquel"; Juan 6:57).

10.   *Los acentos griegos*

Las ediciones impresas del Nuevo Testamento griego usan tres tipos de acento o tildes: *agudo* ('), *grave* (`), y *circunflejo* (~). El acento agudo es el único de los tres que es igual al español (p.ej., arqueología). La importancia de los acentos en el estudio del griego es importante por dos motivos: (1) los acentos distinguen en ocasiones entre palabras que serían de otro modo idénticas (p.ej., εἰ significa "si," pero εἶ significa "tú eres/estás"); (2) las acentos sirven para indicar en la pronunciación qué silaba debe ser acentuada en una palabra griega. Por lo demás, es posible leer el Nuevo Testamento griego sin saber más sobre los acentos. En lecciones siguientes, los acentos serán tratados sólo donde sea relevante. Para los que tengan un interés especial en aprender las reglas de la acentuación griega, el Apéndice 1 proporciona un resumen detallado.

Los acentos griegos fueron inventados aproximadamente en el 200 a.C. como ayuda a la pronunciación correcta del griego para los extranjeros. Los acentos originalmente indicaban el tono, no el énfasis. El acento agudo marcaba una subida de la voz y el circunflejo, una subida seguida de una caída. El acento grave no se expresaba por lo general. Los acentos no fueron empleados con regularidad en textos hasta el final del siglo V d.C.

11.   *Ejercicios*

a. Estudie la pronunciación de las letras y diptongos griegos, y practique cada sonido en voz alta. Es sumamente importante que sea capaz de leer los caracteres con exactitud y rápidez antes de seguir adelante. Además, una pronunciación incorrecta obstaculizará el proceso de aprendizaje y le traerá una gran confusión sobre las palabras y formas griegas. Véase el Apéndice 2 para leer una canción mnemotécnica sobre el alfabeto griego.

b. Pronuncie las siguientes palabras griegas. Observe su semejanza con las palabras en español.

ἀπόστολος	*apóstol*
σῶμα	*cuerpo* (*somático*)
φωνή	*sonido* (*fonética*)
καρδία	*corazón* (*cardíaco*)
φόβος	*miedo* (*fobia*)
γένος	*raza* (*género*)
Φίλιππος	*Felipe*
ἔξοδος	*partida* (*éxodo*)
ζωή	*vida* (zoología)
Πέτρος	*Pedro*
θεός	*Dios* (*teología*)
γυνή	*mujer* (*ginecología*)
πατήρ	*padre* (*pater*nidad)
ψυχή	*alma* (*psicología*)
πόλις	*ciudad* (*político*)
Χριστός	*Cristo*

c. Practique la escritura de las letras minúsculas griegas en orden apropiado, centrándose en la simplicidad y facilidad del reconocimiento. Es conveniente pronunciar el *nombre* de cada letra cuando se escriba, ya que el nombre contiene el sonido de la letra.

d. El pasaje siguiente de Juan 1:1-5 contiene todas las letras griegas menos tres (solo μ, ξ, y ψ no están en él). Lea estos versículos en voz alta con la acentuación apropiada, mientras se esfuerza en la fluidez de la pronunciación. Recuerde que no hay ninguna letra silenciosa en griego excepto la iota suscrita.

> Ἐν ἀρχῇ ἦν ὁ λόγος, καὶ ὁ λόγος ἦν πρὸς τὸν θεόν, καὶ θεὸς ἦν ὁ λόγος. οὗτος ἦν ἐν ἀρχῇ πρὸς τὸν θεόν. πάντα δι᾽ αὐτοῦ ἐγένετο, καὶ χωρὶς αὐτοῦ ἐγένετο οὐδὲ ἕν. ὃ γέγονεν ἐν αὐτῷ ζωὴ ἦν, καὶ ἡ ζωὴ ἦν τὸ φῶς τῶν ἀνθρώπων. καὶ τὸ φῶς ἐν τῇ σκοτίᾳ φαίνει, καὶ ἡ σκοτία αὐτὸ οὐ κατέλαβεν.

e. Es importante saber algo de la historia y el desarrollo de la lengua griega. Trate de leer un artículo sobre el idioma del Nuevo Testamento en una enciclopedia bíblica o en otro libro de referencia. Para algunas sugerencias, vea la bibliografía provista en el Epílogo (§181).

Lección 2:

El sistema verbal griego
(Una vista panorámica)

Al igual que en el español, la gran mayoría de las oraciones en griego contienen verbos como elementos esenciales. El objetivo principal de esta lección es entender el concepto de flexión en el verbo griego. La flexión de la palabra viene de la palabra *inflecto* en latín, "me doblo" Palabras flexionadas son "dobladas" o alteradas de la forma más simple, ya sea por cambios en la raíz de la palabra o por los cambios causados por la adición de morfemas a la raíz. Es esencial comprender el concepto de flexión, así como la amplia perspectiva del sistema verbal griego antes de estudiar sus propios cambios.

12. *Flexión*

El griego, como el español, es una lengua *flexiva*. Flexión quiere decir los cambios que experimentan las palabras de acuerdo con su función gramatical en una oración. Aunque el griego tiene numerosas palabras invariables, la mayoría de ellas cambia por medio de la flexión. Estas palabras — verbos, sustantivos, pronombres, adjetivos, participios y artículos — tienen diferentes formas para indicar el género (masculino, femenino, neutro), el número (singular o plural) y el caso (nominativo, acusativo, etc.)

Esta lección sirve de introducción a la flexión en el sistema verbal griego. Un verbo es una palabra que formula un juicio sobre un sujeto (p.ej., "Yo *soy* un apóstol") o transfiere una acción del sujeto a un objeto (p.ej., "Yo *veo* a un apóstol"). Cada uno de los ejemplos anteriores es una *oración:* un grupo de palabras que forman una unidad con sentido y que contiene un verbo finito. El verbo finito es el que funciona como el elemento verbal básico de una frase. Podemos decir que "Cristo murió", pues "murió" es una forma finita del verbo "morir." No podemos decir que "Cristo muriendo" (como una oración completa), ya que "muriendo" es una forma no finita.

Los verbos finitos en griego constan de dos partes básicas: la raíz, que contiene el lexema o el significado denotativo de la palabra, y uno o varios *afijos*, que indican la función de la palabra en la oración concreta en la que aparece. Un afijo añadido al principio de la palabra se llama *prefijo*; el que se añade dentro de una palabra se llama *infijo*, y el que se agrega al final de la palabra se llama *sufijo*. Los infinitivos en español como "vivir" nos sirven de ilustración: "viv-" es la raíz y se usa con cada forma del verbo "vivir;" para formar el tiempo presente, el sufijo de la primera persona singular ("o") es añadido a la raíz, dándonos "[yo] vivo." Verbos en inglés como "break" nos ilustran también acerca de otro tipo de cambios. Por ejemplo, en inglés y francés la raíz cambia dependiendo del tiempo del verbo (p.ej., el tiempo presente "breaks" [rompe] usa la raíz "break" pero el tiempo pasado usa la raíz "brok-").

Para el estudiante de lengua española, el griego se asemeja más a su lengua materna que a otros idiomas. En griego, los afijos se utilizan para comunicar tipos semejantes de información gramatical. Los estudiantes de griego que hablan inglés o francés pueden a veces confundirse por la complejidad de los verbos griegos en comparación con los verbos en su idioma. Nótese, por ejemplo, las formas del verbo en inglés "have" (tener):

	Singular	Plural
Primera Persona	I have	we have
Segunda Persona	you have	you have
Tercera Persona	he has	they have

Aquí el inglés hace uso de pronombres independientes para indicar persona y número ("I" [yo], "you" [tu], "we" [nosotros], etc.), excepto en la tercera persona del singular (donde "have" se vuelve "has"). *Pero lo que el inglés puede hacer solo en una de sus seis formas, otros idiomas pueden hacerlo en cada una de las seis formas mediante la flexión.* Por ejemplo, las formas del español para el verbo *tener* son los siguientes:

	Singular	Plural
Primera Persona	(yo) tengo	(nos.) tenemos
Segunda Persona	(tú) tienes	(vos.) tenéis
Tercera Persona	(él) tiene	(ellos) tienen

Aquí los pronombres en paréntesis son elementos opcionales, de modo que "I have" es simplemente *tengo*, "we have" es *tenemos*, etc. y así sucesivamente. En el francés se utiliza también una combinación de terminaciones personales y pronombres personales para hacer llegar el mensaje, como en el verbo *avoir*, "tener":

	Singular	Plural
Primera Persona	j' ai	nous avons
Segunda Persona	tu as	vous avez
Tercera Persona	il a	ils ont

El alemán hace casi lo mismo, como en el verbo *haben*, "tener":

	Singular	Plural
Primera Persona	ich habe	wir haben
Segunda Persona	du hast	ihr habt
Tercera Persona	er hat	sie haben

Tenga en cuenta que en francés y en alemán los pronombres personales "yo," "tú," "nosotros," y pronombres similares *no* son opcionales. El griego, sin embargo, es más como el español ya que una forma diferente del verbo se usa para indicar ambos la persona y número, sin necesidad del pronombre. Esto se logra mediante la colocación de *sufijos de persona y número* pegados a la raíz del verbo. Este raíz se llama el *morfema léxico*, ya que transmite el significado léxico de la palabra (es decir, la definición que figura en el diccionario). Así, la palabra griega para "tengo," ἔχω, consiste en el morfema léxico ἐχ- (que significa "tener") más el sufijo de persona y número ω (que significa "yo"). Según los diferentes sufijos del tiempo presente que se sumen a esta raíz, obtenemos las siguientes formas:

ἔχω	tengo	ἔχομεν	tenemos
ἔχεις	tienes	ἔχετε	tenéis
ἔχει	tiene	ἔχουσι	tienen

Estos sufijos se utilizan también en muchos otros verbos. Cuando se utiliza el mismo modelo de sufijos en varias palabras, el modelo se llama paradigma (de παράδειγμα, "patrón").

13. Modo

Tenga en cuenta que cada forma de ἔχω presentada anteriormente hace una afirmación. En griego, una afirmación se expresa en el *modo indicativo*. El término "modo" viene del latín *modus*, que significa "medida" o "manera." El modo se refiere a la manera según la cual el hablante relaciona la idea verbal a la realidad. El modo indicativo indica que el hablante afirma la veracidad de una declaración (como en "Yo *tengo* misericordia"). El griego tiene también otros modos: un verbo puede expresar una orden si utiliza el *modo imperativo*: "Señor, *tenga* piedad"; puede expresar también la eventualidad o la contingencia si emplea el *modo subjuntivo*: "aunque *tenga* misericordia." y puede expresar igualmente una idea verbal, sin limitarla a especificar la persona y número, empleando el *modo infinitivo*: "*tener misericordia* es mejor que ofrecer sacrificios." Estos cuatro modos — indicativo, imperativo, subjuntivo e infinitivo — son los que se usan con mayor frecuencia en el Nuevo Testamento. El *modo optativo*, que generalmente expresa una petición cortés ("ojalá *pueda tener* misericordia"), se utiliza muy poco.

Debido a que el indicativo afirma la veracidad de una acción, se llama *modo de la realidad*. También se conoce como el *modo habitual* o "no marcado" en el griego. Los otros modos son variaciones del indicativo, y se llaman modos potenciales, ya que representan una acción que es posible pero no actual. Cabe destacar que el modo elegido por el hablante puede no corresponder necesariamente a la realidad objetiva. El hablante puede deliberadamente ocultar el verdadero modo o incluso mentir. Por ejemplo, cuando alguien preguntó a Pedro si era discípulo de Jesús, respondió "No lo soy" (Juan 18:17). Aquí, el modo indicativo se refiere solo a la *realidad supuesta*, ya que Pedro era sin duda alguna un discípulo.

14. Voz

Además del modo, los verbos griegos expresan también la *voz*. Mientras que el modo se refiere a la forma en la que el hablante elige afirmar la realidad o irrealidad de una acción, la voz se refiere a la forma que la que el hablante elige relacionar el sujeto gramatical de un verbo a la acción de ese verbo. Un verbo está en la voz *activa* cuando se presenta al sujeto realizando la acción, como en "Oigo a un hombre" (ἀκούω ἄνθρωπον). Aquí ἀκούω ("oigo") es un verbo *activo* ya que el sujeto del verbo está haciendo la acción de escuchar en lugar de ser aquel que es escuchado. Hay otras dos voces en griego: la *pasiva* y la *media*. En la voz pasiva, el sujeto es representado como aquel que recibe la acción (p.ej., "estoy siendo escuchado"). En la voz media el sujeto es representado como aquel que actúa en su propio interés como en la paráfrasis (p.ej., "yo me pongo a escuchar para mi beneficio.") Una muestra de la fuerza de la voz media puede observarse comparando los siguientes versículos del Nuevo Testamento:

(a) Activa: "Le *pusieron* su propia ropa" (Mateo 27:31).
(b) Media: "No *vistiesen* dos túnicas" (Marcos 6:9).

Tanto por la frecuencia como por el énfasis, la voz activa es la voz normal o "no marcada" en griego. Esta destaca la *acción* del verbo, mientras que las voces media y pasiva resaltan el *sujeto gramatical.*

15. Tiempo (aspecto)

Además del modo y la voz, un verbo griego tiene también *tiempo*. Los tiempos en griego son el *presente*, el *futuro*, el *imperfecto*, el *aoristo*, el *perfecto*, el *pluscuamperfecto,* y el *futuro perfecto.*

Los tiempos presente, futuro, perfecto, y futuro perfecto se llaman a veces tiempos *primarios* (o *principales*), mientras que los tiempos imperfecto, aoristo, y pluscuamperfecto son denominados a veces tiempos *secundarios* (o *históricos*). En el indicativo, los equivalentes de estos tiempos en el español normativo son los siguientes:

Tiempo	Voz activa	Voz pasiva
Presente	*amo*	*soy amado*
Futuro	*amaré*	*seré amado*
Imperfecto	*amaba*	*estaba siendo amado*
Aoristo	*amé*	*fui amado*
Perfecto	*he amado*	*he sido amado*
Pluscuamperfecto	*había amado*	*había sido amado*
Perfecto Futuro	*habré amado*	*habré sido amado*

Observe cómo varios tiempos en español se forman con el presente o el pasado del verbo en cuestión, junto con alguna palabra adicional (p.ej., "he" en el tiempo perfecto). Estos últimos se llaman *verbos auxiliares,* y las combinaciones resultantes (p.ej., "yo *he* amado" o "he sido amado") se llaman *tiempos compuestos.* En español, haber, tener, y ser son verbos auxiliares. Recuerde también que el español tiene diez tiempos y el griego solo siete. El griego puede expresar la misma información que el español, pero la construcción será diferente. La voz pasiva del español es diferente a la del griego también. Para formar la voz pasiva, es necesario usar "ser/estar" con el participio pasado (p.ej., "yo soy amado/yo estoy hambriento") o mediante el uso de "se" con la forma del verbo finito (p.ej., se secó; se maravillaban). El griego koiné tiene un número mucho menor de tiempos compuestos y solo un verbo auxiliar.

Además del tiempo, los lingüistas hablan también del *aspecto* manifestado por el sistema verbal griego. El término "aspecto" se refiere a la perspectiva de la acción que el hablante elige presentar al oyente. Hay tres categorías de aspecto en griego: imperfectivo, perfectivo, y aorístico. El aspecto *imperfectivo* sitúa el foco o el interés en el proceso o la duración de la acción. El aspecto *perfectivo* enfoca el estado o condición resultante permanente de una acción ya completada. El aspecto *aorístico* centra la atención en la idea verbal en su totalidad, sin indicar nada sobre el proceso o los resultados permanentes de la acción. De acuerdo con su nombre — ἀόριστος "sin marca" — el aoristo no niega que estos aspectos puedan estar presentes; simplemente opta por no hacer ningún comentario. El aorístico es el *aspecto* normal o "sin marca" en griego. Una desviación del aoristo a otro aspecto es por lo general significativa exegéticamente.

En griego, cada una de estas categorías del aspecto se entrecruzan con los tiempos (y con algunos se superponen). El aspecto imperfectivo se entrecruza con los tiempos presente, imperfecto, y futuro; el aspecto aorístico se entrecruza con los tiempos aoristo, presente, y futuro; y el aspecto perfectivo se entrecruza con los tiempos perfecto, pluscuamperfecto, y el futuro perfecto. Ello puede ilustrarse con el siguiente diagrama:

Tipo de la acción	Tiempo de la acción		
	Pasado	Presente	Futuro
Imperfectivo	Imperfecto *estaba amando*	Presente *estoy amando*	Futuro *estaré amando*
Aorístico	Aoristo *amé*	Presente *amo*	Futuro *amaré*
Perfectivo	Pluscuamperfecto *había amado*	Perfecto *he amado*	Futuro Perfecto *habré amado*

Tenga en cuenta que el imperfecto es siempre imperfectivo, el aoristo es siempre aorístico, y los perfectos (pluscuamperfecto, perfecto, y futuro perfecto) siempre son perfectivos. El presente es básicamente imperfectivo ("estoy amando"), aunque también puede ser aorístico ("amo"). De la misma manera, el futuro es a veces imperfectivo ("estaré amando") y aorístico a veces ("amaré"), el contexto de por sí transmite esta información. Dado que el futuro se ocupa principalmente del porvenir, su significado aspectual es menos marcado que el de otros tiempos.

16. La importancia de los tiempos y aspectos verbales para la lectura en griego

Incluso en las primeras etapas del aprendizaje, es importante tomar conciencia de la importancia y la función de los aspectos en el sistema verbal griego. A diferencia del español, el rasgo más significativo de los tiempos en la lengua griega es el *tipo de la acción*. Por el contrario, es secundario el *tiempo de la acción,* que solo se aplica en el indicativo. Así pues, el significado esencial del sistema de tiempos en la lengua griega es el tipo de la acción, es decir, si se representa como actual, finalizada, o simplemente como un incidente. Por tanto, en realidad solo hay tres tiempos en griego (como en el inglés): pasado, presente, y futuro. Los otros "tiempos" son, de hecho, usos alternativos de estos tres en relación con los tres aspectos (imperfectivo, perfectivo, y aorístico).

En resumen, el tiempo en griego queda determinado por la interpretación de la acción por parte del escritor respecto al aspecto; y (en el modo indicativo) respecto al tiempo. Esto explica el hecho de que dos autores diferentes puedan representar la acción de un mismo evento de manera diferente. Por ejemplo, Mateo escribe que Jesús "dio" (ἔδωκεν, aoristo indicativo) los panes a los discípulos (Mateo 14:19), mientras que Marcos escribe que Jesús "iba dando una y otra vez" (ἐδίδου, imperfecto indicativo) los panes (Marcos 6:41). Mateo se concentra en la idea simple de la acción, mientras que Marcos enfatiza su continuidad, lo que implica que el milagro tuvo lugar en las manos mismas de Jesús. Incluso el mismo escritor puede describir la misma acción de manera diferente en diferentes contextos. Pablo, por ejemplo, usa el participio aoristo en referencia a la resurrección de Cristo, cuando la considera como un evento simple (Rom. 8:11), pero usa el participio perfecto al hacer hincapié en el estado de Cristo como resucitado (2 Tim. 2:8). *Por esta razón la cuestión básica en lo que respecta al tiempo es siempre la cuestión de cuánto — o cuán poco— el escritor desea decir sobre el tipo de acción concreta.*

17. Ejercicios

El objetivo principal de esta lección es ofrecerle una muestra de la comprensión general del sistema verbal griego, lo que le permitirá considerar en su totalidad el trabajo que deberá seguir y tener a s í una idea de su importancia. *No es necesario que memorice todo el contenido de esta lección.* Sin embargo, lea cuidadosamente la lección, concentrándose particularmente en las áreas del verbo griego que son nuevas para usted. Si hace esto, tendrá una idea mucho mejor del funcionamiento general de la lengua griega a medida que avanza a través del estudio de la gramática.

Lección 3:

El presente y el futuro activo del indicativo

Patrones relacionados de verbos se conocen como conjugaciones (de latín *coniugo*, "acoplo"). Todo el sistema entero de verbos griegos puede ser dividido en dos conjugaciones básicas: la conjugación de -ω, y la conjugación de -μι. Estos términos se refieren al final del sufijo de la primera persona singular en el presente activo del indicativo. El más antiguo, pero mucho más pequeño, de los dos sistemas es la conjugación de -μι. La palabra griega más común de esta conjugación es εἰμί ("soy" o "estoy"), utilizada aproximadamente 2,500 veces en el Nuevo Testamento griego. Sin embargo, la gran mayoría de verbos del Nuevo Testamento pertenecen a la conjugación de -ω. El dominio de esta conjugación es, por lo tanto, esencial antes de intentar leer el griego del Nuevo Testamento. Esta lección introduce las conjugaciones de λύω ("desato") en el presente y futuro indicativo activo y la conjugación de εἰμί ("soy" o "estoy") en el presente indicativo.

18. Los sufijos primarios de la voz activa

Recordará que los tiempos primarios en griego son el presente, el futuro, el perfecto, y el futuro perfecto (§15). En el indicativo, los tiempos primarios manifiestan el presente o el futuro, mientras que los secundarios se orientan hacia el pasado. El griego ha establecido diferentes sufijos de persona-número (llamados *desinencias*) para los tiempos primarios y secundarios. En esta lección nos fijamos solo en los sufijos primarios. En el indicativo activo, estos sufijos son:

	Singular	Plural
1.	-ω	-μεν
2.	-εις	-τε
3.	-ει	-ουσι (ν)

Estos sufijos tienen el siguiente significado:

	Singular	Plural
1.	yo	nosotros
2.	tu	vosotros
3.	el (ella)	ellos (ellas)

Además, el griego añade una vocal delante de los sufijos -μεν y -τε. Esta vocal, conocida como *vocal temática* o *de conexión*, funciona como un cojín fonológico entre la raíz del verbo y el sufijo. La vocal de conexión es ο antes de μ y ν, y ε antes de otras letras. A veces la vocal de conexión se llama *morfema neutro* ya que se añade únicamente para la pronunciación y no afecta el significado.

19. Presente y futuro indicativo activo de λύω

Los sufijos primarios y las vocales temáticas o de conexión consideradas anteriormente se utilizan en la formación de los presentes y los futuros activos del indicativo. Observe las formas del verbo modelo λύω ("desato"):

		Presente		**Futuro**	
Sin.	1.	λύω	desato	λύσω	desataré
	2.	λύεις	desatas	λύσεις	desatarás
	3.	λύει	desata	λύσει	desatará
Pl.	1.	λύομεν	desatamos	λύσομεν	desataremos
	2.	λύετε	desatáis	λύσετε	desataréis
	3.	λύουσι(ν)	desatan	λύσουσι(ν)	desatarán

El rasgo principal para distinguir estos dos paradigmas es la raíz. Al eliminar la -ω de λύω, obtenemos la raíz de presente λυ-. Puede obtenerse la conjugación del presente activo del indicativo de cualquier otro verbo en -ω al (a) substituir la raíz de ese verbo λυ-, y (b) añadir los sufijos primarios activos a las vocales temáticas, o de conexión, apropiadas. Así, por ejemplo, el presente activo del indicativo de γράφω ("escribo") es: γράφω, γράφεις, γράφει, γράφομεν, γράφετε, γράφουσι(ν).

Al eliminar la -ω de λύσω, obtenemos la raíz de futuro λυσ-. Observe que el griego indica el futuro mediante la adición de una letra σ a la raíz del presente. Esta σ se llama *morfema de tiempo futuro* y su equivalente en español es el morfema del infinitivo más la vocal de conexión común del futuro "e." Su equivalente en inglés es el verbo auxiliar "will" (p.ej., "I *will* loose" o "I *will* go"). Así el análisis de λύσομεν ("desataremos") es λυ- (morfema léxico), -σ- (morfema del tiempo futuro), -o- (morfema neutro de conexión), y -μεν (sufijo de persona-número). Podemos mostrarlo gráficamente de la siguiente manera:

λυ	+		+	o	+	μεν	=	λύομεν
λυ	+	σ	+	o	+	μεν	=	λύσομεν

Observe que la única diferencia entre las formas de presente y de futuro es que las formas de futuro contienen el morfema de tiempo futuro σ. La forma de la primera persona singular λύω se considera la parte o forma principal del *presente activo*, mientras la forma de la primera persona singular λύσω se considera la parte o forma principal del *futuro activo*. Un verbo regular tiene seis formas principales, y cada una tiene la terminación/desinencia de la primera persona del singular. Presentamos las partes o formas principales del presente y del futuro en el vocabulario de esta lección (§26).

20.   *La amalgamación o fusión de consonantes en el futuro*

Muchos verbos griegos forman el tiempo futuro añadiendo una σ a la raíz. Sin embargo, cuando la raíz de un verbo acaba en una consonante, se produce un cambio fonológico cuando se le añade del morfema σ del futuro. Por ejemplo, el futuro activo del indicativo de "desatar" es en español desataré, desatarás, desatará, desataremos, desataréis, desatarán. El morfema de tiempo futuro solo está presente en la primera persona del singular y plural, y el cambio depende de si el sufijo de persona-número se inicia con una "a." La forma de segunda persona singular "desatarás" se genera con el infinitivo "desatar" y el sufijo persona-número "-ás." Así pues, el morfema -e de futuro desaparece de la palabra en este caso. En griego hay cambios análogos que pueden resumirse así:

(a) π, β, φ + σ forman la doble consonante ψ. Así el futuro de πέμπω ("envío") es πέμψω (de πεμπ + σω).

(b) κ, γ, χ + σ forman la doble consonante ξ. Así el futuro de ἄγω ("conduzco") es ἄξω (de ἀγ + σω).

(c) τ, δ, y θ desaparecen antes que la σ. Así el futuro de πείθω ("confío en") es πείσω.

Note, sin embargo, que si la raíz general del verbo es diferente a la raíz del tema de presente (como a veces sucede), el morfema del tiempo futuro σ se añade a la raíz del verbo, no a la del tema de presente. Por ejemplo, la raíz del verbo κηρύσσω ("predico") no es κηρυσσ-, sino κηρυκ-. De κηρυκ- se forma el futuro κηρύξω según las reglas presentadas arriba (κηρυκ + σω = κηρύξω). Asimismo, la raíz del verbo βαπτίζω ("bautizo") no es βαπτιζ-, sino βαπτιδ-. De βαπτιδ- se forma el futuro βαπτίσω con las mismas reglas (βαπτιδ + σω = βαπτίσω). En todos estos casos, se ha producido una amalgama o fusión.

21. Más acerca del sufijo persona-número

Los sufijos de persona-número -ω, -εις, -ει, -μεν, -τε, -ουσι(ν) tienen su origen probablemente en la unión de pronombres personales independientes a la raíz del verbo. Esto quiere decir que cada verbo griego tiene un *sujeto interno* incorporado. Cuando un *sujeto externo* está presente, el *sujeto interno incorporado* no se traduce. Así λύει es "él desata," pero Ἰησοῦς λύει es "Jesús desata," no "Jesús él desata." Ya que los pronombres internos a los sufijos no indican el género, λύει puede ser traducido también como "ella desata,", dependiendo del contexto.

Observe igualmente que el griego distingue entre la segunda persona del singular y la segunda del plural, una distinción que existe también en español pero no en inglés (véase Juan 4:20-22). El griego, sin embargo, no distingue entre las formas familiares y las formas de cortesía de la segunda persona como en español (p.ej., "tu," "usted," y "vos" en el singular), francés, alemán, y otros idiomas. Un esclavo y un amo se habrían dirigido el uno al otro en la segunda persona singular.

Finalmente, el fonema ν se añade a veces al sufijo de la tercera persona plural -ουσι, sobre todo antes de una palabra que comienza con una vocal o al final de una frase, como en λύουσιν ἀνθρώπους, "ellos desatan a hombres." Este uso se llama ν *móvil*. Este tipo de modificación fonética no afecta el significado de la palabra individual o el morfema. Las formas de un morfema ligeramente diferentes (p.ej., -ουσι y -ουσιν) se llaman *alomorfos* (de ἄλλος, "otro [de la misma clase])."

22. Usos del presente y del futuro

Como hemos visto, el aspecto denotado por el presente de indicativo puede ser aorístico, aunque sea por lo general imperfectivo (§15). De ahí que λύω pueda ser traducido como "desato" o "estoy desatando," dependiendo del contexto. Estos usos se denominan *presente simple y presente continuo*, respectivamente. El presente continuo se encuentra con frecuencia en el estilo narrativo, como en Mateo 8:25: "¡Señor, sálvanos, que perecemos/estamos pereciendo!" Otro uso del presente merece una breve mención aquí: el *presente histórico*, que se usa cuando un acontecimiento pasado se ve con la intensidad de un acontecimiento presente, como en Marcos 1:40: "Viene a él un leproso." Esta es una característica de las narraciones vívidas o populares en general, y es un rasgo especial del Evangelio de Marcos (151 veces), en especial cuando el escritor introduce nuevos sucesos o personajes. Nótese que incluso cuando una acción ocurre en el pasado, un autor puede decidir representar la acción en el presente. Por lo tanto siempre hay que distinguir cuidadosamente entre la realidad (al igual que ha sucedido la acción) y la representación de un evento (como el autor decide presentar la acción).

El tiempo futuro, como su nombre indica, es por lo general *predictivo* en potencia, como en Juan 14:26: "Él os *enseñará* todas las cosas." Sin embargo, el futuro puede ser usado también imperativamente para expresar autoridad, como en Lucas 1:31: "Y *le pondrás* [es decir, debe llamarle] por nombre Jesús." Este uso refleja la influencia hebrea. Por último, la declaración de un hecho generalmente aceptado es expresado por el futuro en algunas ocasiones, como en Efesios 5:31: "*Dejará* el hombre a su padre y a su madre." Este último ejemplo no es predictivo, ni imperativo; simplemente afirma un acontecimiento que se puede esperar en condiciones normales. Este uso se llama a veces futuro *gnómico* (de γνώμη, "máxima"). Cabe recordar que el tipo de la acción en el futuro puede ser aorístico ("desataré") o imperfectivo ("estaré desatando"). El tiempo y aspecto normal en el Nuevo Testamento es el aorístico, que tiene un mayor énfasis en el elemento de tiempo que en el presente. "Os *tomaré conmigo*" (Juan 14:3) es aorístico, mientras que "Él que comenzó en vosotros la buena obra la *perfeccionará* hasta el final" es imperfectivo.

i. Los nombres "continuo," "predictivo," y "gnómico," etcétera, son las mejores designaciones convencionales. Como ocurre con las etiquetas, son en sí poco importantes, pues son los significados asociados con los nombres lo verdaderamente importante. Es el contexto y *no* el tiempo el que determina estos significados. Este hecho debe ser tenido en cuenta en esta y en cualquier parte de las siguientes lecciones donde utilicemos tales etiquetas.

ii. Recordará que el signo de interrogación griego es ; (§8). De ahí que λύομεν signifique "desatamos" o "estamos desatando," pero λύομεν; significa "¿Desatamos?" o "¿Estamos desatando?"

23. El presente indicativo de εἰμί

Como ya se ha observado, el verbo que ocurre con más frecuencia en la conjugación en -μι es εἰμί ("soy" o "estoy"). Los lingüistas etiquetan a εἰμί como verbo copulativo (del lat. *copulo*, "enlazo juntos") porque une al sujeto y al predicado, como en 1 Juan 1:5: ὁ θεὸς φῶς ἐστιν, "Dios [sujeto] es luz [predicado]." Puesto que εἰμί expresa un estado más que una acción, no tiene voz activa, media, ni pasiva. Observe la ν móvil en la tercera persona del singular y plural.

	Singular			
1.	εἰμί	soy / estoy	ἐσμέν	somos / estamos
2.	εἶ	eres / estas	ἐστέ	sois / estáis
3.	ἐστί(ν)	es / esta	εἰσί(ν)	son / están

Excepto εἶ, las formas del presente de εἰμί suelen ser *enclíticas*, por lo que hacen recaer su acento sobre la última sílaba de la palabra anterior, como en ὁ δὲ ἀγρός ἐστιν ὁ κόσμος, "El campo es el mundo" (Mat. 13:38). Para un tratamiento más amplio de las enclíticas y los acentos griegos en general, véase el Apéndice 1.

24. Las particulas negativas

La negación "no" se expresa en griego por el adverbio οὐ. Esta palabra se usa como negación con los verbos en *indicativo*. Una palabra diferente, μή, se utiliza con el resto de los modos. Ambas negaciones preceden a la palabra a la que se refieren. Así, οὐ λύω significa "no desato," οὐ λύομεν significa "no desatamos," etc. Antes de las palabras que comienzan con una vocal, se usa οὐκ (p.ej., οὐκ ἀκούω, "no oigo"), y antes de una tilde de aspiración fuerte, se usa οὐχ (p.ej., οὐχ ἑτοιμάζω, "ya no preparo"). La lingüística considera todas esta formas—οὐ, μή, οὐκ y οὐχ— como alomorfas del mismo adverbio griego negativo.

25. *Análisis*

Los verbos finitos en griego expresan tiempo, voz, modo, persona, y número. Para analizar un verbo deben identificarse estos cinco elementos de la forma léxica básica del verbo. Por ejemplo, al analizar λύομεν, decimos que está en tiempo presente, voz activa, modo indicativo, primera persona, plural, del verbo λύω (forma básica). En la práctica se puede decir, "presente del indicativo, activa, primera persona plural de λύω."

26. *Vocabulario*

a. Las formas principales de los verbos presentes y futuros activos de indicativo en -ω.

ἄγω, ἄξω	*llevo, llevaré (agente)*
ἀκούω, ἀκούσω	*escucho, escucharé* *oigo, oiré (acústico)*
βαπτίζω, βαπτίσω	*bautizo, bautizaré* *(√ βαπτιδ, bautismo)*
βλέπω, βλέψω	*veo, veré*
γράφω, γράψω	*escribo, escribiré (gráfica)*
διδάσκω, διδάξω	*enseño, enseñaré* *(√ δοξαδ, didáctico)*
δοξάζω, δοξάσω	*glorifico, glorificaré (doxología)*
ἑτοιμάζω, ἑτοιμάσω	*preparo, prepararé*
ἔχω, ἕξω	*tengo, tendré*
θεραπεύω, θεραπεύσω	*curo, curaré (terapéutico)*
κηρύσσω, κηρύξω	*predico, predicaré (kerigma)*
λύω, λύσω	*desato, desataré*
πείθω, πείσω	*confío en, confiaré en* *(√ πιθ, [lat. fid], fidelidad)*
πέμπω, πέμψω	*envió, enviaré*
πιστεύω, πιστεύσω	*creo, creeré*
σώζω, σώσω	*salvo, salvaré (√ σωδ)*

b. Verbos en -μι.

εἰμί	*soy o estoy, seré o estaré (√ ἐσ, es)*

c. Adverbios.

μή	*no (con indicativo)*
οὐ	*no (con los modos restantes)*

27. *Ejercicios*

a. Lea cuidadosamente la lección, tratando de familiarizarse con el nuevo material y obtener una comprensión inicial de los verbos griegos. Aprenda de memoria: (1) el paradigma de λύω en el presente activo del indicativo, y (2) el paradigma de εἰμί en el presente del indicativo. No es necesario memorizar el paradigma futuro de λύω ya que es idéntico al presente excepto el morfema de futuro. En la memorización de todos los paradigmas, asegúrese de pronunciarlos en voz alta, pues esto proveerá la ayuda de dos sentidos, la vista y el oído.

Al empezar esta lección, encontrará una lista de las palabras comúnmente usadas en el Nuevo Testamento. (¡Este primer vocabulario contiene las palabras que se repiten un total de 6.487 veces en el Nuevo Testamento griego!). Las palabras españolas entre paréntesis proceden de las palabras griegas y sirven para ayudar a la memorización, mientras que el símbolo √ indica la raíz básica de la palabra en cuestión. Por ejemplo, la raíz del verbo διδάσκω ("enseño") no es διδσκ, sino διδαχ, como se ve en *didác*tica ("relativo a la enseñanza"). Es a menudo útil aprender la raíz de una palabra con la palabra en cuestión. Es importante recordar que las palabras griegas (como en español) tienen un significado decidido en gran medida por el contexto. *Tenga presente, por tanto, que el campo semántico (el área de significado) de una palabra griega es mucho más amplio de lo que puede ser resumido en el vocabulario de una gramática para principiantes, y que los significados ofrecidos en este texto representan solo los más comunes de las palabras más usadas en el Nuevo Testamento.*

Estudie el vocabulario de esta lección teniendo en mente lo siguiente: (1) lea cada palabra griega en voz alta varias veces, prestando atención a su significado; (2) cubra la columna en español con su mano y vea si puede recordar el significado de la palabra en griego; y (3) cubra la columna griega y escriba la palabra correspondiente a la española. Siga estas mismas instrucciones en las lecciones siguientes. A medida que amplíe su vocabulario, podrá hacer uso de su propio sistema mnemotécnico para estudiar y repasar.

b. Traduzca las siguientes oraciones:

1. βλέπεις. γράφεις. οὐ πέμπεις.

2. ἄγει. βαπτίζει. οὐ λύει.

3. ἀκούομεν. ἑτοιμάζομεν. οὐ πιστεύομεν.

4. γράφετε. πείθετε. οὐ σώζετε.

5. βλέπουσιν. διδάσκουσιν. οὐ λύουσιν.

6. βαπτίζει. διδάσκομεν. οὐκ ἀκούουσιν.

7. σώζω; θεραπεύει; πέμπουσιν;

8. εἶ. ἐσμέν. ἐστέ.

9. ἀκούσει. βαπτίσει. ἕξει.

10. γράψομεν. διδάξομεν. κηρύξομεν.

11. οὐ λύσετε. οὐ δοξάσεις. οὐ πείσομεν.

Lección 4:

Sustantivos de la segunda declinación

> El objetivo principal de esta lección es la comprensión del concepto de flexión (cambios en la palabra) en el sustantivo griego. La flexión de un sustantivo se llama su declinación. Los sustantivos de la segunda declinación se estudian primero debido a su mayor regularidad y porque esta declinación contiene el mayor número de los sustantivos del Nuevo Testamento.

28. Introducción a los casos griegos

Cuando se genera cualquier tipo de expresión, un sustantivo o un pronombre tienen una cierta relación con las otras palabras que están a su alrededor, relación que resulta determinada por el significado que deseamos transmitir. "Los hombres ven a los apóstoles" y "Los apóstoles ven a los hombres" contienen exactamente las mismas palabras, pero tienen significados diferentes en cada oración por la relación de los sustantivos "hombres" y "apóstoles" con el verbo "ven." Al igual que en el inglés, esta relación queda indicada por el orden de las palabras: el sujeto precede al verbo, y el objeto lo sigue sin cambio alguno de la forma. Pero en español el verbo puede preceder al sujeto y al objeto, o el objeto puede también preceder al sujeto y al verbo (p.ej., "Los apóstoles ven a estos hombres," "Ven los apóstoles a estos hombres," y "Estos hombres son vistos por los apóstoles."). El significado es el mismo, pero es claro que cada vez el autor hace hincapié en una parte diferente. En el griego, donde el orden de las palabras tiene una función diferente, las relaciones gramaticales se indican por sufijos particulares añadidos a los sustantivos. Si un sustantivo es el sujeto de un verbo (p.ej., si el sustantivo precede al verbo en una oración simple en español), este sustantivo debe ser puesto en griego en el *caso nominativo* con el sufijo apropiado. Si este es el objeto del verbo (p.ej., si este sigue el verbo en una oración simple en español), el griego lo pone en el *caso acusativo*. Así, "hombres ven a unos apóstoles" seria ἄνθρωποι βλέπουσιν ἀποστόλους, donde los sufijos -οι (nominativo plural) y -ους (acusativo plural) indican el sujeto y el objeto, respectivamente. El caso en el griego pone de relieve que *no* es el orden de las palabras, como en el inglés por ejemplo, lo que decide el significado de una oración. El sujeto no aparecerá siempre antes del verbo, ni tampoco el objeto siempre después del verbo. En griego es la *forma del caso* (la raíz con su desinencia) la que decide qué palabra es el sujeto y cuál el objeto.

El griego tiene cuatro casos básicos:

(1) El *nominativo*, que representa al *sujeto* ("*Hombres* ven a [los] apóstoles").

(2) El *genitivo*, que representa al *poseedor* ("La sabiduría *de [los] hombres*").

(3) El *dativo*, que representa al *objeto indirecto* ("El dio regalos *a [los] hombres*").

(4) El *acusativo*, que representa al *objeto* ("Apóstoles ven a *[los] hombres*").

El *vocativo*, que representa a la persona u objeto al que alguien *se dirige* ("¡Adelante, hombres!"), se usa poco en el griego del Nuevo Testamento. En español no sobreviven los casos del latín. Por otra parte, la posición muestra a veces qué función tiene un sustantivo (como con "*Hombres* ven a [los] apóstoles" y "Apóstoles ven a *[los] hombres*"), o una preposición: "La sabiduría *de (los) hombres*" (genitivo) o "Él dio regalos *a [los] hombres*" (dativo). Nótese a propósito del último ejemplo que en español se puede intensificar el énfasis: "*A (los) hombres* dio regalos", que en la escritura se manifestará por el uso de la cursiva.

29. *Género*

Además de caso, los sustantivos griegos tienen también género. En español se observan muchas similitudes con el griego. El género natural: "hombre" es masculino, "muchacha" es femenino, y "carro" es neutro. Al referirse a estos, diríamos "el," "ella," y "un" respectivamente. El griego determina generalmente el género natural respecto a las criaturas vivas, pero hay sustantivos que pueden describir cosas, calidades, etc., que no son necesariamente neutros. Por ejemplo, ἀνήρ ("hombre") es masculino y γυνή ("mujer") es femenino, pero θάνατος ("muerte") es masculino, ἁμαρτία ("pecado") es femenino, y τέκνον ("niño" o "niña") es neutro. Generalmente no se puede saber a priori por qué un sustantivo tiene un género en particular. Sin embargo, el género de los sustantivos individuales no es difícil de aprender puesto que en la mayor parte de las veces se puede deducir por su terminación o desinencia.

30. *La segunda declinación de sustantivos*

Puesto que el griego indica la función del caso mediante formas diferentes, los sustantivos griegos pueden ser agrupados según la manera cómo cambian sus terminaciones o desinencias. Estos cambios indican tanto el *caso* como el *número*. El caso, como hemos visto, implica la función de sustantivo en su relación al verbo u otras partes de la oración. El número indica si el sustantivo es *singular* o *plural*. Tanto el caso como el número se indican por formas diferentes llamados *sufijos de caso y número*. Los patrones según los cuales los vocablos griegos van cambiando sus terminaciones para expresar los casos se llaman *declinaciones* (del lat. *declino*, "me aparto [es decir, del caso nominativo]"). Hay tres declinaciones básicas en griego. Presentamos en primer lugar la segunda porque es la más fácil de aprender de las tres y porque contiene mayor número de palabras que las demás.

La segunda declinación se puede dividir en dos grupos principales: (1) nombres cuyo nominativo singular termina en *-ος*, que con algunas excepciones son masculinos, y (2) sustantivos cuyos nominativos en singular terminan en *-ον*, que son todos neutros. Ambos grupos tienen terminaciones o desinencias idénticas, excepto en el nominativo, vocativo, y acusativo. Compárese la declinación de ὁ ἄνθρωπος ("el hombre"), sustantivo masculino, con la declinación de τὸ δῶρον ("el regalo"), sustantivo neutro:

Singular				
	Masculino		**Neutro**	
N.	ἄνθρωπος	un hombre	δῶρον	un regalo
G.	ἀνθρώπου	de un hombre	δώρου	de un regalo
D.	ἀνθρώπῳ	a un hombre	δώρῳ	a un regalo
A.	ἄνθρωπον	un hombre	δῶρον	un regalo
V.	ἄνθρωπε	hombre	δῶρον	regalo

Plural				
	Masculino		**Neutro**	
N.V.	ἄνθρωποι	hombres	δῶρα	regalos
G.	ἀνθρώπων	de hombres	δώρων	de regalos
D.	ἀνθρώποις	a hombres	δώροις	a regalos
A.	ἀνθρώπους	hombres	δῶρα	regalos

Quitando la desinencia -ος de ἄνθρωπος, obtenemos la raíz ἄνθρωπ-. Esta raíz permanece constante y a ella se le añaden las diversas terminaciones (i.e., los sufijos de caso y número). Tales desinencias pueden ser usadas con cualquier sustantivo *masculino* que aparece en el vocabulario de esta lección.

La raíz de δῶρον es δῶρ-. Nótese que el nominativo, el vocativo, y el acusativo de los sustantivos neutros son idénticos en singular y en plural (formas que aparecen subrayadas). δῶρον es la palabra que sirve de paradigma para todos los sustantivos *neutros* del vocabulario de esta lección. Es importante caer en la cuenta de que los sustantivos neutros plurales van regidos regularmente por verbos en singular.

Omitiendo nombres y formas compuestas, hay 595 sustantivos de la segunda declinación en el Nuevo Testamento, 347 de los cuales son de género masculino y siguen la declinación de ἄνθρωπος, y 196 de los cuales son de género neutro y siguen la declinación de δῶρον. Hay también varios *femeninos* de la segunda declinación. Estos sustantivos siguen la declinación de ἄνθρωπος, pero usan el artículo definido femenino (p.ej., ἡ ὁδός, "el camino"; véase Juan 14:6). Algunos sustantivos de la segunda declinación son irregulares en su formación. Por ejemplo, el nombre "Jesús" tiene la siguiente declinación: N. Ἰησοῦς; G.D.V. Ἰησοῦ; A. Ἰησοῦν.

31. Los usos adicionales de los casos

Aunque el genitivo por lo general expresa posesión, tiene también otros usos importantes. Uno de estos es el *genitivo ablativo*, que indica la fuente o procedencia: ἄγω δοῦλον οἴκου, "llevo un esclavo de la casa." El dativo tiene también otros usos importantes, entre los que destaca el *dativo locativo* (ἀγρῷ, "en un campo"), el *dativo instrumental* (λόγῳ, "por una palabra") y el *dativo de ventaja o provecho personal* (ἀνθρώπῳ, "para un hombre"). Estos y otros usos de los casos deben ser aprendidos por medio de la observación.

32. Complementos

Como verbo copulativo (§23), εἰμί une o equipara lo que sigue con lo que precede. Por tanto requiere un *complemento* en *nominativo* (para "completar" la idea) en vez de un *objeto* en *acusativo*. Si se recuerda que εἰμί es prácticamente equivalente a un signo igual (=), su uso se entenderá fácilmente:

βλέπω ἄνθρωπον	"Yo veo a **un hombre**."
εἰμί ἄνθρωπος	"Soy **un hombre** ('Yo' = 'hombre')."

33. Uso del artículo definido

El griego no tiene ningún artículo *indefinido* (en español, "un" o "una"). Así ἄνθρωπος significa "hombre" o "un hombre." Cuando el griego quiere indicar que un sustantivo es definido, se coloca el *artículo definido* delante del sustantivo. Así ὁ ἄνθρωπος significa "el hombre." En general, la presencia del artículo acentúa la *identidad particular*, mientras que la ausencia del artículo acentúa la *calidad* o *las características*. En Lucas 18:13, por ejemplo, el recaudador de impuestos al llevar artículo se identifica como "el pecador," matiz ignorado la mayoría de las veces en las traducciones españolas e inglesas. Por otra parte, la afirmación de Pablo en Gálatas 1:1 de ser "un apóstol" acentúa la dignidad y la autoridad de su apostolado sin la exclusión de otros en esa labor.

Cuando no aparece ningún artículo en una frase griega, se puede utilizar los artículos indefinidos "un," "unos," "una," o "unas" en la versión española cuando el contexto sugiere esta traducción. A veces hay que suplir un artículo definido en español allí donde el griego carece de artículo por influencia del hebreo normalmente (como en Juan 1:1: "En *el* principio"). A la inversa, el griego usa con frecuencia el artículo con sustantivos abstractos donde el uso del español añade también el artículo (como en 1 Corintios 13:13: "el mayor de ellos es el amor"). La Lección 26 trata con mayor detalle la importancia del artículo para la comprensión del Nuevo Testamento.

Un sustantivo que lleva artículo se denomina sustantivo *articulado* (de ἄρθρον, "artículo"). Un sustantivo que no tiene ningún artículo se le llama sustantivo *inarticulado* (i.e., "no articulado").

34. *Conjunciones*

Una conjunción (del lat. *coniugo*, "acoplo") es un vocablo cuya función es unir palabras, oraciones, frases, y sentencias: "el apóstol *y* el esclavo"; "la ley *o* el regalo"; "él va *pero* ellos vienen", etc. Las conjunciones se dividen en *coordenadas* (del lat. *cum*, "con," y *ordinatus*, "colocado en orden") y *subordinadas* (del lat. *sub*, "debajo"). Las conjunciones coordenadas unen palabras o frases paralelas, y pueden mostrar relaciones tales como conexión ("y"), contraste ("pero"), o consecuencia ("por lo tanto"). Las conjunciones subordinadas introducen oraciones que dependen de otras. Las oraciones subordinadas pueden ser condicionales ("si"), concesivas ("aunque"), temporales ("cuando"), causales ("porque"), finales ("para que"), o consecutivas ("que").

Esta lección contiene tres conjunciones coordinadas comunes del Nuevo Testamento: καί ("y"), que aparece 8.947 veces; δέ ("ahora," "pero"), con 2.771 ocurrencias; y ἀλλά ("pero"), que aparece 635 veces. καί es el medio básico o "no marcado" de unir oraciones e implica la continuidad con el contexto precedente. δέ señala la introducción de un desarrollo nuevo y significativo en el relato o el argumento. ἀλλά marca un contraste entre oraciones y comporta mayor peso semántico que δέ o καί.

i. δέ es *pospositivo* en griego, i.e., no puede anteponerse a su frase u oración. Sin embargo, casi siempre se coloca en primer lugar en las versiones españolas.

ii. La vocal final de ἀλλά se omite antes de una palabra que comienza con una vocal o diptongo, como en βλέπεις, ἀλλ' ἀκούω, "Tú ves, pero yo oigo."

iii. El griego no tiene una conjunción que signifique "ambos" o "tanto/como (o cuanto)." En cambio, καί se utiliza de esa manera como en εἰμὶ καὶ υἱὸς καὶ δοῦλος, "Soy *tanto* hijo *como* esclavo." καί puede ser usado también adverbialmente, en el caso de que pueda ser traducido como "también", "incluso," o "aún." Así, Mat. 10:30: "Pero incluso [καὶ] los pelos de su cabeza están todos contados."

35. *Orden de las palabras en griego*

Como hemos visto, el orden de las palabras en griego es mucho más flexible que en otras lenguas español e inglés incluidos. Los escritores del Nuevo Testamento suelen situar el sujeto después del verbo (p.ej., βλέπει ἄνθρωπος ἀπόστολον, "un hombre ve un apóstol"). Esta tendencia a colocar el verbo al principio de la frase se debe probablemente a influencia semítica, puesto que el orden normal de las palabras en el hebreo bíblico era verbo, sujeto y objeto. Los elementos de la oración colocados en primer lugar reciben a menudo un énfasis especial: ἀπόστολον βλέπει ἄνθρωπος implicaría "Es *un apóstol* (y no otra cosa) el que un hombre ve." Asimismo, la posición normal para los genitivos es después del sustantivo al que modifican: εἰμὶ δοῦλος θεοῦ, "Soy un esclavo de Dios." Habría aquí un énfasis especial si se colocara previamente el genitivo: εἰμὶ θεοῦ δοῦλος, "Soy un esclavo *de Dios*" (en este caso en español, este énfasis solo se expresaría por flexión de la voz en "de Dios"). La Lección 26 trata con mayor profundidad la importancia del orden de las palabras en griego.

36. *Vocabulario*

a. Sustantivos masculinos de la segunda declinación.

ἄγγελος, ὁ	*ángel, mensajero* (*ang*élico)
ἀγρός, ὁ	*campo, terreno* (*agrario*)
ἀδελφός, ὁ	*hermano*, y es usado por los cristianos para demostrar su relación con otros cristianos (la ciudad de Fil*adelf*ia)
ἁμαρτωλός, ὁ	*pecador* (*hamartio*logía [el estudio del pecado])
ἄνθρωπος, ὁ	*hombre, persona, ser humano* (*antrop*ología)
ἀπόστολος, ὁ	*apóstol, mensajero* (*apostól*ico)
διάκονος, ὁ	*ministro, siervo* (*diácono*)
δοῦλος, ὁ	*siervo, esclavo*
θάνατος, ὁ	*muerte* (*tanato*logía [el estudio de la muerte])
θεός, ὁ	*Dios, dios* (*teo*logía)
Ἰησοῦς , ὁ	*Jesús*
κόσμος, ὁ	*mundo* (cosmos, *cósm*ico)
κύριος, ὁ	Señor, señor, dueño
λίθος, ὁ	*piedra* (*lito*grafía)
λόγος, ὁ	*palabra, mensaje* (*lóg*ica)
νόμος, ὁ	*ley* (anti*nomi*a)
οἶκος, ὁ	*casa, hogar* (*eco*nomía)
ὄχλος, ὁ	*gentío, multitud* (*ocl*ocracia)
υἱός, ὁ	*hijo*
Χριστός, ὁ	*Cristo*

b. Sustantivos neutros de la segunda declinación.

δῶρον, τό	*regalo* (*don*ación)
ἔργον, τό	*obra, trabajo* (*erg*io [un unidad de trabajo], *erg*onomía)
εὐαγγέλιον, τό	*evangelio* (*evangél*ica)
ἱερόν, τό	*templo* (*jer*arquía)
τέκνον, τό	*niño(a), hijo(a)*

c. Sustantivos femeninos de la segunda declinación.

ἔρημος, ἡ	*desierto, región deshabitada* (*ermitaño*)
ὁδός, ἡ	*camino, vía* (*odómetro*)

d. Verbos adicionales de -ω.

γινώσκω	*entiendo, conozco* (√ γνο, gnóstico)
λαμβάνω	*tomo, recibo* (√ λαβ, laberinto)
λέγω	*digo, hablo* (*leyenda*)
φέρω	*traigo, llevo*

e. Conjunciones

ἀλλά	*pero*
δέ	*ahora, pero* (pospositivo)
καί	*y, también, aún, incluso*
καὶ . . . καί	*tanto...como...*

37. *Ejercicios*

a. Lea la lección con cuidado y aproveche su material para comprender bien la declinación. Ello consolidará su comprensión total de los sustantivos griegos. Aprenda de memoria los paradigmas, o declinaciones, de ἄνθρωπος y δῶρον, notando con cuidado cómo se diferencian.

b. Memorice el vocabulario de esta lección. Acuérdese de estudiar los vocabularios conforme a las instrucciones dadas en la Lección 3.

c. Traduzca las oraciones que vienen a continuación. Ya que son más difíciles que las de la lección anterior, es necesario aproximarse a ellas de un modo lógico y sistemático. Sugerimos los pasos siguientes:

(1) Marque todos los verbos finitos. Esto indicará el número de frases en una oración compleja o frase.

(2) Tomando cada frase separadamente, determine cómo cada palabra se relaciona con el verbo finito en su cláusula (p.ej., busque los sujetos en nominativo, y los objetos en acusativo).

(3) Finalmente, observe cómo las frases se relacionan entre si, y calcule el significado general de la sentencia completa. Por ejemplo, en la oración (1) debajo, γράφει es el único verbo finito, y por lo tanto tenemos solo una frase simple ("él escribe"). El sustantivo δοῦλος es nominativo y por tanto debe ser el sujeto de γράφει ("un esclavo escribe"). El sustantivo νόμον es acusativo y por lo tanto es el objeto de γράφει ("escribe una ley"). Considerando todo esto, llegamos al significado de la oración: "Un esclavo escribe una ley."

1. γράφει δοῦλος νόμον.

2. γινώσκετε θάνατον.

3. λύουσιν ἀδελφοὶ δούλους.

4. φέρουσιν υἱοὶ δῶρα.

5. γράφεις λόγους ἀποστόλοις.

6. βλέπει υἱὸς ἱερὰ καὶ οἴκους.

7. οὐ λέγει ἀδελφὸς λόγον ἀνθρώπῳ.

8. φέρει δοῦλος δῶρον ἀποστόλῳ.

9. γινώσκομεν ὁδὸν ἱερῷ.

10. οὐκ ἀκούομεν λόγους θανάτου.

11. λέγεις δούλοις, ἀλλὰ λέγω ἀδελφοῖς.

12. λύουσιν υἱοὶ δούλους ἀποστόλων.

13. καὶ ἀποστόλοις καὶ ἀνθρώποις λέγομεν λόγους θανάτου.

14. οὐ γράφετε λόγους υἱοῖς.

15. ἀκούει τέκνα λόγους οἴκῳ, ἀλλ᾽ ἀκούουσιν ὄχλοι λόγους ἐρήμῳ.

16. γινώσκει ἀποστόλους καὶ φέρει δῶρα τέκνοις.

17. δούλους βλέψεις, ἀνθρώπους δὲ βλέψομεν.

18. σώζουσιν ἀπόστολοι ἀδελφούς.

19. εἰμὶ ἀπόστολος, ἀλλ᾽ υἱοί ἐστε.

20. δοῦλοί ἐσμεν, ἀλλὰ δούλους διδάξομεν.

21. ἐστὲ ἄγγελοι καὶ φέρετε δῶρα ἀνθρώποις.

22. σώσουσιν ἀπόστολοι ἀνθρώπους θανάτου.

LECCIÓN 5:

SUSTANTIVOS DE LA PRIMERA DECLINACIÓN

Como hemos visto, hay tres declinaciones principales, o modelos de flexión, de los sustantivos griegos. La segunda declinación (Lección 4) es la más común y la más regular. La siguiente declinación en cuanto a su regularidad es la primera declinación. El objetivo primario de esta lección es dominar los cinco paradigmas de la primera declinación griega.

38. *Sustantivos de la primera declinación*

Hay cinco paradigmas en la primera declinación. Las diferencias entre ellos se deben a ciertos cambios fonéticos y están limitadas al singular. No hay ningún sustantivo neutro de la primera declinación. Los cinco paradigmas de la primera declinación aparecen a continuación:

	Singular				
	Sustantivos femeninos			Sustantivos masculinos	
	"día"	"gloria"	"voz"	"discípulo"	"joven"*
N.	ἡμέρα	δόξα	φωνή	μαθητής	νεανίας
G.	ἡμέρας	δόξης	φωνῆς	μαθητοῦ	νεανίου
D.	ἡμέρᾳ	δόξῃ	φωνῇ	μαθητῇ	νεανίᾳ
A.	ἡμέραν	δόξαν	φωνήν	μαθητήν	νεανίαν
V.	ἡμέρα	δόξα	φωνή	μαθητά	νεανία

	Plural				
	Sustantivos femeninos			Sustantivos masculinos	
N.V.	ἡμέραι	δόξαι	φωναί	μαθηταί	νεανίαι
G.	ἡμερῶν	δοξῶν	φωνῶν	μαθητῶν	νεανιῶν
D.	ἡμέραις	δόξαις	φωναῖς	μαθηταῖς	νεανίαις
A.	ἡμέρας	δόξας	φωνάς	μαθητάς	νεανίας

Nótese que si el tema de una palabra acaba en los fonemas ε, ι, o ρ, la α del nominativo singular se mantiene igual en todas las partes de la declinación (como en ἡμέρα). Si el tema de una palabra acaba en un fonema sibilante (ζ, σ o una doble letra que contiene σ, i.e., ξ, o ψ), el α del nominativo singular se alarga en -ης y -ῃ en el genitivo y dativo singular respectivamente (como en δόξα). Si el tema de una palabra acaba en un fonema distinto a ε, ι, ρ o en un sibilante, la η del nominativo singular se mantiene igual en todos los casos del singular (como en φωνή).

Las tres clases de sustantivos mostradas arriba comprenden el grupo más grande de sustantivos de la primera declinación en el Nuevo Testamento. Excluidos los nombres propios, hay 310 sustantivos del Nuevo Testamento que siguen el paradigma de ἡμέρα, 22 que siguen el de δόξα, y 191 sustantivos que siguen el paradigma de φωνή. Estas palabras son todas femeninas.

Hay, sin embargo, 112 sustantivos *masculinos* de la primera declinación en el Nuevo Testamento. La terminación en genitivo singular (-ου), de los sustantivos masculinos fue tomada de la segunda declinación. El sufijo genitivo -ου se hizo necesario para distinguir el genitivo del nominativo (de otra manera los patrones habrían sido -ης, -ης, y -ας, -ας).

Para mayor facilidad de comprensión, los sufijos de caso y número de los paradigmas de la primera declinación se presentan en el siguiente recuadro, que omite el vocativo, ya que raras veces se encuentra en el Nuevo Testamento:

1	2	3	4	5	Plural
-α	-α	-η	-ης	-ας	-αι
-ας	-ης	-ης	-ου	-ου	-ων
-ᾳ	-ῃ	-ῃ	-ῃ	-ᾳ	-αις
-αν	-αν	-ην	-ην	-αν	-ας

39. *Paradigma del artículo Definido*

El paradigma del artículo definido griego ("el," "la," "los," y "las") puede explicarse ahora explicado en profundidad (véase también §33). El artículo femenino sigue el paradigma de φωνή (vea arriba), mientras las flexiones masculinas y neutrales del artículo siguen los paradigmas masculino y neutro de la segunda declinación, que se introdujo en la Lección 4 (ἄνθρωπος y δῶρον), a excepción del nominativo singular. La raíz del artículo definido comienza con una aspiración en el nominativo masculino y femenino (singular y plural) y τ para los demás casos. Ya que el artículo proporciona el modelo básico de declinación para los sustantivos, su aprendizaje asegurará el control rápido de la mayor parte del sistema griego de los sustantivos.

	Singular			Plural		
	M.	F.	N.	M.	F.	N.
N.	ὁ	ἡ	τό	οἱ	αἱ	τά
G.	τοῦ	τῆς	τοῦ	τῶν	τῶν	τῶν
D.	τῷ	τῇ	τῷ	τοῖς	ταῖς	τοῖς
A.	τόν	τήν	τό	τούς	τάς	τά

40. *Preposiciones que rigen un solo caso*

Una *preposición* es una vocablo usado junto a un sustantivo (o pronombre) para clarificar la relación de estos con alguna otra palabra en una oración, como en "Entro *en* la iglesia." Las preposiciones siempre están situadas antes del sustantivo (de ahí el nombre "*preposición*"). En inglés, el sustantivo (o el pronombre) está siempre en acusativo, aunque solo en los pronombres se puede encontrar alguna diferencia (se dice "about *her*," no "about *she*"). En español no existe tal uso. Hay algunas preposiciones griegas que rigen solo un caso, pero otras rigen dos o incluso tres casos (Lección 8). Además, la mayor parte de las preposiciones tienen tanto un significado principal (básico) como otro extenso número de significados.

Esta lección presenta cuatro preposiciones griegas que rigen un solo caso:

(1) ἀπό (645 ocurrencias) siempre rige genitivo. El significado más frecuente es "de" (significado básico), "desde," o "lejos de." Ejemplo: "Recibí el libro *del hermano* [ἀπό τοῦ ἀδελφοῦ]." ἀπό contiene los alomorfos ἀπ' antes de una vocal (como en ἀπ' ἐμοῦ, "*de* mí") y ἀφ' antes de una señal de aspiración (como en ἀφ' ἡμῶν, "*de* nosotros").

(2) εἰς (1,753 ocurrencias) rige siempre acusativo. El significado más frecuente es "en" (significado básico), "adentro," "a," o "para." Ejemplo: "Anduve *en la casa* [εἰς τὸν οἶκον]."

(3) ἐκ (915 ocurrencias) rige siempre genitivo. El significado más frecuente es "de" (significado básico), "desde," o "por." Ejemplo: "Yo salí *del templo* [ἐκ τοῦ ἱεροῦ]." ἐκ tiene el alomorfo ἐξ antes de una vocal, como en ἐξ οἴκου, "*de* una casa."

(4) ἐν (2,713 apariciones) rige siempre dativo. Su traducción más frecuentemente es "en" (significado básico), "entre," "a," "ante," o "cerca de." Ejemplo: "Me perdí *entre la multitud* [ἐν τῷ ὄχλῳ]." ἐν a veces se utiliza para expresar una acción impersonal. (vea §84).

Debemos señalar que en una oración la preposición debe leerse siempre unida al vocablo por ella regido. Esta combinación se llama *sintagma prepositivo* y tiene unidad de significado. Por eso ἐν τῷ ὄχλῳ no debe ser leído como ἐν ("en") más τῷ ὄχλῳ ("a la multitud") sino más bien como una sola unidad de pensamiento ("en la multitud").

41. *Vocabulario*

a. Sustantivos femeninos del tipo ἡμέρα.

ἀλήθεια, ἡ	*verdad*
ἁμαρτία, ἡ	*pecado* (*hamartiología* [el estudio sobre pecado])
βασιλεία, ἡ	*reino, reinado* (*basílica*)
διακονία, ἡ	*ministerio, servicio* (*diácono*)
ἐκκλησία, ἡ	*iglesia* (*eclesiástico*)
ἐξουσία, ἡ	*autoridad, derecho*
ἐπιθυμία, ἡ	*deseo, lascivia*
ἡμέρα, ἡ	*día* (*efímero*)
καρδία, ἡ	*corazón* (*cardíaco*)
μαρτυρία, ἡ	*testimonio, testigo* (*mártir*)
οἰκία, ἡ	*casa* (compare οἶκος)
παρρησία, ἡ	*franqueza, confianza*
σοφία, ἡ	*sabiduría* (*sofista*)
σωτηρία, ἡ	*salvación* (*soteriología*)
χαρά, ἡ	*gozo* (*caracolear*)
ὥρα, ἡ	*hora*

b. Sustantivos femeninos del tipo δόξα.

γλῶσσα, ἡ	*lengua, idioma* (*glos*ario)
δόξα, ἡ	*gloria* (*dox*ología)
θάλασσα, ἡ	*mar* (*tal*ófitas)

c. Sustantivos femeninos del tipo φωνή.

ἀγάπη, ἡ	*amor* (el Agape [la fiesta de amor])
ἀρχή, ἡ	*comienzo, principio* (*arc*aico)
γῆ, ἡ	*la tierra, terreno* (*ge*ología)
γραφή, ἡ	*Escritura, carta* (*graf*ología)
διαθήκη, ἡ	*pacto*
διδαχή, ἡ	*enseñanza* (el *Didaché* [un escrito de la iglesia antigua])
δικαιοσύνη, ἡ	*justicia, rectitud*
εἰρήνη, ἡ	*paz* (*Irene*)
ἐντολή, ἡ	*mandamiento*
ἐπιστολή, ἡ	*carta* (*epístol*a)
ζωή, ἡ	*vida* (*zoo*logía)
κεφαλή, ἡ	*cabeza* (*cefal*ópodo)
ὀργή, ἡ	*enojo, castigo* (*org*ullo)
παραβολή, ἡ	*parábola* (*paraból*ico)
περιτομή, ἡ	*circuncisión* (*tom*ografía)
προσευχή, ἡ	*oración* (*eu*cologio)
συναγωγή, ἡ	*sinagoga*
ὑπομονή, ἡ	*perseverancia, persistencia*
φωνή, ἡ	*voz, sonido* (*fon*ología)
ψυχή, ἡ	*alma, vida* (*psíquico*)

d. Sustantivos masculinos del tipo μαθητής.

μαθητής, ὁ	*discípulo* (√ μαθ, *mat*emática)
προφήτης, ὁ	*profeto* (*profét*ico)
στρατιώτης, ὁ	*soldado* (*estrategia*)
τελώνης, ὁ	*cobrador de impuestos* (*telon*io)
ὑποκριτής, ὁ	*hipócrita*

   e. Sustantivos masculinos del tipo νεανίας.

Μεσσίας, ὁ	*Mesías*
νεανίας, ὁ	*joven* (de νεός ["nuevo"], *neo*-ortodoxia)

   f. El artículo definido.

ὁ, ἡ, τό	*el, la*

   g. Preposiciones de un solo caso.

ἀπό	*de, desde, lejos de* (con genitivo) (*apostasía*)
εἰς	*en, adentro, a, para* (con el acusativo) (*esotérico*)
ἐκ	*de, desde, por* (con el genitivo) (*excéntrico*)
ἐν	*en, entre, a, ante, cerca de* (con el dativo) (*energía*)

42. *Ejercicios*

   a. Lea la lección con cuidado, estudiando el paradigma de las terminaciones de la primera declinación y comparándolas con las del artículo femenino. Familiarícese a fondo con estas terminaciones. Aprenda de memoria el paradigma del artículo definido griego. Cuando haya dominado las lecciones 3, 4, y 5, habrá hecho grandes progresos hacia su objetivo de leer el Nuevo Testamento en griego.

   b. Memorice el vocabulario de esta lección. Estudie de nuevo los significados básicos de las preposiciones. Es necesario recalcar otra vez que, para su máximo beneficio, deberá recitar todas las palabras griegas en *voz alta*, y deberá estudiar cada lección con cuidado y aprender bien el vocabulario antes de hacer los ejercicios de traducción.

   c. Traduzca las siguientes oraciones.

1.   λύω τὸν δοῦλον ἐν τῇ ἐκκλησίᾳ.

2.   βλέπομεν τοὺς οἴκους τῶν νεανιῶν.

3.   λέγει ὁ ἄγγελος λόγους θανάτου τοῖς στρατιώταις.

4.   οἱ ἀδελφοὶ τῶν μαθητῶν ἀκούσουσι τοὺς λόγους τοῦ θεοῦ.

5.   γράψει ὁ ἀπόστολος παραβολὴν τοῖς ὄχλοις.

6.   ἀγάπην καὶ σοφίαν καὶ χαρὰν ἔχουσιν οἱ υἱοὶ τῶν ἀποστόλων.

7.   γινώσκουσιν οἱ μαθηταὶ τὴν διδαχὴν τοῦ ἀποστόλου.

8.   γράφει τοὺς λόγους γραφῆς ὁ προφήτης τοῦ θεοῦ.

9. ἡ ὁδὸς τοῦ κυρίου ἐστὶν ἡ ὁδὸς χαρᾶς καὶ παρρησίας.

10. οἱ ὑποκριταὶ οὐ γινώσκουσι τὴν ὁδὸν ζωῆς καὶ ἀληθείας.

11. δῶρα ἀπὸ τῶν συναγωγῶν λαμβάνει ὁ ἀπόστολος τοῦ Μεσσίου.

12. γινώσκει τὴν καρδίαν ἀνθρώπου ὁ θεός.

13. εἰμὶ ἡ ὁδὸς καὶ ἡ ἀλήθεια καὶ ἡ ζωή.

14. τοὺς μαθητὰς τοῦ κυρίου καὶ τοὺς προφήτας τοῦ θεοῦ καὶ τοὺς υἱοὺς τῶν ἀποστόλων ἄξομεν ἐκ τῶν οἴκων ἁμαρτίας.

15. οἱ ἄγγελοι γινώσκουσι τὸ εὐαγγέλιον ἀληθείας, ἀλλὰ τελῶναι οὐ γινώσκουσι τὴν ὁδὸν εἰς τὴν βασιλείαν δικαιοσύνης.

16. λαμβάνουσι στρατιῶται τὰ δῶρα ἀπὸ τῶν υἱῶν τῶν ἀποστόλων.

17. εἰμὶ νεανίας, ἀλλ᾽ εἶ ἄνθρωπος τοῦ θεοῦ.

18. τὴν ἡμέραν καὶ τὴν ὥραν σωτηρίας οὐ γινώσκομεν.

Lección 6:

Adjetivos de la primera y segunda declinación

Los adjetivos constituyen una de las clases de palabras más importantes en el Nuevo Testamento y proporcionan un área provechosa para un estudio específico. Esta lección sirve de introducción a los paradigmas de los adjetivos de primera y segunda declinación así como a los rasgos más característicos del uso del adjetivo griego.

43. Flexión de los adjetivos

Un adjetivo es una palabra que califica o determina a un sustantivo, como en "el apóstol bueno," "malos siervos," "el regalo es hermoso," etcétera. El adjetivo griego concuerda con el sustantivo al que modifica en género, número y caso. Sin embargo, en español los adjetivos solo cambian de género y número. La mayor parte de los adjetivos tendrá por tanto 24 formas (como el artículo). Estos adjetivos se llaman de tres terminaciones ya que tienen flexión para el masculino, femenino y neutro. Existe un número menor de adjetivos de dos terminaciones, que no tiene ninguna forma separada para el femenino, pero en cambio usa las formas masculinas para el masculino y el femenino. Esta categoría incluye con frecuencia adjetivos compuestos, es decir adjetivos formados de dos o más componentes (p.ej., ἀδύνατος, "imposible").

La gran mayoría de los adjetivos del Nuevo Testamento (546, o 85%) son de tres terminaciones de la primera y segunda declinación. En este modelo, las formas femeninas del adjetivo siguen la primera declinación (§38) y las masculinas y neutras siguen la segunda declinación (§30). Cuando el tema del adjetivo termina en ε, ι, o ρ, el femenino singular usará α (como en ἡμέρα); de otra manera, usará η (como en φωνή).

a. Presentamos a continuación la declinación de ἀγαθός ("buen(o)"), un adjetivo con tema en consonante:

	Singular			Plural		
	Masc.	Fem.	Neutro	Masc.	Fem.	Neutro
N.	ἀγαθός	ἀγαθή	ἀγαθόν	ἀγαθοί	ἀγαθαί	ἀγαθά
G.	ἀγαθοῦ	ἀγαθῆς	ἀγαθοῦ	ἀγαθῶν	ἀγαθῶν	ἀγαθῶν
D.	ἀγαθῷ	ἀγαθῇ	ἀγαθῷ	ἀγαθοῖς	ἀγαθαῖς	ἀγαθοῖς
A.	ἀγαθόν	ἀγαθήν	ἀγαθόν	ἀγαθούς	ἀγαθάς	ἀγαθά
V.	ἀγαθέ	ἀγαθή	ἀγαθόν	ἀγαθοί	ἀγαθαί	ἀγαθά

b. La declinación de μικρός ("pequeño"), adjetivo de tema ε, ι, o ρ, se encuentra a continuación:

		Singular		Plural		
	Masc.	**Fem.**	**Neutro**	**Masc.**	**Fem.**	**Neutro**
N.	μικρός	μικρά	μικρόν	μικροί	μικραί	μικρά
G.	μικροῦ	μικρᾶς	μικροῦ	μικρῶν	μικρῶν	μικρῶν
D.	μικρῷ	μικρᾷ	μικρῷ	μικροῖς	μικραῖς	μικροῖς
A.	μικρόν	μικράν	μικρόν	μικρούς	μικράς	μικρά
V.	μικρέ	μικρά	μικρόν	μικροί	μικραί	μικρά

c. A continuación se halla la declinación de ἀδύνατος ("imposible"), adjetivo de dos terminaciones:

	Singular		Plural	
	Masc./Fem.	**Neutro**	**Masc./Fem.**	**Neutro**
N.	ἀδύνατος	ἀδύνατον	ἀδύνατοι	ἀδύνατα
G.	ἀδυνάτου	ἀδυνάτου	ἀδυνάτων	ἀδυνάτων
D.	ἀδυνάτῳ	ἀδυνάτῳ	ἀδυνάτοις	ἀδυνάτοις
A.	ἀδύνατον	ἀδύνατον	ἀδυνάτους	ἀδύνατα
V.	ἀδύνατε	ἀδύνατον	ἀδύνατοι	ἀδύνατα

44. Usos del adjetivo

Los adjetivos griegos se usan de tres modos distintos: (1) atributiva, (2) predicativa, y (3) sustantivamente.

(1) El *adjetivo atributivo* atribuye una calidad al sustantivo que modifica, como en ὁ ἀγαθὸς ἄνθρωπος, "el buen hombre." Observe que en este uso el adjetivo se coloca entre el artículo definido y el sustantivo. Esta posición se llama adscriptiva o atributiva simple. Un adjetivo griego puede seguir también al sustantivo, aunque en este caso el adjetivo así como el sustantivo deben tener el artículo: ὁ ἄνθρωπος ὁ ἀγαθός, "el hombre bueno" (literalmente, "el hombre, el bueno"). Esta posición se llama la *posición atributiva restrictiva* y es algo más enfática que la *posición atributiva adscriptiva*, e implica que hay otros hombres que no son buenos. Los adjetivos atributivos en español aparecen normalmente pospuestos, como en "él predicó sobre la vida eterna," o "Dios todopoderoso lo salvará." Pero ocasionalmente los adjetivos atributivos pueden estar en una posición anterior al sustantivo, como en "él es un buen hombre." En Juan 10:11 un adjetivo atributivo restrictivo sirve para describir a Jesús: ὁ ποιμὴν ὁ καλός, "el buen pastor." Observe que el adjetivo atributivo sigue inmediatamente al artículo, ya sea **ὁ ἀγαθὸς** ἄνθρωπος, o ὁ ἄνθρωπος **ὁ ἀγαθός**.

(2) En contraste con la función atributiva, un adjetivo puede emplearse también como complemento de los verbos "ser" o "estar" incluso cuando el verbo esté solo implícito. Entonces se dice que el adjetivo es predicativo porque nos indica lo que se predica o afirma de algo, una persona o cosa (p.ej., "el hombre es bueno" o "el hombre está bien"). En este uso, el adjetivo se coloca en griego *antes* o *después* del artículo y su sustantivo, pero nunca *entre* el artículo y su sustantivo. Esta posición se llama predicativa, y el adjetivo usado de este modo se denomina *adjetivo predicativo*. Así, "el hom-

bre es bueno" puede ser expresado como ὁ ἄνθρωπος **ἀγαθός**, o **ἀγαθὸς** ὁ ἄνθρωπος. Observe que mientras que en la posición atributiva el artículo precede inmediatamente al adjetivo, en la posición predicativa no hay ningún artículo precedente. Esto significa que es posible en griego dejar implícito el verbo "ser" sin que se produzca confusión alguna en el significado; así en Romanos 7:12: ὁ νόμος ἅγιος, καὶ ἡ ἐντολὴ ἁγία, "la ley es santa, y el mandamiento es santo." Aunque los escritores del Nuevo Testamento utilizaban generalmente el verbo "ser" con adjetivos predicativos, en casos donde no hay ningún verbo hay que ser capaz de distinguir entre la posición predicativa y la atributiva.

(3) Finalmente, al igual que en español, el adjetivo griego puede servir de sustantivo: "solo *los buenos* mueren jóvenes," "una palabra a *los sabios* es suficiente," etc. Este uso se llama *adjetivo sustantivado*. En el griego, esta función del adjetivo es considerablemente más común que en español, y el griego puede usar las terminaciones o desinencias de los vocablos para hacer distinciones que serían difíciles con adjetivos en español. De ahí que el masculino οἱ ἀγαθοί signifique "los hombres buenos" o "la gente buena," pero el femenino αἱ ἀγαθαί, y el neutro τὰ ἀγαθά, signifique "las mujeres buenas" y "las cosas buenas," respectivamente, sin que aparezcan explícitamente los vocablos "hombres", mujeres" o "cosas". De la misma manera, un adjetivo puede ser usado substantivamente en singular, como en ὁ ἀγαθός, "el hombre bueno," o ἡ ἀγαθή, "la mujer buena." Algunas palabras, entre ellas ἁμαρτωλός ("pecador"), eran originalmente adjetivos, pero fueron empleadas con tanta frecuencia como sustantivos que son normalmente consideradas tanto una cosa como la otra. Un ejemplo del Nuevo Testamento de un *adjetivo substantivado* se encuentra en Mateo 13:19: "El malvado [ὁ πονηρός] viene y arrebata lo que ha sido sembrado."

Debemos señalar que la concordancia de los adjetivos no significa necesariamente que un adjetivo tenga los mismos sufijos que su sustantivo, aunque esto pase con frecuencia. La concordancia *gramatical* puede ocurrir incluso cuando hay carencia de concordancia *fonética*. Un ejemplo es οἱ ἀγαθοὶ μαθηταί, "los discípulos (masculino de la primera declinación en griego) buenos." Aquí las terminaciones -οι y -αι son concordantes, aun cuando se diferencien en la ortografía y la pronunciación. Más adelante estudiaremos un grupo amplio de adjetivos que pertenecen a la tercera declinación, que conservan naturalmente las formas propias de su declinación.

A veces encontramos adjetivos en una construcción *indefinida* en la que el español usaría "un(os)" o "una(s)". En ese caso, ya que el griego no tiene artículo indefinido, ni el sustantivo ni el adjetivo tendrán artículo. En tales casos solo el contexto puede determinar si el adjetivo se usa atributiva o predicativamente. Por ejemplo, si encontramos ἀγαθὸς ἄνθρωπος como una oración completa, el adjetivo será un adjetivo predicativo ("un hombre es bueno"). Sin embargo, en una oración como ἀγαθὸς ἄνθρωπος βλέπει τὸν ἀπόστολον, el adjetivo es obviamente atributivo ("un hombre bueno ve al apóstol"). En el Nuevo Testamento, un adjetivo atributivo tiene generalmente artículo, pero no siempre (Fil. 1:6: ἔργον ἀγαθόν, "un buen trabajo/ una buena obra").

45. *Resumen de usos del adjetivo*

Los usos del adjetivo en griego pueden resumirse del modo siguiente:

1. *Adjetivo atributivo.*

ὁ ἀγαθὸς ἄνθρωπος o ὁ ἄνθρωπος ὁ ἀγαθός	= "el buen hombre"

2. *Adjetivo predicativo.*

ὁ ἄνθρωπος ἀγαθός	
o	= "el hombre es bueno"
ἀγαθός ὁ ἄνθρωπος	

3. *Adjetivo sustantivado.*

ὁ ἀγαθός	= "el buen hombre"
οἱ ἀγαθοί	= "los buenos hombres"
ἡ ἀγαθή	= "la buena mujer"
αἱ ἀγαθαί	= "las buenas mujeres"
τὸ ἀγαθόν	= "la buena cosa"
τὰ ἀγαθά	= "las buenas cosas"

46. *Vocabulario*

a. Adjetivos con tema en consonantes.

ἀγαθός, -ή, -όν	*bueno(a)* (*Ágata*)
ἀγαπητός, -ή, -όν	*amado(a)* (el *Ágape* [la fiesta del amor])
ἄλλος, -η, -ον	*otro(a)* (los neutros nominativos y acusativos son irregulares)
δυνατός, -ή, -όν	*poderoso(a), capaz* (*dinámico*)
ἕκαστος, -η, -ον	*cada uno(a), cada*
ἔσχατος, -η, -ον	*último(a)* (*escato*logía [el estudio de los últimas días])
καινός, -ή, -όν	nuevo(a)
κακός, -ή, -όν	*malvado(a), malo(a)* (*caco*fonía [un mal sonido])
καλός, -ή, -όν	*bueno(a), hermoso(a)* (*cali*grafía [arte de escribir con letra bella])
μόνος, -ή, -όν	*solo(a), único(a)* (*mono*teísmo)
πιστός, -ή, -όν	*fiel, confiable* (^ πιθ [mire πείθω, §26])
πρῶτος, -η, -όν	*primero(a)* (*proto*tipo)
σοφός, -ή, -όν	*sabio(a)* (*sof*isticado)
τρίτος, -η, -όν	*tercero(a)*

b. Adjetivos con tema en ε-, ι-, ρ-.

ἅγιος, -α, -ον	*santo(a)* (*hagio*grafía [un escrito sobre un santo])
ἄξιος, -α, -ον	*digno(a)*

δεύτερος, -α, -ον	*segundo(a)* (*Deutero*nomio [la segunda entrega de la ley])
δίκαιος, -α, -ον	*justo(a), justificado(a)* (√ δικ ["señalar"], *dictar*)
ἕτερος, -α, -ον	*otro(a), diferente* (*hetero*sexual)
ἰσχυρός, -ά, -όν	*fuerte*
μακάριος, -α, -ον	*bienaventurado(a), bendito(a)* (*macar*ismo [una palabra de bendición]
μικρός, -ά, -όν	*pequeño(a)* (*micro*scopio)
νεκρός, -ά, -όν	*muerto(a)* (*necr*omancía [conversación con los muertos])
νεός, -ά, -όν	*nuevo(a)* (*neo*-ortodoxia)
πονηρός, -ά, -όν	*malvado(a), malo(a)*

c. Adjetivos de dos terminaciones.

ἀδύνατος, -ον	*imposible* (*diná*mico)
αἰώνιος, -ον	*eternal* (*eón*)
ἀκάθαρτος, -ον	*impuro(a), sucio(a)* (*catar*sis)
ἄπιστος, -ον	*incrédulo(a), infiel* (cf. πιστεύω)

47. *Ejercicios*

a. No hay nuevos paradigmas para aprender en esta lección, puesto que ya se han explicado todos los sufijos que aparecen en ellos. Lea, sin embargo, la lección con cuidado, centrándose sobre todo en comprender los varios usos del adjetivo griego. Encontrará a menudo adjetivos en su lectura del griego, así que asegúrese de que pueda entender bien su empleo.

b. Memorice el vocabulario de esta lección.

c. Traduzca las siguientes oraciones.

1. ὁ ἀγαπητὸς ἀπόστολος διδάσκει τὸν δοῦλον.

2. ἡ ἐκκλησία ἀγαθή.

3. βλέπουσιν οἱ μαθηταὶ τοὺς νεκρούς.

4. ὁ ἕτερος ἄνθρωπος ἀκούει τὸν λόγον τοῦ θεοῦ ἐν τῇ ἐκκλησίᾳ.

5. λέγουσιν οἱ πονηροὶ κακοὺς λόγους ἐν ταῖς ἐσχάταις ἡμέραις.

6. καινὰς παραβολὰς λέγουσιν οἱ ἀγαθοὶ προφῆται καὶ τοῖς πιστοῖς καὶ ταῖς πισταῖς.

7. λέγομεν ἀγαθοὺς λόγους τοῖς ἀγαθοῖς ἀποστόλοις.

8. τοὺς πιστοὺς καὶ τὰς πιστὰς σώζει ὁ Μεσσίας τῆς βασιλείας.

9. ἡ ἀγαθὴ βλέψει τὰς ἀγαθὰς ἡμέρας τῆς βασιλείας ἀγάπης.

10. οἱ ἀδελφοὶ πρῶτοι καὶ οἱ δοῦλοι ἔσχατοι.

11. αἱ σοφαὶ ἀγαθὰ λέγουσιν.

12. εἰς τὴν συναγωγὴν ἄξουσιν οἱ δίκαιοι τοὺς ἀκαθάρτους.

13. λέγει ὁ ἀπόστολος τοῦ κυρίου ἀγαθὴν παραβολὴν τοῖς ἀγαπητοῖς μαθηταῖς.

14. αἱ ὁδοὶ ἀγαθαί, ἀλλ᾽ οἱ ἄνθρωποι πονηροί.

15. τὰς ἀγαθὰς ἡμέρας τοῦ κυρίου ζωῆς βλέψεις.

16. βλέπει ὁ υἱὸς τοῦ ἀπίστου ἀδελφοῦ τοὺς ἀξίους.

17. ἀγαθὴ ἡ ἀλήθεια καὶ κακὴ ἡ ὥρα.

18. τοὺς ἀγαθοὺς λόγους λέγετε ταῖς πονηραῖς ἐκκλησίαις καὶ τοὺς κακοὺς λόγους τοῖς ἀδελφοῖς.

19. δοξάσουσιν αἱ ἄπιστοι τὸν θεόν.

Lección 7:

Imperfecto y aoristo activo del indicativo

Hemos visto que el tipo de acción (i.e., el aspecto verbal) es más importante que el tiempo de acción en el sistema del verbo en griego. Sin embargo, el griego es totalmente capaz de expresar la acción en tiempo pasado, presente, y futuro. Los paradigmas del presente y del futuro activo indicativo fueron presentados en la Lección 3. Esta lección introduce a los tiempos pasados más usados y frecuentemente encontrados del verbo activo indicativo.

48. Los sufijos secundarios de la voz activa

Como se explicaba en la Lección 2 (§15), los verbos griegos tienen tres conjuntos de formas para indicar la acción en el pasado. Algunas de ellas expresan el aspecto imperfectivo y constituyen el *imperfecto del indicativo*. Otras formas expresan el aspecto aorístico y componen el *aoristo del indicativo*. Hay también otras formas que representan el aspecto perfectivo y constituyen el *pluscuamperfecto del indicativo*. En todas estas formas, se indica el tiempo pasado por la prefijación del morfema en tiempo pasado (llamado también *aumento*, que por lo general aparece como ἐ-) al principio del verbo. El aumento está presente sólo en los tiempos *secundarios* (i.e., históricos) del indicativo. Los tiempos afectados son el imperfecto, el aoristo, y el pluscuamperfecto.

Todos los tiempos secundarios usan sufijos secundarios en griego. En el indicativo de la voz activa estos sufijos o desinencias verbales aparecen así:

	Singular	Plural
1.	-ν	-μεν
2.	-ς	-τε
3.	ninguno (o ν móvil)	-ν o -σαν

49. Imperfecto y aoristo activo del indicativo de λύω

El imperfecto y aoristo activo del indicativo de λύω se presentan en el siguiente cuadro:

		Imperfecto		Aoristo	
Sin.	1.	ἔλυον	desataba o estaba desatando	ἔλυσα	desaté
	2.	ἔλυες	desatabas o estabas desatando	ἔλυσας	desataste
	3.	ἔλυε(ν)	desataba o estaba desatando	ἔλυσε(ν)	desató
Pl.	1.	ἐλύομεν	desatábamos o estábamos desatando	ἐλύσαμεν	desatamos
	2.	ἐλύετε	desatabais o estabais desatando	ἐλύσατε	desatéis
	3.	ἔλυον	desataban o estaban desatando	ἔλυσαν	desataron

Observe que las formas del imperfecto se obtienen al (a) añadir el aumento al tema del presente, al (b) unir las vocales ο/ε al tema del verbo, y luego al (c) añadir los sufijos o desinencias secundarias de la voz activa -ν, -ς, ninguno, -μεν, -τε, -ν.

Las formas del aoristo de activo del indicativo se obtienen al (a) añadir el aumento al tema de presente, al (b) añadir el *morfema del aspecto aorístico* (σα) al mismo tema, y luego al (c) añadir los sufijos o desinencias secundarias de la voz activa. Puesto que la primera persona singular del aoristo no utiliza ν o ninguna otra consonante en su sufijo, la tercera persona del singular cambia el σα en σε (sin sufijo de persona número), diferenciando así la primera y la tercera persona del singular. Se llama *forma principal del aoristo activo* a la primera persona del aoristo activo del indicativo (ἔλυσα).

Observe que la mayor diferencia entre los dos paradigmas arriba presentados es la adición del morfema de aspecto aorístico (σα) al tema de presente. En el paradigma del imperfecto, no se añade morfema alguno para indicar el aspecto. En cambio, allí donde se emplea el morfema de aspecto aorístico, se utiliza también el *morfema neutro* (i.e., la vocal de conexión) (§18). Vea los siguientes ejemplos:

(a) ἐλύετε= ἐ (morfema de pasado), λυ (morfema léxico), ε (morfema neutro), τε (sufijo o desinencia de persona-número): "estabais desatando."

(b) ἐλύσατε= ἐ (morfema de pasado), λυ (morfema léxico), σα (morfema de aspecto aorístico), τε (sufijo de persona-número): "desatasteis."

La habilidad para identificar tales paradigmas en las palabras, e interpretarlos después por medio del análisis morfológico, es clave para la traducción de verbos de mayor complejidad.

50. La amalgamación o fusión de consonantes en el aoristo

Cuando el morfema del aspecto aorístico σα se conecta al tema de presente para formar el tema de aoristo, tiene lugar el mismo tipo de modificaciones se hace al final de las consonantes del tema así como cuando el morfema de futuro σ se añade para formar el tema futuro (§20):

$$\kappa, \gamma, \chi + \sigma = \xi$$
$$\pi, \beta, \phi + \sigma = \psi$$
$$\tau, \delta, \theta + \sigma = \sigma$$

Observe estos ejemplos:

Presente activo del indicativo		Futuro activo del indicativo		Aoristo activo del indicativo	
κηρύσσω (κηρυκ)	predico	κηρύξω	predicaré	ἐκήρυξα	prediqué
βλέπω	veo	βλέψω	veré	ἔβλεψα	vi
πείθω	confío en	πείσω	confiaré en	ἔπεισα	confié en

51. Más sobre el aumento

El aumento tiene varios alomorfos importantes:

(1) Como ya hemos observado, si el tema del verbo comienza con una consonante, al tema se añade un *morfema aditivo* que tiene la forma de un prefijo ἐ-. Este se llama *aumento silábico* porque añade una sílaba a la palabra (como en λύω, imperfecto ἔλυον).

(2) Si el tema del verbo comienza con una vocal breve, el aumento consiste en un *morfema de proceso* llamado *aumento temporal*, que alarga la vocal breve en la vocal larga correspondiente (como en ἀκούω, imperfecto ἤκουον).

(3) Finalmente, un verbo que comienza con una vocal larga o un diptongo largo tiene un *aumento de morfema cero*. Se denomina *"cero"* porque no hay ningún cambio fonético visible (como en εἰρηνεύω ["hago la paz"], imperfecto εἰρήνευον).

Algunos verbos griegos reciben un *doble aumento,* tanto un morfema aditivo como de proceso. Así ἄγω reduplica (dobla) su primera sílaba para formar ἀγαγ- y luego recibe el aumento temporal, produciendo ἤγαγον en el aoristo indicativo. En otros verbos el aumento es irregular (p.ej., el imperfecto de ἔχω es εἶχον, εἶχες).

52. Aoristo primero y segundo

El griego no sólo tiene uno sino dos modelos básicos para formar el aoristo. La diferencia entre estos modelos es únicamente de forma. Los verbos que tienen formas de aoristo que llevan el morfema de aspecto aorístico σα se le llaman *aoristos primeros (o sigmáticos),* y sus formas se denominan *formas de aoristo primero o sigmático.* La mayoría de los verbos griegos tienen formas de aoristo primero, y la mayoría tiene las formas arriba descritas. Sin embargo, un cierto número de verbos griegos tienen formas de aoristo segundo o asigmático, que son idénticas a las del imperfecto a excepción de sus raíces. Esto puede apreciarse al comparar las formas del imperfecto y del aoristo segundo activo del indicativo de λείπω ("salgo", "dejo", abandono):

		Imperfecto		Aoristo segundo	
Sin.	1.	ἔλειπον	estaba saliendo	ἔλιπον	salí
	2.	ἔλειπες	estabas saliendo	ἔλιπες	saliste
	3.	ἔλειπε(ν)	estaba saliendo	ἔλιπε(ν)	salió
Pl.	1.	ἐλείπομεν	estábamos saliendo	ἐλίπομεν	salimos
	2.	ἐλείπετε	estabais saliendo	ἐλίπετε	salisteis
	3.	ἔλειπον	estaban saliendo	ἔλιπον	salieron

Observe que el aoristo segundo difiere del imperfecto no por añadir -σα o ningún otro morfema de aspecto al tema del verbo, sino por las diferencias *dentro* del tema mismo: el tema del imperfecto ἔλειπον es λειπ, pero el tema del aoristo segundo ἔλιπον es λιπ. *Así la única diferencia entre el imperfecto y el aoristo segundo del indicativo es que el imperfecto se forma con el tema de presente, mientras que el aoristo segundo se forma con el tema de aoristo.* Este tipo de cambio interno de vocal se llama *alternancia vocálica* (como en inglés: sing, sang, sung).

i. Solo ocasionalmente, un verbo griego tendrá los dos aoristos, primero y segundo (sigmático y asigmático). Por ejemplo, el aoristo indicativo de ἁμαρτάνω ("peco") puede ser tanto ἡμάρτησα (aoristo primero o sigmático) como ἥμαρτον (aoristo segundo o asigmático). Sin embargo, no hay ninguna diferencia de significado entre estas dos formas (ambas pueden ser traducidas "pequé").

ii. Algunos verbos tienen aoristos segundos con formas completamente diferentes, que se conocen como *supletivas*, y que se deben memorizar simplemente. Por ejemplo, λέγω significa "hablo," pero εἶπον significa "hablé." La razón de la existencia de tales formas es que el aoristo de un verbo y el presente de otro verbo de significado similar cayeron en desuso. Las restantes formas del presente o del aoristo se vincularon entre sí como si estuvieran relacionadas morfológicamente. Un ejemplo de suplencia en español es *fui*, que es la forma del pasado de *ir*.

53. *Tema del segundo aoristo*

El tema original de un verbo griego se conserva a menudo en el tema del aoristo segundo o asigmático. Por ejemplo, el aoristo segundo indicativo de μανθάνω ("aprendo") es ἔμαθον, cuyo tema (μαθ) forma la base de μαθητεύω ("hago un discípulo") y μαθητής ("discípulo," "aprendiz"). Compare también las siguientes formas a continuación:

Presente	Aoristo	Tema del verbo	Derivados en español
ἁμαρτάνω (peco)	ἥμαρτον (pequé)	ἁμαρτ	*hamart*iología
εὑρίσκω (encuentro)	εὗρον (encontré)	εὑρ	*heur*ístico
λαμβάνω (tomo)	ἔλαβον (tomé)	λαβ	*lab*erinto
πάσχω (sufro)	ἔπαθον (sufrí)	παθ	*pat*ético
φεύγω (huyo)	ἔφυγον (hui)	φυγ	*fug*itivo

i. Tenga en cuenta que el tema de γινώσκω es γνο (cf. *gnó*stico), que por lo general se alarga en γνω. Su segundo aoristo es ἔγνων, ἔγνως, ἔγνω, ἔγνωμεν, ἔγνωτε, ἔγνωσαν.

ii. εἶδον ("yo vi") es el aoristo segundo de ὁράω ("yo veo"), que es un verbo contracto. Los verbos contractos serán estudiados en la Lección 19, pero no podemos aplazar el conocimiento de εἶδον. En el Nuevo Testamento εἶδον tiene con frecuencia desinencias de aoristo primero, pero en este libro se trata siempre como un aoristo segundo o asigmático. El tema de εἶδον es ϝιδ (ϝ, o la digamma, es una letra obsoleta en griego koiné que se pronunciaba como la "w" o "v"). Este tema significa "ver," como en *video*.

54. *Usos del imperfecto y del aoristo*

Los tiempos del imperfecto y aoristo son usados en una amplia variedad de maneras. El imperfecto tiene cuatro empleos principales:

(1) El *imperfecto progresivo* que expresa una acción continua en el pasado ("seguí desatando").

(2) El *imperfecto frecuentativo que* expresa una acción habitual en el pasado ("solía desatar").

(3) El *imperfecto conativo* que expresa una acción intentada en el pasado ("tratado de desatar").

(4) El *imperfecto inceptivo o incoativo que* expresa el inicio de una acción en el pasado ("comencé a desatar").

Es el contexto, y no el tiempo en sí mismo, el que muestra cuál es el significado que debemos escoger en cada momento. Por ejemplo, el uso del imperfecto en Lucas 23:34 ("Jesús *seguía diciendo*" en vez de "Jesús *dijo*") sugiere que Jesús imploró, una y otra vez, "Padre, perdónales, ya que no saben lo que hacen." Asimismo, el uso del imperfecto en Mateo 27:30 ("*seguían golpeándole* en la cabeza") implica que los soldados romanos golpearon a Jesús "una y otra vez."

Como su nombre indica, el aoristo se abstiene de comentar el tipo de acción involucrada en el verbo. Sin embargo, cuando se examina cómo el aoristo interactúa con otros rasgos como el contexto y el significado léxico, aparecen los siguientes usos del aoristo indicativo:

(1) El *aoristo constativo,* que ve una acción en su totalidad, como en Juan 2:20: "Este templo *fue construido* en cuarenta y seis años."

(2) El *aoristo ingresivo* enfatiza el principio de una acción, como en Romanos 14:9: "Cristo murió y *vivió* [p.ej., volvió a la vida]."

(3) El *aoristo conclusivo* ve una acción desde el punto de vista de su conclusión, como en Filipenses 4:11: "*Aprendí* a estar contento en cualquier circunstancia."

Puesto que el aoristo es mucho más frecuente en el Nuevo Testamento que el imperfecto, resulta siempre apropiado preguntar por qué el imperfecto ha sido escogido en lugar del aoristo en cada caso concreto. Un ejemplo asombroso de la cuidadosa selección de los tiempos es Gálatas 1:13-14: "Ya que supisteis ya de habéis oído [aoristo eficaz] de mi antigua manera de vida en el judaísmo, cómo *solía perseguir* [imperfecto de repetición] la iglesia de Dios sin medida e *intentaba destruirla* [imperfecto conativo]; y cómo *seguía avanzando* [imperfecto progresivo] en el judaísmo más que muchos de mis contemporáneos." Son estos unos matices que es necesario captar aunque solo sea porque representan siempre un desafío para lograr una buena traducción.

Debemos hacer hincapié en que el aoristo no se refiere necesariamente a una acción permanente que ocurre una sola vez (o que puede denominarse "una vez para siempre"). El aoristo *puede* utilizarse para describir un incidente que ocurre "una sola vez," aun que ello se debe a la naturaleza del evento descrito y no a la presencia del aoristo (Hechos 5:5: "Ananías... *expiró*"). De ahí que la presunta naturaleza de "una vez para siempre" del aoristo, tan a menudo celebrado en la predicación y en los comentarios bíblicos, no es más que un error si se argumenta que es el aoristo por sí mismo el que demuestra la naturaleza de la acción que hay detrás. Debemos señalar también que, incluso en el indicativo, el aoristo no siempre se refiere a un tiempo pasado. Así, en Marcos 1:11: "En ti *tengo mis complacencias* [εὐδόκησα]" y en 1 Pedro 1:24: "La hierba *se seca* [ἐξηράνθη]." En ambos casos se utilizan aoristos en *indicativo*. Lo que otorga al aoristo — o a cualquier tiempo— su particular importancia es la relación del verbo con su contexto específico.

55. *Imperfectivo indicativo de* εἰμί

Presentamos a continuación el imperfecto indicativo de εἰμί ("soy"/"estoy"). Sus sufijos o desinencias de número y persona son los de los tiempos secundarios de la voz activa, a excepción de la primera persona singular que toma un sufijo medio/pasivo (§94), y de la tercera persona singular, que añade una ν.

	Singular			Plural
1.	ἤμην	era	ἤμεν	éramos
2.	ἦς	eras	ἦτε	erais
3.	ἦν	era	ἦσαν	eran

56. *Vocabulario*

a. Verbos adicionales en -ω.

ἁμαρτάνω	*peco* (√ ἁμαρτ, *hamartiología, el estudio de pecado*)
βάλλω	*echo* (√ βαλ, *balístico*)
ἐσθίω	*como*
εὑρίσκω	*encuentro* (√ εὑρ, *heurístico*)
λείπω	*me voy* (√ λιπ, [*lipoide "tipo graso"*], de λίπος ["grasa"])
μανθάνω	*aprendo* (√ μαθ, *matemática*)
πάσχω	*sufro* (√ παθ, *patético*)
φεύγω	*huyo* (√ φυγ, *fugitivo*)

b. Los formas principales del primer aoristo activo.

ἤκουσα	*escuché*
ἡμάρτησα	*pequé* (cf. ἥμαρτον abajo)
ἐβάπτισα	*bauticé*
ἔβλεψα	*vi*
ἔγραψα	*escribí*
ἐδίδαξα	*enseñé*
ἐδόξασα	*glorifiqué*
ἡτοίμασα	*preparé*
ἐθεράπευσα	*sané*
ἐκήρυξα	*prediqué*
ἔλυσα	*desaté*
ἔπεισα	*confié en*
ἔπεμψα	*envié*
ἐπίστευσα	*creí*
ἔσωσα	*salvé*
ἤνεγκα	*traje* (cf. ἤνεγκον abajo)

c. Formas principales del segundo aoristo activo.

ἤγαγον	*llevé*
ἥμαρτον	*pequé* (cf. ἡμάρτησα arriba)
ἔβαλον	*tiré*
ἔγνων	*supe, conocí*
ἔφαγον	*comí* (√ φαγ, *esófago*)

εὗρον	encontré (heurística)
ἔσχον	tuve (imperfecto εἶχον)
ἔλαβον	tomé, recibí
εἶπον	dije, hablé
ἔλιπον	deje atrás, carecí (lipotimia)
ἔμαθον	aprendí (matemáticas)
εἶδον	vi (de ὁράω; mire §127)
ἔπαθον	sufrí (pasión; apatía)
ἔφυγον	hui (fuga)
ἤνεγκον	traje (cf. ἤνεγκα arriba)

57. Ejercicios

a. Lea la lección cuidadosamente. Compare los paradigmas de λύω en el imperfecto y aoristo primero activo del indicativo activos. Asegúrese de que entiende bien los modelos del verbo en estos tiempos, incluidas las características de sus morfemas. Aprenda de memoria: (1) los sufijos griegos secundarios de la voz activa (§48), y (2) el paradigma de εἰμί en el imperfecto del indicativo. Este es también un buen momento para repasar el sistema de los tiempos en griego (§15).

b. Memorice el vocabulario de esta lección.

c. Traduzca las siguientes oraciones.

1. ἔλυσαν οἱ ἀπόστολοι τοὺς δούλους.

2. εἴδομεν τοὺς μακαρίους υἱούς.

3. ἐκήρυξαν οἱ μαθηταὶ ἁμαρτωλοῖς.

4. τοὺς πονηροὺς ἔσῳζεν ὁ κύριος ζωῆς.

5. ἔλιπον οἱ πονηροί, ἀλλ' οἱ ἀγαθοὶ ἐπίστευσαν τὸ εὐαγγέλιον.

6. ἐφύγετε ἐκ τῶν πονηρῶν οἴκων καὶ εἰς τὴν ἐκκλησίαν τοῦ θεοῦ.

7. ἐν ἀρχῇ ἦν ὁ λόγος, καὶ θεὸς ἦν ὁ λόγος.

8. ἔπαθεν ὁ Ἰησοῦς, οἱ δὲ μαθηταὶ ἔλαβον ζωὴν καὶ σωτηρίαν ἀπὸ τοῦ θεοῦ.

9. ἐδίδαξεν ὁ ἀπόστολος τοὺς μαθητὰς καὶ ἦγε τοὺς ἀγαθοὺς ἀνθρώπους εἰς τὴν βασιλείαν ἀγάπης.

10. ἔβλεψεν ὁ κύριος τοὺς πονηρούς, ἀλλὰ βλέπομεν τοὺς ἀγαθούς.

11. ἐπιστεύσατε τὴν ἀλήθειαν καὶ ἐκηρύσσετε τὸ εὐαγγέλιον.

12. ἤκουσα καὶ ἔβλεψα τοὺς μαθητάς, ἀλλ' ἤκουσας καὶ ἔβλεψας τὸν κύριον.

13. ἦμεν ἐν τῇ ἐκκλησίᾳ, ἦτε δὲ ἐν τοῖς οἴκοις ἁμαρτίας.

14. ἐβαπτίζετε τοὺς ἀνθρώπους τοὺς πιστούς, ἐδιδάσκομεν δὲ τοὺς μαθητὰς καὶ ἐδοξάζομεν τὸν θεόν.

15. ἔσωσεν ὁ κύριος τὰς πονηρὰς ἀφ' ἁμαρτίας.

16. οὐκ ἐλέγετε λόγους ἀληθείας, ἐπίστευον δὲ πονηροὶ τὸ εὐαγγέλιον.

17. εἶχεν ὁ κύριος χαρὰν καὶ εἰρήνην ἐν τῷ κόσμῳ.

18. ἐν τῷ κόσμῳ ἦν, ὁ δὲ κόσμος οὐκ ἔλαβε τὴν ἀλήθειαν.

19. ἐδίδαξεν ὁ Μεσσίας καὶ ἐν τῷ ἱερῷ καὶ ἐν τῇ συναγωγῇ.

LECCIÓN 8:

PREPOSICIONES ADICIONALES

Puesto que las preposiciones están involucradas en la exégesis de numerosas maneras, es esencial obtener una comprensión de su naturaleza y su función. Las preposiciones griegas ya han sido mencionadas anteriormente. Esta lección introduce varias preposiciones adicionales que ocurren frecuentemente en el Nuevo Testamento griego.

58. *Preposiciones que rigen dos o tres casos*

La Lección 5 presentó cuatro de las preposiciones griegas más comunes: ἀπό, εἰς, ἐκ, y ἐν. Recordemos que las cuatro rigen un solo caso: ἀπό y ἐκ van con el genitivo, ἐν con el dativo, y εἰς con el acusativo.

Hay varias preposiciones en el Nuevo Testamento griego que pueden regir dos o incluso tres casos. Mencionamos a continuación las preposiciones más importantes de este tipo, junto con frases breves para ayudarle a recordar sus principales significados. En el vocabulario de esta lección encontrará también otras preposiciones que rigen un solo caso.

Preposiciones con dos casos

(1)

διά (666 ocurrencias)		
Gen. *a través de*	διὰ τῆς γῆς	*a través de la tierra*
Acu. *por causa de*	διὰ τὸν κύριον	*por causa del Señor*

διά con el genitivo se usa frecuentemente con un verbo pasivo para expresar *agencia intermedia* ("por [medio de]"; lea §84).

(2)

κατά (471 ocurrencias)		
Gen. *contra*	κατὰ τοῦ νόμου	*contra la ley*
Acu. *según, conforme a*	KATA MAPKON	*(el Evangelio) según Marcos*

Un modismo común del Nuevo Testamento es καθ' ἡμέραν, "diariamente."

(3)

μετά (467 ocurrencias)		
Gen. *con*	μετὰ τοῦ κυρίου	*con el Señor*
Acu. *después*	μετὰ θάνατον	*después de la muerte*

(4)

περί (331 ocurencias)		
Gen. *acerca de*	περὶ τοῦ εὐαγγελίου	*acerca del evangelio*
Acu. *alrededor de*	περὶ τὴν θάλασσαν	*alrededor del mar*

ὑπέρ (149 ocurrencias)		
(5)		
Gen. *por*	ὑπὲρ ἁμαρτιῶν	*por pecados*
Acu. *más allá de, por encima de*	ὑπὲρ τὴν γήν	*más allá de la tierra*

ὑπό (217 ocurrencias)		
(6)		
Gen. *por*	ὑπὸ τοῦ κυρίου	*por el Señor*
Acu. *debajo de*	ὑπὸ τὴν γήν	*debajo de la tierra*

ὑπό en el genitivo se usa comúnmente con un verbo pasivo para expresar agencia directa (§84).

Preposiciones que rigen tres casos

ἐπί (878 ocurrencias)		
(1)		
Gen. *en, sobre*	ἐπὶ γῆς	*sobre la tierra*
Dat. *en, sobre*	ἐπὶ γῇ	*sobre la tierra*
Acu. *en, sobre*	ἐπὶ γήν	*sobre la tierra*

En el Nuevo Testamento, la distinción entre los empleos de ἐπί con los varios casos se ha perdido ya.

παρά (191 ocurrencias)		
(2)		
Gen. *de*	παρὰ τοῦ θεοῦ	*de Dios*
Dat. *con*	παρὰ τῷ κυρίῳ	*con el Señor*
Acu. *al lado de*	παρὰ τὴν θάλασσαν	*al lado del mar*

59. *Las Funciones de Dirección de las Preposiciones*

Varias preposiciones griegas se usan con una función direccional o local. Es útil que visualicemos estos empleos gráficamente:

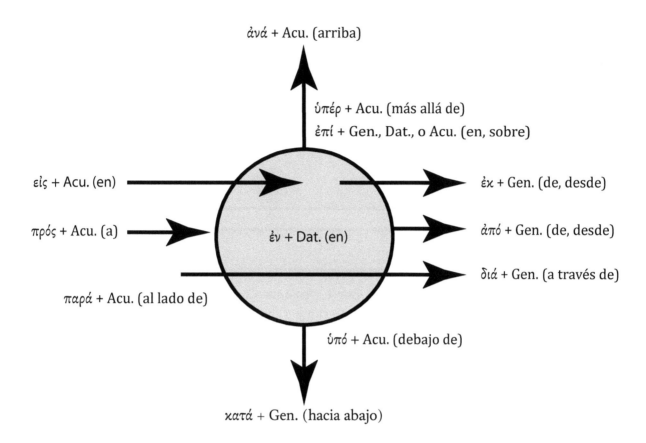

ἀνά + Acu. (arriba)

ὑπέρ + Acu. (más allá de)
ἐπί + Gen., Dat., o Acu. (en, sobre)

εἰς + Acu. (en)

πρός + Acu. (a)

ἐν + Dat. (en)

ἐκ + Gen. (de, desde)

ἀπό + Gen. (de, desde)

διά + Gen. (a través de)

παρά + Acu. (al lado de)

ὑπό + Acu. (debajo de)

κατά + Gen. (hacia abajo)

60. Elisión de vocales finales de las preposiciones

Las preposiciones (a excepción de περί y πρό) que acaban en una vocal, la pierden cuando la siguiente palabra comienza también con una vocal. Este proceso de eliminación de una vocal se llama elisión (§9). Observe que la vocal final se substituye por un apóstrofe, excepto cuando la preposición se combina con un verbo para formar un verbo compuesto:

ἀπ᾽ ἀδελφοῦ	(= ἀπό + ἀδελφοῦ)	*de un hermano*
ἀπάγω	(= ἀπό+ ἄγω)	*me alejo (de), conduzco fuera (de)*

Preposición	Ante espíritu suave	Ante espíritu áspero
ἀνά	ἀν'	ἀν'
ἀντί	ἀντ'	ἀνθ'
ἀπό	ἀπ'	ἀφ'
διά	δι'	δι'
ἐπί	ἐπ'	ἐφ'
κατά	κατ'	καθ'
μετά	μετ'	μεθ'
παρά	παρ'	παρ'
ὑπό	ὑπ'	ὑφ'

	Preposición	Ante espíritu suave	Ante espíritu áspero
Pero	περί	περί	περί
	πρό	πρό	πρό

Solo hay una excepción a estas reglas. Por ejemplo, ὑπὸ ἐξουσίαν ("bajo autoridad") es la forma que siempre se encuentra en el Nuevo Testamento (p.ej., Mateo 8:9).

61. Verbos compuestos

Varios verbos del Nuevo Testamento son *compuestos*, es decir verbos formados por un *verbo simple* y una preposición añadida. Esta preposición se llama *morfema de prefijo prepositivo*. A veces el significado de un verbo compuesto puede ser el determinado por los significados de sus dos partes. Un ejemplo es ἐκβάλλω, que significa "tiro/lanzo fuera" (de ἐκ, "fuera," y βάλλω, "tiro/lanzo"). Otras veces, el significado del verbo queda modificado por la preposición en una manera que resulta difícil, por no decir imposible, explicar su significado (p.ej., ἀναγινώσκω significa "leo," no "(yo) sé arriba"). Cuando un verbo compuesto recibe el aumento, este se coloca *entre* la preposición y el verbo simple. De ahí resulta, por ejemplo, que el imperfecto de ἐκβάλλω es ἐξέβαλλον. Si la preposición termina en una vocal, esta se omite (se elide) ante un verbo que comienza con una vocal y ante el aumento (como en ἀποθνήσκω, imperfecto ἀπέθνησκον). En el Nuevo Testamento, la preposición usada como prefijo verbal se repite a menudo con un sustantivo o pronombre en el caso apropiado, sin un significado adicional (p.ej., **ἐκ**βάλλω τὸν πονηρὸν **ἐκ** τοῦ οἴκου, "expulso al hombre malo *fuera de* la casa").

62. Vocabulario

a. Preposiciones que rigen dos casos.

διά	*a través de* (con genitivo) (*diá*metro)
	por causa de (con acusativo) (*dia*crítico)
κατά	*contra* (con genitivo) (*cata*pulta)
	según (con acusativo) (*catá*logo)
μετά	*con* (con genitivo) (*meta*bólica)
	después (con acusativo) (*meta*morfosis)
περί	*acerca de* (con genitivo)
	alrededor de (con acusativo) (*perí*metro)

| ὑπέρ | *por* (con genitivo) |
| | *más allá de, por encima de* (con acusativo) (*hiper*tensión) |

| ὑπό | *por* (con genitivo) |
| | *debajo de* (con acusativo) (*hipo*termia) |

b. Preposiciones que rigen tres casos.

| ἐπί | *en, sobre* (con genitivo, dativo, y acusativo) (*epi*dermis) |

παρά	*de* (con genitivo)
	con (con dativo)
	al lado de (con acusativo) (*para*lelo)

c. Preposiciones adicionales que rigen un caso.

ἀνά	*arriba* (con acusativo) (*aná*lisis)
ἀντί	*en lugar de, por* (con genitivo) (el *Anti*cristo)
πρό	*antes de* (con genitivo) (*pró*logo)
πρός	*a, hacia, con* (con acusativo) (*pró*tesis)
σύν	*con* (con dativo) (*sín*tesis)

d. Verbos compuestos:

ἀναγινώσκω	*leo*
ἀνοίγω	*abro* (√ οιγ; aor. 1 ἀνέῳξα)
ἀποθνήσκω	*muero* (√ θαν; aor. 2 ἀπέθανον)
ἐκβάλλω	*tiro fuera, echo fuera*

63. *Ejercicios*

a. Lea toda la lección con cuidado, notando las varias preposiciones usadas en el griego, los casos que estas rigen, y las diferencias entre sus significados.

b. Memorice el vocabulario de esta lección. Al igual que en la Lección 5, los significados principales de las preposiciones se resaltan con un punto y coma.

c. Traduzca las siguientes oraciones.

1. ἀναγινώσκει ὁ μαθητὴς παραβολὴν περὶ τῆς βασιλείας.

2. ἐκβάλλομεν τὰ πονηρὰ ἐκ τοῦ οἴκου.

3. ἔλαβον αἱ ἀγαθαὶ ἀγαθὰ ἀπὸ τοῦ πιστοῦ ἀδελφοῦ.

4. εἶπον οἱ υἱοὶ τῶν προφητῶν λόγους κατὰ τὴν ἀλήθειαν.

5. διὰ τὴν δόξαν τοῦ κυρίου ἠκούομεν παραβολὴν ἀγάπης καὶ εἰρήνης.

6. διὰ τῶν γραφῶν γινώσκομεν τὸν νόμον τοῦ θεοῦ.

7. ἔπεμψεν ὁ θεὸς ἀγγέλους εἰς τὸν κόσμον.

8. μετὰ τῶν ἀποστόλων τῶν ἀγαθῶν ἦμεν ἐν τῇ ἐκκλησιᾳ.

9. εἰς τὸ ἱερὸν φέρουσι τοὺς στρατιώτας τοὺς πονηρούς.

10. ἤγαγον οἱ νεανίαι τοὺς ἀγαθοὺς δούλους καὶ τοὺς υἱοὺς τῶν προφητῶν πρὸς τοὺς οἴκους τῶν μαθητῶν.

11. εἰσὶν οἱ υἱοὶ ἀνθρώπων ἐν τῷ ἱερῷ.

12. λέγεις κατὰ τοῦ νόμου, ἀλλὰ λέγω λόγους ἀληθείας.

13. ἔπαθεν ὁ Ἰησοῦς ὑπὲρ τῶν ἁμαρτιῶν τοῦ κόσμου.

14. ὑπὸ τὴν γῆν εἰσιν οἱ νεκροί.

15. ἔλεγεν ὁ ἀπόστολος περὶ τῶν ἁμαρτιῶν τῶν τέκνων.

16. ἔπεμψεν ὁ θεὸς τοὺς προφήτας πρὸ τῶν ἀποστόλων.

17. ἦμεν σὺν τοῖς μαθηταῖς ἐν τῇ ἐρήμῳ.

18. ἀντὶ τοῦ Μεσσίου ἐκήρυξεν ὁ ἀπόστολος ὁ πιστός.

19. ἦγεν ὁ κύριος τοὺς μαθητὰς περὶ τὴν θάλασσαν καὶ εἰς τὴν ἔρημον.

20. καθ' ἡμέραν ἐδίδασκον οἱ ἀπόστολοι ἐν τῷ ἱερῷ.

21. χριστὸς ἀπέθανεν ὑπὲρ τῶν ἁμαρτιῶν ἀνθρώπων κατὰ τὰς γραφάς.

LECCIÓN 9:

PRONOMBRES PERSONALES

La palabra "pronombre" está tomada del latín *pro* y *nomen*, que significa "para un sustantivo." El nombre es apropiado, ya que los pronombres se emplean para evitar la repetición del sustantivo. Hay nueve clases de pronombres en el Nuevo Testamento. En esta lección presentamos uno de ellos, el pronombre personal.

64. *Pronombres personales*

Un pronombre es una palabra que toma el lugar de un nombre o de otro sustantivo. Los *pronombres personales* son los que representan a personas. Se dice que están en *primera persona* los pronombres que se refieren a o incluyen a la(s) persona(s) que está(n) hablando (p.ej., "yo," "mí," "nosotros," "nuestro"). Los que están relacionados con la persona a la que uno está hablando se dice que están en *segunda persona* (p.ej., "ustedes," "sus"). Finalmente, los que se refieren a una persona o asunto del que se habla se dice que están en *tercera persona* (p.ej., "él," "ella," "su," "sus"). Los pronombres son palabras útiles ya que permiten al hablante evitar la repetición constante de sustantivos. Por ejemplo, "yo veo al discípulo y le enseño" quiere decir la misma cosa que "yo veo al discípulo y enseño al discípulo," pero la primera oración evita la redundancia de la segunda.

a. A continuación se muestra la declinación del pronombre personal de primera persona:

	Singular		Plural	
N.	ἐγώ	*yo*	ἡμεῖς	*nosotros*
G.	ἐμοῦ o μου	*de mí, mí, o mío*	ἡμῶν	*de nosotros, nuestro(a)*
D.	ἐμοί o μοι	*a mí*	ἡμῖν	*a nosotros*
A.	ἐμέ o με	*me, a mí*	ἡμᾶς	*nos, a nosotros*

Observe lo siguiente:
(1) No hay vocativo en los pronombres de primera persona.
(2) Las formas ἐμοῦ, ἐμοί, ἐμέ se usan cuando se desea enfatizar algo. Las formas μου, μοι, με son enclíticas, pues hacen recaer su acento sobre la palabra precedente (el Apéndice 1 explica las formas enclíticas). Las enclíticas se utilizan cuando no hay énfasis alguno en el pronombre.

b. A continuación se muestra la declinación del pronombre personal de segunda persona:

	Singular		Plural	
N./V.	σύ	*tú*	ὑμεῖς	*vosotros*
G.	σοῦ o σου	*de ti, tú, o tuyo*	ὑμῶν	*de vosotros, vuestro(a)*
D.	σοί o σοι	*a ti*	ὑμῖν	*a vosotros*
A.	σέ o σε	*te, a ti*	ὑμᾶς	*os, a vosotros*

Observe lo siguiente:

(1) El vocativo y el nominativo son iguales.

(2) Las formas σοῦ, σοί, σέ son enclíticas, es decir, pierden su acento *excepto cuando son enfáticas* (vea el Apéndice 1).

(3) La semejanza formal entre ἡμεῖς ("nosotros") y ὑμεῖς ("vosotros") es muy grande.

c. A continuación se muestra la declinación del pronombre personal de la tercera persona:

Singular					
Masculino		**Femenino**		**Neutro**	
N.	αὐτός	él	αὐτή	ella	αὐτό	él o ella
G.	αὐτοῦ	de él, su, o suyo	αὐτῆς	de ella, su, o suya	αὐτοῦ	de él o de ella, su, o suyo(a)
D.	αὐτῷ	a él	αὐτῇ	a ella	αὐτῷ	a él o a ella
A.	αὐτόν	le, a él	αὐτήν	la, a ella	αὐτό	le o la, a él o ella

Con el acusativo, puede decir "veo a la mujer" o "la veo."

Plural					
Masculino		**Femenino**		**Neutro**	
N.	αὐτοί	ellos	αὐταί	ellas	αὐτά	ellos o ellas
G.	αὐτῶν	de ellos, sus, suyos	αὐτῶν	de ellas, sus, suyas	αὐτῶν	de ellos o ellas, sus, suyos(as)
D.	αὐτοῖς	a ellos	αὐταῖς	a ellas	αὐτοῖς	a ellos o a ellas
A.	αὐτούς	les, a ellos	αὐτάς	las, a ellas	αὐτά	les/las, a ellos o ellas

Con el acusativo, puede decirse "veo a las mujeres" o "las veo."

Observe lo siguiente:

(1) La declinación de αὐτός, αὐτή, αὐτό es idéntica a la de ἀγαθός (lea §43), excepto la forma neutra nominativo/acusativo singular αὐτό (cf. el artículo neutro τό).

(2) No hay ningún vocativo.

65. *Características de los pronombres personales*

Las características principales de los pronombres personales griegos pueden describirse de la siguiente manera:

(1) Como ya hemos observado, los pronombres personales se usan en lugar de nombres y otros sustantivos para evitar la monotonía. Por ejemplo, ὁ ἄνθρωπος γινώσκει τὸν ἀπόστολον καὶ ἀκούει τὸν

ἀπόστολον ("el hombre conoce al apóstol y oye al apóstol") se expresa con menor redundancia gracias al empleo del pronombre αὐτόν ("él") en lugar de un segundo τὸν ἀπόστολον.

(2) El sustantivo al que se refiere un pronombre se llama *antecedente*. Un pronombre griego concuerda con su antecedente en género y número, pero su caso depende de su empleo en la oración en la que aparece. Por ejemplo, en la oración βλέπω τὸν κύριον καὶ γινώσκω αὐτόν ("veo al Señor y lo conozco"), el antecedente de αὐτόν es τὸν κύριον. Puesto que τὸν κύριον es masculino singular, el pronombre personal αὐτόν es también masculino singular. En esta oración en particular, αὐτόν es también el *objeto directo* del verbo γινώσκω por lo que está en *acusativo*. Sin embargo, en la oración βλέπω τὸν κύριον καὶ πιστεύω ἐν αὐτῷ ("veo al Señor y creo en él"), el contexto del pronombre requiere *dativo*, aunque su género y número permanezcan como masculino singular como en la primera oración.

(3) Ya que el sujeto de un verbo griego se expresa en su sufijo de número y persona (cf. español *tengo*, la "o" significa la primera persona singular), pronombres personales se utilizan en nominativo solamente cuando el autor desea hacer hincapié por alguna razón. Por ejemplo, λέγω significa "digo," el sufijo -ω indica el sujeto como la "o" lo hace en el español. Si ἐγώ se añade a la construcción, añade un énfasis especial en el sujeto, como en Mateo 5:22: ἐγὼ δὲ λέγω ὑμῖν, "Pero *yo* os digo." Aquí "yo" esta en contraste con "a los antiguos" (v. 21).

(4) Pronombres personales en el genitivo se usan frecuentemente para expresar posesión. Las formas enclíticas (sin énfasis) se utilizan muy comúnmente. Note los siguientes ejemplos:

ὁ λόγος μου	= "mi palabra"	(literalmente, "la palabra de mí")
ὁ οἶκος σου	= "tu casa"	(literalmente, "la casa de ti")
ὁ δοῦλος ἡμῶν	= "nuestro esclavo"	(literalmente, "el eslavo de nosotros")
ὁ δοῦλος αὐτοῦ	= "su esclavo"	(literalmente, "el esclavo de él")
ὁ δοῦλος αὐτῆς	= "su esclavo"	(literalmente, "el esclavo de ella")
ὁ δοῦλος αὐτῶν	= "el esclavo de ellos"	(literalmente, "el esclavo de ellos")

(5) Las formas enfáticas de los pronombres personales se usan normalmente después de las preposiciones:

	ἀπ' ἐμοῦ	(en lugar de ἀπό μου)	= "de mí"
	ἐκ σοῦ	(en lugar de ἐκ σου)	= "afuera de ti"
	ἐν ἐμοί	(en lugar de ἔν μοι)	= "en mí"
Pero	πρός με	(en lugar de πρὸς ἐμέ)	= "a mí"

Observe que un apóstrofe (') marca el lugar donde se ha producido una elisión (§9).

66. *Empleos especiales de* αὐτός

Αὐτός tiene dos usos especiales:

(1) Cuando se emplea con el artículo, es decir en la posición *atributiva*, αὐτός corresponde al *adjetivo* español *mismo que suele ir en primera posición* (p.ej., "la misma persona lo vio"). Este empleo se llama el "αὐτός adjetival."

(2) Cuando se usa sin el artículo, es decir en posición de *predicado*, αὐτός corresponde al *pronombre* español *mismo, pero que suele ir en segunda posición* (p.ej., "él mismo," "ella misma," "ellos mismos"). Este uso se denomina "αὐτός intensivo."

Compare el αὐτός adjetival con el adjetivo ἀγαθός cuando se usan en la posición atributiva:

(1)	ὁ ἀγαθὸς ἀπόστολος	"el buen apóstol"
	ὁ αὐτὸς ἀπόστολος	"el mismo apóstol"
(2)	ὁ ἀπόστολος ὁ ἀγαθός	"el buen apóstol"
	ὁ ἀπόστολος ὁ αὐτός	"el mismo apóstol"
(3)	βλέπω τὸν ἀγαθὸν ἀπόστολον	"veo al buen apóstol."
	βλέπω τὸν αὐτὸν ἀπόστολον	"veo al mismo apóstol."

Ahora *compare* el αὐτός intensivo y el adjetivo ἀγαθός cuando se usan en la posición predicativa:

(1)	ὁ ἀπόστολος ἀγαθός	"el apóstol es bueno"
	ὁ ἀπόστολος αὐτός	"el apóstol mismo"
(2)	ἀγαθὸς ὁ ἀπόστολος	"el apóstol es bueno"
	αὐτὸς ὁ ἀπόστολος	"el apóstol mismo"

El αὐτός intensivo puede utilizarse también con otros pronombres o con el sujeto no expresado del verbo:

(1)	αὐτὸς ἐγὼ λέγω o αὐτὸς λέγω	"yo mismo(a) digo"
(2)	αὐτὸς σὺ λέγεις o αὐτὸς λέγεις	"tú mismo(a) dices"
(3)	αὐτὸς λέγει	"él mismo dice"
(4)	αὐτὴ λέγει	"ella misma dice"
(5)	αὐτοὶ ἡμεῖς λέγομεν o αὐτοὶ λέγομεν	"nosotros mismos decimos"

67. Ejemplos de pronombres personales

Los usos principales de los pronombres personales griegos se pueden repasar al estudiar los siguientes ejemplos del Nuevo Testamento:

(1)	Juan 6:35	ἐγώ εἰμι ὁ ἄρτος τῆς ζωῆς.
		"**Yo** soy el pan de la vida."
(2)	Lucas 4:41	σὺ εἶ ὁ υἱὸς τοῦ θεοῦ.
		"**Tú** eres el Hijo de Dios."
(3)	Juan 19:7	ἡμεῖς νόμον ἔχομεν.
		"**Nosotros** tenemos una ley."
(4)	Mateo 1:21	αὐτὸς σώσει τὸν λαὸν αὐτοῦ.
		"**Él mismo** salvará a **su** pueblo."
(5)	Juan 15:3	ὑμεῖς καθαροί ἐστε.
		"**Vosotros** estáis limpios."
(6)	Juan 17:4	ἐγώ σε ἐδόξασα.
		"**Yo te** he glorificado."
(7)	Juan 4:29	εἶπέν μοι πάντα.
		"**Me** dijo todas las cosas."
(8)	1 Corintios 15:51	μυστήριον ὑμῖν λέγω.
		"**Os** digo un secreto."
(9)	Hechos 10:26	ἐγὼ αὐτὸς ἄνθρωπός εἰμι.
		"**Yo mismo** soy un hombre."
(10)	Apocalipsis 21:3	αὐτὸς ὁ θεὸς μετ' αὐτῶν ἔσται.
		"Dios **mismo** estará con **ellos**."
(11)	Juan 14:11	διὰ τὰ ἔργα αὐτὰ πιστεύετε.
		"Por las obras **mismas** tú crees."
(12)	Juan 1:42	ὁ Ἰησοῦς εἶπεν, Σὺ εἶ Σίμων ὁ υἱὸς Ἰωάννου.
		"Jesús dijo, '**Tú** eres Simón, el hijo de Juan.'"
(13)	Juan 1:25	τί βαπτίζεις εἰ σὺ οὐκ εἶ ὁ Χριστός;
		"¿Por qué bautizas, si **tú** no eres el Cristo?"
(14)	1 Corintios 12:6	ὁ δὲ αὐτὸς θεὸς ὁ ἐνεργῶν τὰ πάντα ἐν πᾶσιν.
		"Ahora el **mismo** Dios es el que hace todas las cosas en todos."
(15)	Juan 11:25	εἶπεν αὐτῇ ὁ Ἰησοῦς, Ἐγώ εἰμι ἡ ἀνάστασις καὶ ἡ ζωή.
		"Jesús **le** dijo: '**Yo** soy la resurrección y la vida.'"

68. *Vocabulario*

Pronombres personales:

αὐτός, -ή, -ό	*él, ella, ello, mismo(a) (automóvil)*
ἐγώ	*yo (egocéntrico)*
σύ	*tú*

69. *Ejercicios*

a. Lea la lección con cuidado. Aprenda de memoria los paradigmas de los pronombres de primera y segunda persona.

b. Memorice el vocabulario de esta lección.

c. Traduzca las siguientes oraciones:

1. γινώσκουσιν οἱ μαθηταί σου τὸν ἀπόστολον καὶ ἄγουσιν αὐτὸν εἰς τὸν οἶκον αὐτῶν.

2. διδάσκω τοὺς υἱούς μου καὶ λέγω αὐτοῖς τὸν λόγον τοῦ θεοῦ.

3. ἐγώ εἰμι δοῦλος, σὺ δὲ εἶ ὁ κύριος.

4. οἱ ἀδελφοὶ ἡμῶν εἶδον ἡμᾶς καὶ εἴδομεν αὐτούς.

5. ἄξει με ὁ κύριος αὐτὸς εἰς τὴν βασιλείαν αὐτου.

6. σὺ βλέψεις θάνατον, ἐγὼ δὲ βλέψω ζωήν.

7. ὁ ἀπόστολος πιστός, οἱ δὲ δοῦλοι αὐτοῦ κακοί.

8. σὲ εἴδομεν καὶ εἴπομέν σοι παραβολὴν ἀγάπης.

9. ἐφύγετε ἀφ’ ἡμῶν, ἀλλ’ ἡμεῖς ἐδιδάσκομεν ἐν τῇ ἐκκλησίᾳ.

10. ἐν ταῖς ἡμέραις ταῖς ἐσχάταις ὁ Ἰησοῦς ἄξει τοὺς μαθητὰς αὐτοῦ εἰς τὴν βασιλείαν.

11. εὗρον οἱ ἄνθρωποι τὰ τέκνα αὐτῶν καὶ ἤγαγον αὐτὰ εἰς τοὺς οἴκους αὐτῶν.

12. ὑμεῖς ἐλάβετε τὸν κύριον εἰς τὰς καρδίας ὑμῶν, ἀλλ’ ἡμεῖς ἐφύγομεν ἀπὸ τῆς ἐκκλησίας.

13. ἐγὼ ἔπαθον, σὺ ἡμάρτησας, ἀλλ’ αὐτὸς ἔσωσεν ἡμᾶς.

14. μετὰ τῶν ἀδελφῶν ἡμῶν ἐβλέψαμεν τοὺς μαθητὰς τοῦ κυρίου ἡμῶν.

15. διὰ σοῦ ἄξει ὁ θεὸς τὰ τέκνα αὐτοῦ εἰς τὴν βασιλείαν ἀγάπης.

16. ἀφ’ ὑμῶν ἔλαβεν ὁ ἀδελφός μου δῶρα καλά.

17. μετὰ τὰς ἡμέρας τὰς πονηρὰς αὐτοὶ βλέψομεν τὰς ἡμέρας τὰς ἀγαθάς.

18. μεθ' ὑμῶν ἐσμεν ἐν τοῖς οἴκοις ὑμῶν.

19. αὐτοὶ γινώσκομεν τὴν ὁδόν, καὶ δι' αὐτῆς ἄξομέν σε εἰς τὴν ἐκκλησίαν τὴν αὐτήν.

20. δι' ἐμὲ βλέψεις τὸν κύριον.

LECCIÓN 10:

PERFECTO Y PLUSCUAMPERFECTO DEL INDICATIVO DE LA VOZ ACTIVA

> Se dice a menudo que el perfecto es el tiempo más significativo exegéticamente. El perfecto aparece en tres formas: perfecto, pluscuamperfecto (es decir, el pasado del perfecto), y futuro perfecto. El más común, con mucho, es el perfecto. Puesto que el Nuevo Testamento efectúa una distinción muy nítida entre el perfecto y otros tiempos, dominar bien el perfecto griego es esencial para la exégesis.

70. El perfecto activo del indicativo de λύω

En nuestro estudio del verbo griego, hemos considerado hasta ahora tres de sus partes o formas principales: el presente, futuro y aoristo de la voz activa. Esta lección presenta la cuarta forma principal, es decir el *perfecto activo*, de la que se obtienen las formas del verbo en el perfecto, pluscuamperfecto y futuro perfecto.

Las formas del perfecto activo del indicativo de λύω son las siguientes:

	Singular		Plural	
1.	λέλυκα	he desatado	λελύκαμεν	hemos desatado
2.	λέλυκας	has desatado	λελύκατε	habéis desatado
3.	λέλυκε(ν)	ha desatado	λελύκασι(ν)	han desatado

Observe que el perfecto se obtiene al (a) afijar el *morfema de aspecto perfectivo* κα al tema del verbo, al (b) agregar los sufijos o desinencias secundarias de la voz activa (§48), y (c) al prefijar una *sílaba reduplicada* al principio del verbo. La reduplicación del perfectivo consiste en la duplicación de la consonante inicial del tema de verbo y la vocal ε. Así λυ- se vuelve λελυ-, γραφ- se vuelve γεγραφ-, etc. Las excepciones a esta regla general provienen de las características fonéticas del fonema inicial del verbo.

(1) Si el tema del verbo comienza con una consonante aspirada (φ, θ, o χ), entonces se usa la correspondiente consonante sin espíritu se usa para formar la sílaba reduplicada, como en θεραπεύω ("curo"), perfecto τεθεράπευκα ("he curado").

(2) Si el tema del verbo comienza con una consonante doble (ψ, ζ, o ξ) o con dos consonantes que no sean λ o ρ, la sílaba reduplicada es simplemente ἐ-, como en γινώσκω ("sé," √ γνο), perfecto ἔγνωκα ("he sabido").

(3) Si el tema del verbo comienza con una vocal, entonces la reduplicación toma la forma del aumento temporal, como en ἑτοιμάζω ("preparo"), perfecto ἡτοίμακα ("he preparado"). Otros cambios se aprenden por observación en el estudio del vocabulario.

Observe que la primera persona singular de los perfectos activos del indicativo no tiene la ν. En la tercera persona singular, la ε aparece sola, distinguiendo así las primeras y terceras personas en el singular. También debería notarse que los fonemas τ, δ, o θ se pierden antes de la κ del perfecto, como en ἐλπίζω ("espero," raíz ἐλπιδ), perfecto ἤλπικα.

71. El perfecto segundo

Algunos verbos no tienen la χ del morfema de aspecto perfectivo χα en sus formas de perfecto, pluscuamperfecto o futuro perfecto ya que estos verbos tienen formas de una especie de perfecto segundo (recuérdese al aoristo segundo, §52). Estos se conjugan exactamente como el perfecto primero a excepción de la ausencia de χ. Como en el caso de los aoristos primero y segundo, la distinción es solamente de forma y no de función (§52). Un ejemplo de perfecto segundo es γράφω ("escribo"):

	Singular		Plural	
1.	γέγραφα	he escrito	γεγράφαμεν	hemos escrito
2.	γέγραφας	has escrito	γεγράφατε	habéis escrito
3.	γέγραφε(ν)	ha escrito	γεγράφασι(ν)	han escrito

El Nuevo Testamento tiene 21 verbos que contienen formas perfectas segundas. Los más comunes son:

Presente		Perfecto Segundo	
ἀκούω	escucho	ἀκήκοα	he escuchado
πείθω	confío en	πέποιθα	he confiado en
πέμπω	envío	πέπομφα	he enviado
πάσχω	sufro	πέπονθα	he sufrido

72. Importancia del perfecto

El perfecto griego de la voz activa hace referencia al estado resultante de una acción ya completada en el pasado. Por ello, el perfecto se refiere más al presente que al pasado, aunque el perfecto represente una acción que ha sido ya completada. Observe la diferencia entre Hechos 2:2 y Hechos 5:28.

> "Un sonido *llenó* [aoristo indicativo] la casa entera."
>
> "*Habéis llenado* [perfecto indicativo] a Jerusalén con vuestra enseñanza."

Aquí el aoristo señala que la acción del verbo es "llenar" sin hacer caso a su efecto, mientras que el perfecto acentúa un estado presente que es el resultado de la acción ya pasada. Asimismo se dice del filósofo griego Arquímedes que, cuando descubrió la ley de la flotabilidad mientras se estaba bañando, se puso a corretear desnudo por las calles de Siracusa gritando, εὕρηκα, εὕρηκα, "¡Lo he encontrado, lo he encontrado!" Lo que al parecer quiso decir Arquímedes al usar εὕρηκα (perfecto de εὑρίσκω) era que su descubrimiento se había vuelto ya una parte de su conciencia intelectual. Si, de otra manera, él hubiera encontrado un dracma en la calle y luego la hubiera perdido antes de llegar a casa, probablemente habría utilizado el aoristo εὗρον, "la encontré," que nada dice sobre el estado resultante del asunto.

En el Nuevo Testamento, la naturaleza del perfecto griego se aprecia claramente en 1 Corintios 15:4, donde Pablo usa el perfecto ("Cristo...se ha levantado = ha resucitado") para acentuar que

Cristo, levantado/resucitado, continúa en un estado elevado, en contraste con su muerte, entierro y apariciones subsecuentes (acciones descritas por medio del aoristo). Otros ejemplos del perfecto en el Nuevo Testamento son:

Juan 1:41:	*"Hemos encontrado* al Mesías [y el encuentro sigue siendo vívido]."
Juan 7:22:	"Moisés os *ha dado* la circuncisión [como un rito que aún sigue]."
Juan 19:22:	"Lo que *he escrito* he escrito [y no puede ser cambiado]."
2 Cor 12:9:	"Él me *ha dicho*, 'Mi gracia te basta' [y la respuesta todavía es válida]."
2 Tim 4:7:	*"He guardado* la fe [de que pueda terminar]."
Hebreos 1:4:	"Él *ha heredado* [y todavía posee] un nombre más excelente que ellos."

Se debe recordar que la opción entre el perfecto y algún otro tiempo no está necesariamente determinada por hechos objetivos, sino por el punto de vista del que describe la acción (§§15-16). Como siempre, la importancia de cada ocurrencia del perfecto debe ser determinada por el contexto.

73. *Pluscuamperfecto activo del indicativo de* λύω

El pluscuamperfecto griego representa el pasado del perfecto. Se forma también sobre el tema de la cuarta forma principal (i.e., el perfectivo activo). Ya que el pluscuamperfecto es un tiempo pasado, tiene aumento además de la reduplicación. Al tema de perfecto se le añaden los sufijos secundarios activos, usando -ει- como la vocal de conexión. Puesto que las formas del pluscuamperfecto se identifican adecuadamente por la reduplicación y por sus desinencias distintivas, se omite a veces el aumento.

El pluscuamperfecto activo del indicativo de λύω se presenta a continuación:

	Singular		Plural	
1.	ἐλελύκειν	*había desatado*	ἐλελύκειμεν	*habíamos desatado*
2.	ἐλελύκεις	*habías desatado*	ἐλελύκειτε	*habíais desatado*
3.	ἐλελύκει	*había desatado*	ἐλελύκεισαν	*habían desatado*

Un ejemplo de pluscuamperfecto se encuentra en Juan 9:22: "Los judíos *habían convenido* que a cualquiera que lo reconociera [i.e., a Jesús] como el Mesías se le debería prohibir entrar en la sinagoga." Aquí el pluscuamperfecto acentúa que el acuerdo anterior de los líderes judíos todavía estaba en efecto.

El pluscuamperfecto se usa raras veces en el Nuevo Testamento, y el futuro perfecto es más raro aún. El futuro perfecto expresa el aspecto perfectivo en el tiempo futuro. Es mejor interpretar sus pocas ocurrencias a medida que se van encontrando en la lectura.

74. *El verbo* οἶδα

A causa de su frecuencia en el Nuevo Testamento griego (321 ocurrencias), el verbo οἶδα ("sé"), casi sinónimo de γινώσκω, merece una atención especial. Este verbo tiene sólo formas, perfecto y pluscuamperfecto, pero se emplean con *significados* de presente y pasado. El análisis sintáctico, considera a οἶδα como un verbo en presente ("sé"), y a ᾔδειν como un imperfecto ("sabía" o "estaba sabiendo").

			Presente activo del indicativo		Imperfecto activo del indicativo	
Sin.		1.	οἶδα	sé	ᾔδειν	sabía
		2.	οἶδας	etcétera	ᾔδεις	etcétera
		3.	οἶδε(ν)		ᾔδει	
Pl.		1.	οἴδαμεν		ᾔδειμεν	
		2.	οἴδατε		ᾔδειτε	
		3.	οἴδασι(ν)		ᾔδεισαν	

75. *Vocabulario*

a. Verbo adicional en -ω.

οἶδα   sé

b. Formas principales del perfecto activo del indicativo.

ἡμάρτηκα	*he pecado*
βέβληκα	*he aprendido*
ἔγνωκα	*he sabido*
ἡτοίμακα	*he preparado*
εὕρηκα	*he encontrado*
ἔσχηκα	*he tenido*
τεθεράπευκα	*he curado*
εἴρηκα	*he dicho, he hablado*
λέλυκα	*he desatado*
μεμάθηκα	*he aprendido*
ἑώρακα	*he visto*
πεπίστευκα	*he creído*
σέσωκα	*he salvado*

c. Formas principales del perfecto segundo activo del indicativo.

ἀκήκοα	*he escuchado*
γέγραφα	*he escrito*
πέπονθα	*he sufrido*
πέποιθα	*he confiado en*
πέπομφα	*he enviado*
πέφευγα	*he huido*

d. Conjunción adicional.

ὅτι que, porque

76. Ejercicios

a. Lea la lección con cuidado. Aprenda de memoria el paradigma de λύω en el perfecto activo del indicativo.

b. Memorice el vocabulario de esta lección.

c. Traduzca las siguientes oraciones.

1. ἀκηκόαμεν τὴν ἀλήθειαν.

2. ἐγνώκαμεν ὅτι ὁ θεὸς ἀγάπη ἐστίν.

3. πεπιστεύκαμεν ὅτι σὺ εἶ ὁ ἅγιος τοῦ θεοῦ.

4. λελύκατε τὸν δοῦλον καὶ πεπόμφατε αὐτὸν εἰς τὴν ἐκκλησίαν.

5. γεγράφαμεν λόγους ἀληθείας διὰ τὴν ἀγάπην ἡμῶν ὑπὲρ τοῦ ἀποστόλου.

6. πέπονθεν ὁ Μεσσίας καὶ ἔγνωκε θάνατον.

7. τοὺς δούλους τῶν πιστῶν ἀνθρώπων ἐλελύκεις ὅτι σὺ ἦς ἀγαθός.

8. οἴδατε ὅτι ὑμᾶς σέσωκεν ὁ υἱὸς τοῦ θεοῦ.

9. γινώσκομεν ὅτι ἐγνώκαμεν αὐτόν, ὅτι πεπιστεύκαμεν ἐν αὐτῷ.

10. ἐγὼ εἴρηκα τὴν ἀλήθειαν, ἀλλ᾽ οὐκ ἐπιστεύσατέ με.

11. ὑπὲρ ἡμῶν ἡτοίμακεν ὁ θεὸς βασιλείαν.

12. ἀκηκόατε ὅτι ἡμάρτηκα κατὰ τοῦ κυρίου.

13. ἐγὼ ἔσχηκα χαρὰν καὶ εἰρήνην, ἀλλὰ σὺ πέπονθας ὅτι οὐ πέποιθας τὸν κύριον.

LECCIÓN 11:

PRONOMBRES DEMOSTRATIVOS

Cuando se desea llamar la atención hacia un objeto designado, se hace uso de una construcción demostrativa (de latín *demonstro*, "señalo"). Esta construcción normalmente consiste de un pronombre demostrativo. El demostrativo de cercanía, οὗτος ("este," "esta"), indica algo cerca, mientras que el demostrativo de lejanía, ἐκεῖνος ("aquel," "ese"), indica algo más lejos.

77. *Los paradigmas de los pronombres demostrativos*

Los siguientes paradigmas de los pronombres demostrativos deben compararse con los de αὐτός (§64) y con el del artículo definido (§39). En particular hay que distinguir bien las formas αὕτη y αὗται (pronombres demostrativos) de αὐτή y αὐταί (pronombres personales).

a. La declinación de οὗτος, αὕτη, τοῦτο ("este") se presenta en el siguiente cuadro:

	Singular			Plural		
	Masc.	Fem.	Neutro	Masc.	Fem.	Neutro
N.	οὗτος	αὕτη	τοῦτο	οὗτοι	αὗται	ταῦτα
G.	τούτου	ταύτης	τούτου	τούτων	τούτων	τούτων
D.	τούτῳ	ταύτῃ	τούτῳ	τούτοις	ταύταις	τούτοις
A.	τοῦτον	ταύτην	τοῦτο	τούτους	ταύτας	ταῦτα

Observe que la aspiración ocurre en el nominativo masculino y femenino tanto en singular como en plural; todas las formas restantes comienzan con τ (compare el paradigma del artículo definido [§39]). Debe observarse también que el diptongo del tema de este demostrativo que expresa la cercanía, ου y αυ, varía conforme a la vocal final, ο (ω) o α (η).

b. La declinación de ἐκεῖνος, ἐκείνη, ἐκεῖνο ("ese") se presenta en el siguiente cuadro:

	Singular			Plural		
	Masc.	**Fem.**	**Neutro**	**Masc.**	**Fem.**	**Neutro**
N.	ἐκεῖνος	ἐκείνη	ἐκεῖνο	ἐκεῖνοι	ἐκεῖναι	ἐκεῖνα
G.	ἐκείνου	ἐκείνης	ἐκείνου	ἐκείνων	ἐκείνων	ἐκείνων
D.	ἐκείνῳ	ἐκείνη	ἐκείνῳ	ἐκείνοις	ἐκείναις	ἐκείνοις
A.	ἐκεῖνον	ἐκείνην	ἐκεῖνο	ἐκείνους	ἐκείνας	ἐκεῖνα

La declinación de ἐκεῖνος es idéntica a la de αὐτός (§64).

78. *Usos de los demostrativos*

Hay tres usos principales de los demostrativos griegos:

(1) Se utilizan para modificar sustantivos. En tal caso los demostrativos deben concordar con el sustantivo en género, número y caso (compárelos con αὐτος y adjetivos como ἀγαθός). En este uso el

sustantivo tiene siempre el artículo definido, y el pronombre demostrativo se encuentra en la posición de *predicado*; es decir, el pronombre *nunca* va precedido inmediatamente por el artículo definido. Por ello "este hombre" sería οὗτος ὁ ἄνθρωπος o ὁ ἄνθρωπος οὗτος. En cualquier función de caso debe utilizarse la misma posición, como en:

βλέπω τοῦτον τὸν ἄνθρωπον.	"Veo a este hombre."
βλέπω ἐκεῖνον τὸν ἄνθρωπον.	"Veo a ese hombre."
λέγω τούτοις τοῖς ἀνθρώποις.	"Hablo a estos hombres."

Observe los siguientes ejemplos del Nuevo Testamento:

(1)	Hechos 7:1	**οὗτος** ὁ Μελχισεδὲκ μένει ἱερεύς.
		"**Este** Melquisedec sigue siendo un sacerdote."
(2)	Apocalipsis 22:6	**οὗτοι** οἱ λόγοι πιστοὶ καὶ ἀληθινοί.
		"**Estas** palabras son fieles y verdaderas."
(3)	Lucas 13:6	ἔλεγεν **ταύτην** τὴν παραβολήν.
		"Él estaba diciendo **esta** parábola."
(4)	Mateo 24:14	κηρυχθήσεται **τοῦτο** τὸ εὐαγγέλιον.
		"**Este** evangelio será predicado."
(5)	1 Corintios 11:25	**τοῦτο** τὸ ποτήριον ἡ καινὴ διαθήκη ἐστίν.
		"**Esta** copa es el nuevo pacto."
(6)	Mateo 13:44	ἀγοράζει τὸν ἀγρὸν **ἐκεῖνον**.
		"Él compra **aquel/ese** campo."
(7)	Lucas 12:46	ἥξει ὁ κύριος τοῦ δούλου **ἐκείνου**.
		"El señor de **aquel/ese** esclavo vendrá."

Recuerde, por tanto, que los pronombres demostrativos griegos siempre modifican a nombres que llevan el artículo definido y ocupan siempre la posición de predicado.

(2) Tanto οὗτος como ἐκεῖνος pueden utilizarse también por sí mismos con la fuerza de un sustantivo. En este uso οὗτος podría significar "este," "este hombre," "esta persona," y ἐκεῖνος podría significar "ese," "ese/aquel hombre," "esa/aquella persona." Algunos ejemplos del Nuevo Testamento son:

(1)	Mateo 9:3	**οὗτος** βλασφημεῖ.
		"**Este hombre** está blasfemando."
(2)	Mateo 3:17	**οὗτός** ἐστιν ὁ υἱός.
		"**Este** es el hijo."
(3)	Hechos 9:36	**αὕτη** ἦν πλήρης ἔργων ἀγαθῶν.
		"**Esta mujer** estaba llena de buenas obras."

Debe observar cuidadosamente que cuando los pronombres demostrativos aparecen con nombres *que no tienen artículo definido*, no son modificadores de estos nombres sino que actúan como pronombres:

(1)	Juan 10:1	**ἐκεῖνος** κλέπτης ἐστὶν καὶ λῃστής.
		"Ese/aquel hombre es un ladrón y un salteador."
(2)	Contraste:	**ἐκεῖνος** ὁ κλέπτης ἐστὶν καὶ λῃστής.
		"Ese/aquel ladrón también es un salteador."

(3) Por último, los pronombres demostrativos se pueden utilizar para referirse a las personas mencionadas en el contexto inmediatamente anterior. En tales casos, lo mejor es traducirlos como *él, ella,* o *ellos*(*as*):

(1)	Juan 1:2	**οὗτος** ἦν ἐν ἀρχῇ πρὸς τὸν θεόν.
		"Él [es decir, la Palabra] era en el principio con Dios."
(2)	Juan 1:8	οὐκ ἦν **ἐκεῖνος** τὸ φῶς.
		"Él [es decir, Juan el Bautista] no era la luz."

79. *Vocabulario*

a. Pronombres demostrativos.

ἐκεῖνος, -η, -ο	*aquel, aquella, aquello*
οὗτος, αὕτη, τοῦτο	*este, esta, esto*

b. Otros sustantivos masculinos de la segunda declinación.

ἀμνός, ὁ	*cordero*
ἄρτος, ὁ	*pan*
διάβολος, ὁ	*calumniador, diablo* (*diabó*lico)
ἐχθρός, ὁ	*enemigo*
ἥλιος, ὁ	*sol* (*helio*grafía)
θρόνος, ὁ	*trono*
καιρός, ὁ	*tiempo, oportunidad*
καρπός, ὁ	*fruta*
λαός, ὁ	*pueblo*
ναός, ὁ	*templo, santuario*
οὐρανός, ὁ	*cielo* (*Urano*)
ὀφθαλμός, ὁ	*ojo* (*oftal*mología)

Πέτρος, ὁ	*Pedro*
σταυρός, ὁ	*cruz*
τόπος, ὁ	*lugar (topografía)*
τυφλός, ὁ	*ciego*
φίλος, ὁ	*amigo (filantrópico)*
φόβος, ὁ	*temor*, miedo (*fobia*)
χρόνος, ὁ	*tiempo (cronología)*

c. Otros sustantivos neutros de la segunda declinación.

βιβλίον, τό	*libro (bibliografía)*
δαιμόνιον, τό	*demonio*
ἱμάτιον, τό	*capa, vestido*
μυστήριον, τό	*misterio, secreto*
παιδίον, τό	*niño(a)*
πλοῖον, τό	*barco*
σάββατον, τό	*sábado, día de reposo*
σημεῖον, τό	*señal (semántica)*

80. *Ejercicios*

a. Lea la lección con cuidado. Aprenda de memoria los paradigmas de οὗτος y ἐκεῖνος.

b. Memorice el vocabulario de esta lección. Un recordatorio: todas las palabras de este libro que aparecen en los vocabularios son muy frecuentes en el Nuevo Testamento y deben ser bien aprendidas.

c. Traduzca las siguientes oraciones.

1. οὗτος ὁ ἀπόστολος γινώσκει ἐκεῖνον τὸν ἀπόστολον.

2. οὗτοι οἱ ἄνθρωποι ἀκούουσιν ἐκεῖνα τὰ παιδία.

3. οὗτος βλέπει ἐκεῖνον ἐν τῷ ναῷ.

4. αὕτη ἔχει εἰρήνην ἐν τῇ καρδίᾳ αὐτῆς.

5. ἀκούσομεν ταύτην τὴν παραβολὴν περὶ τῶν πονηρῶν διαμονίων.

6. οὗτοι ἔχουσι χαράν, ἐκεῖνοι δὲ ἔχουσι ἁμαρτίαν ἐν ταῖς καρδίαις αὐτῶν.

7. οὗτός ἐστιν ὁ λόγος τοῦ κυρίου.

8. γινώσκομεν τοῦτον καὶ ἄγομεν αὐτὸν μετὰ τοῦ ἱματίου αὐτοῦ εἰς τοὺς οἴκους ἡμῶν.

9. φέρομεν ταῦτα τὰ δῶρα ἀπὸ τοῦ ἀποστόλου εἰς τὴν ἐκκλησίαν ἡμῶν.

10. οὗτός ἐστιν ἄνρωπος τοῦ κόσμου καὶ ἐχθρὸς τοῦ θεοῦ, ἐκεῖνος δέ ἐστιν φίλος τοῦ θεοῦ.

11. ἐκεῖνοι οἱ ἀπόστολοί εἰσι μαθηταὶ τούτου τοῦ κυρίου.

12. μετὰ τὰς ἡμέρας ἐκείνας ἄξομεν τούτους τοὺς μαθητὰς εἰς τὸ πλοῖον.

13. οἱ ἀπόστολοι τοῦ κυρίου ἔφαγον ἄρτον καὶ καρπὸν ἐν τῇ ἐρήμῳ.

14. αὐτὸς εἶδεν ἐκεῖνα τὰ σημεῖα ἐν οὐρανῷ.

15. μετὰ τούτων τῶν πιστῶν ἤκουσαν οἱ μαθηταὶ παραβολὰς ἀγαθάς, ὁ δὲ λαὸς ἀκούσει λόγους θανάτου.

16. αὕτη ἔγνωκε τὴν ἀλήθειαν αὐτήν.

17. εἰς τὴν αὐτὴν ἐκκλησίαν ἤγαγεν ὁ Πέτρος τούτους τοὺς τυφλοὺς τοὺς ἀγαθούς.

18. ἐν ἐκείναις ταῖς ἡμέραις ἦμεν ἐν τῷ ἀγρῷ καὶ ἐδιδάσκομεν ἐκεῖνα τὰ παιδία.

19. αὕτη ἐστὶν ἡ ὁδὸς θανάτου καὶ ἁμαρτίας, καὶ πονηροὶ ἄγουσι τὰ τέκνα αὐτῶν εἰς αὐτήν.

20. τοῦτο τὸ βιβλίον ἐστὶν ὁ λόγος τοῦ θεοῦ.

21. οὗτοι οὐ γινώσκουσι τὸν χρόνον τῆς ἡμέρας τοῦ κυρίου.

Lección 12:

Presente medio y pasivo del indicativo

> Hemos visto que la voz en griego describe la relación de la acción del verbo respecto al sujeto. Hasta este punto hemos estudiado la voz activa, la cual expresa la idea de que el sujeto del verbo es el autor de la acción. Esta lección sirve de introducción a otras dos voces el griego: la media y la pasiva.

81. *Presente medio y pasivo del indicativo de* λύω

Además de la voz activa, el sistema del verbo griego tiene dos voces más, la media y la pasiva (§14). El español prefiere por lo general la voz activa. La función y significado de la voz pasiva son los mismos en griego y en español: el sujeto recibe la acción del verbo. La voz media, por otra parte, representa al sujeto actuando en su propio interés o participando intensamente en los resultados de la acción del verbo. La voz media por sí misma no señala cómo se relaciona exactamente el sujeto con la acción verbal, sino el contexto o la idea verbal misma.

En español, las formas pasivas están compuestas por el participio pasivo pasado de un verbo precedido por la parte apropiada del verbo "ser" o "estar" (p.ej., "es amado," "fue ocultado"). Los verbos "ser" y "estar" se utilizan como auxiliares, como en "había sido/estado ocultado." En el griego, tales tiempos compuestos no se utilizan. En cambio, el griego usa formas de solo una palabra (p.ej., λύομαι, "estoy siendo desatado").

Los sufijos/desinencias primarias de las voces media/pasiva son los siguientes:

	Singular	Plural
1.	-μαι	-μεθα
2.	-σαι	-σθε
3.	-ται	-νται

Estos sufijos se utilizan en la conjugación del presente medio y pasivo del indicativo de λύω, que presentamos en el recuadro siguiente. Observe que las vocales temáticas de conexión o/ε son claramente visibles en todas las formas, excepto en la segunda persona del singular. La forma λύη es el resultado de la abreviación de λύεσαι por la omisión de σ, la contracción (la combinación) de ε y α, y subscrición de la ι.

	Singular	Plural
1.	λύομαι	λυόμεθα
2.	λύη	λύεσθε
3.	λύεται	λύονται

Ya que las formas de la voz media son idénticas a las de la voz pasiva, solo el contexto indicará si la construcción tiene una función media o pasiva. La traducción de la voz media requiere una explicación especial (vea debajo). Respecto a la traducción de la voz pasiva, debe recordarse que el presente *activo* del indicativo de λύω puede traducirse como "desato" o "estoy desatando" (§22). En español, el pasivo de "desato" es "estoy desatado," y el pasivo de "estoy desatando" es "estoy siendo desatado." Sin embargo, ya que "estoy desatado" sería expresado normalmente por el perfecto pasivo griego (§13), se aconseja que el estudiante adopte una traducción alternativa, en donde sea posible, que diferencie esos dos significados. Así λύομαι (como pasivo) debería ser traducido por "estoy siendo desatado," λύῃ debería ser traducido por "estás siendo desatado," etc. Estas traducciones manifiestan claramente el aspecto imperfectivo del tiempo presente (§15). Un ejemplo del Nuevo Testamento es Romanos 1:18: ἀποκαλύπτεται ὀργὴ θεοῦ ἀπ' οὐρανοῦ, "la ira de Dios está siendo revelada desde el cielo."

Al igual que en la voz activa, la posición normal del adverbio negativo οὐ es inmediatamente antes del verbo, como en οὐ λύομαι, "no estoy siendo desatado," οὐ λύῃ, "no estas siendo desatado," etc.

82. Usos de la voz media

Como dijimos, en la voz media, el sujeto está implicado en la acción del verbo, pero su modo de participación debe ser deducido por medio del contexto. Por ello no hay una única manera de traducir la voz media en español. Las traducciones sugeridas para λύομαι (como medio) pueden ser "me desato," "desato para mí mismo," "me desato a mí mismo." Los siguientes usos de la voz media presentan la idea general de esta construcción::

(1) El uso de la voz *media reflexiva* hace referencia al resultado de la acción directa del verbo sobre el sujeto, como en Mateo 27:5: "[Judas] se ahorcó." El pronombre reflexivo "se" no aparece expresamente en el griego pero está sugerido implícitamente por la voz media del verbo. Otros ejemplos del Nuevo Testamento de la voz media reflexiva son 1 Corintios 6:11 ("vosotros os lavasteis") y 2 Corintios 11:14 ("Satanás se disfraza"). La proporción de ocurrencias de la voz media reflexiva en el Nuevo Testamento es en realidad muy escasa. Es más usual encontrar el sentido reflexivo expresado por un verbo en la voz activa acompañado por un pronombre reflexivo griego, como en Juan 17:19: "Me santifico a mí mismo [ἐγὼ ἁγιάζω ἐμαυτόν]."

(2) La voz *media intensiva* hace hincapié en el agente como productor de la acción y no en su participación en de los resultados, como en Hebreos 9:12: "Él mismo realizó la redención eterna." Aquí la idea es que "Jesús y ningún otro" es el agente de la redención. De nuevo, el sintagma "él mismo" aparece indicado por la voz media.

(3) La voz *media recíproca* es la utilización de un sujeto plural implicado en un intercambio de acciones, como en Juan 9:22: "Los judíos se habían puesto de acuerdo unos con otros / entre sí." Por lo general, sin embargo, esta idea se expresa con un verbo activo más el pronombre ἀλλήλους ("el uno al otro").

83. Verbos deponentes

Un cierto número de verbos griegos tienen formas medias o pasivas sin ninguna forma activa correspondiente. Estos verbos se llaman *deponentes*, término que viene del latín *depono*, "dejo a un lado." La idea subyacente es que en algún momento del desarrollo de la lengua las formas activas de estos verbos fueron "dejadas a un lado", prefiriéndose las formas medias. Un ejemplo de verbo deponente es ἔρχομαι, "voy," que es medio en su forma, pero activo en su significado. La mayor parte de los verbos deponentes en el presente son deponentes también en uno o más de sus otros tiempos.

Algunos verbos deponentes pueden explicarse como verdaderos verbos en voz media en los que el sujeto queda enfatizado de alguna manera. En los deponentes existen las siguientes categorías de la acción verbal:

(1) *Reciprocidad*. Estos verbos describen situaciones en las que dos partes están implicadas y, si se eliminara alguna, no sería posible la acción. Ejemplos: δέχομαι ("doy la bienvenida"), λυτρόομαι ("redimo"), χαρίζομαι ("perdono"), ἰάομαι ("saludo"), μάχομαι ("lucho"), ψεύδομαι ("miento"), ἀσπάζομαι ("saludo"), y ἀποκρίνομαι ("contesto").

(2) *Reflexividad.* En estos verbos la idea verbal se vuelve hacia al sujeto. Ejemplos: τυφόομαι ("soy engreído" o "estoy lleno de orgullo"), ἐπενδύομαι ("me pongo"), μιμέομαι ("imito"), y ἐγκρατεύομαι ("me contengo" o "me abstengo").

(3) *Autoparticipación.* Estos verbos describen procesos que solo el sujeto puede experimentar. Ejemplos: ἔρχομαι ("voy"), διαλογίζομαι ("reflexiono"), ἡγέομαι ("considero"), ὀργίζομαι ("estoy enojado"), y βούλομαι ("deseo").

    i. Debe señalarse que algunos verbos en la voz activa tienen un significado y en la media, otro, como ἄρχω, "gobierno," pero ἄρχομαι, "comienzo."

    ii. Algunos verbos deponentes tienen un prefijo prepositivo. Por ejemplo, ἔρχομαι ("voy") puede recibir varias preposiciones: ἀπέρχομαι, "me voy," εἰσέρχομαι, "entro en," ἐξέρχομαι, "salgo."

    iii. Varios verbos del Nuevo Testamento (deponentes u otros) tienen sus objetos directos en un caso distinto al acusativo. Ejemplos: ἄρχω ("gobierno"), que rige el genitivo, y ἀποκρίνομαι ("contesto"), que rige el dativo (en realidad complemento indirecto).

84. El agente

Un verbo en la voz pasiva a menudo será seguido por la identificación de un agente, es decir la persona o la cosa que produce la acción. El griego expresa la agencia en tres modos:

(1) El *agente directo*, por el que se realiza una acción, se expresa por medio de ὑπό y el genitivo, como en οἱ ἁμαρτωλοὶ σώζονται ὑπὸ τοῦ θεοῦ, "Los pecadores están siendo salvados por el apóstol."

(2) El *agente intermedio*, por medio del cual actúa el agente, se expresa a través de διά más genitivo, como en οἱ ἁμαρτωλοὶ σώζονται διὰ τοῦ ἀποστόλου, "Los pecadores están siendo salvados por medio del apóstol." Aquí el apóstol es considerado el agente intermedio de salvación; Dios sería el agente original (como en la primera oración).

(3) El *agente impersonal* se expresa por medio del dativo, con o sin ἐν, como en οἱ ἁμαρτωλοὶ σώζονται τῷ λόγῳ [o ἐν τῷ λόγῳ] τοῦ κυρίου, "Los pecadores están siendo salvados por la palabra del Señor."

Desde luego, la voz pasiva aparece también con frecuencia en griego aunque no se exprese ningún agente (p.ej., ἁμαρτωλοὶ σώζονται, "Los pecadores están siendo salvados"). Se denomina "pasivo divino" a los casos de la voz pasiva cuando se utiliza para eludir mencionar a Dios directamente, como en Mateo 5:5: "Ellos serán consolados [por Dios]." Este uso aparece con frecuencia en los dichos de Jesús.

85. Vocabulario

a. Más verbos con -ω.

ἄρχω	*gobierno* (rige genitivo)
ὑπάρχω	*soy, estoy, existo*

b. Verbos deponentes.

ἀποκρίνομαι	*contesto, respondo* (rige dativo)
ἄρχομαι	*comienzo* (cf. ἀρχή)
ἀσπάζομαι	*saludo*
βούλομαι	*deseo*

γίνομαι   *llego a ser, ser, estar* (necesita un complemento)

δέχομαι   *recibo*

ἐκπορεύομαι   *salgo de, vengo de*

ἐργάζομαι   *trabajo*

ἔρχομαι   *salgo, vengo* (usado con muchas preposiciones; aor.
                                 2 ἦλθον)

εὐαγγελίζομαι   *anuncio las buenas nuevas, predico el evangelio* (cf.
                                 εὐαγγέλιον)

λογίζομαι   *tomo en cuenta*

πορεύομαι   *salgo, vengo*

προσεύχομαι   *oro*

ψεύδομαι   miento

86. *Ejercicios*

a. Lea la lección con cuidado. Aprenda de memoria los sufijos/desinencias primarias de las voces activa y media. Observe con cuidado cómo en la segunda persona el sufijo singular -σαι se modifica en -η en el paradigma de λύω.

b. Memorice el vocabulario de esta lección.

c. Traduzca las siguientes oraciones.

1. λύονται οἱ δοῦλοι ὑπὸ τῶν ἀποστόλων.

2. διδάσκεται ἡ ἀλήθεια διὰ τῶν υἱῶν τῶν μαθητῶν.

3. σώζεται ὁ πιστὸς μαθητὴς ὑπὸ τοῦ κυρίου.

4. πέμπεται ὁ ἄγγελος ὑπὸ τοῦ ἀποστόλου ἐκ τοῦ οἴκου καὶ εἰς τὴν ἐκκλησίαν.

5. σώζονται οἱ ὄχλοι ἐκ τοῦ κόσμου.

6. πονηροὶ ἄνθρωποι δοξάζονται, ἀλλὰ δίκαιοι ἄνθρωποι ἀλλὰ δίκαιοι ἄνθρωποι δοξάζουσι τὸν θεόν.

7. ἐκβάλλονται ἐκ τῶν ἐκκλησιῶν οἱ πονηροὶ μαθηταί.

8. οἱ ἄνθρωποι λαμβάνονται ζωὴν ἀπὸ τοῦ κυρίου.

9. ἀναγινώσκονται αἱ γραφαὶ ὑπὸ τῶν πιστῶν μαθητῶν.

10. διδάσκονται οἱ μαθηταὶ οἱ καλοὶ τὸν λόγον ἀληθείας.

11. αἱ πισταὶ ἔρχονται καὶ βαπτίζονται ὑπὸ τῶν ἀποστόλων.

12. γινώσκεται τὰ τέκνα τὰ πιστὰ ὑπὸ τοῦ θεοῦ.

13. γίνῃ μαθητὴς ἀγαθός.

14. ἄγεται ὁ ἀπόστολος μετὰ τῶν ἀδελφῶν αὐτοῦ εἰς τὴν ἐκκλησίαν τοῦ θεοῦ.

15. πορεύεσθε ἐκ τῆς ἐρήμου καὶ εἰς τὸν οἶκον.

16. διὰ τοῦ υἱοῦ τοῦ θεοῦ σῴζῃ ἀπὸ τῶν ἁμαρτιῶν σου.

17. οἱ ἁμαρτωλοὶ οὐκ ἐξέρχονται ἐκ τῶν οἴκων τῶν πονηρῶν ὅτι οὐ πιστεύονται ἐν τῷ θεῷ.

18. σῴζεται ἡ πιστὴ ὑπὸ τοῦ κυρίου αὐτῆς.

19. οἱ ἁμαρτωλοὶ δέχονται Χριστὸν εἰς τὰς καρδίας αὐτῶν.

20. ἀπόστολοι καὶ προσεύχονται ὑπὲρ ἁμαρτωλῶν καὶ εὐαγγελίζονται αὐτοῖς.

Lección 13:

Perfecto medio y pasivo del indicativo.
Futuro medio del indicativo

El perfecto es el tiempo de la acción completada. Esta lección sirve de introducción al perfecto medio y pasivo del indicativo así como al futuro medio del indicativo.

87. *Perfecto medio y pasivo del indicativo de λύω*

Como se vio en la Lección 3 (§19), el verbo griego tiene seis formas principales. Ahora llegamos a la quinta forma principal de λύω: el perfecto medio y pasivo (λέλυμαι). Como en el presente medio y pasivo del indicativo, este tiempo usa las desinencias medias/pasivas -μαι, -σαι, -ται, -μεθα, -σθε, -νται que corresponden a las diferentes personas(§81). Estas desinencias se conectan directamente al tema del verbo reduplicado *sin vocal temática o de conexión.* La reduplicación es igual a la del perfecto activo (§70).

	Singular	Plural
1.	λέλυμαι	λελύμεθα
2.	λέλυσαι	λέλυσθε
3.	λέλυται	λέλυνται

Como el perfecto activo, el perfecto medio y pasivo denota un estado presente que es el resultado de una acción ya completada. Como voz media, λέλυμαι puede traducirse como "me he desatado," "he desatado para mí," "yo mismo he desatado," etc. Como pasivo, λέλυμαι puede traducirse "he sido desatado" o "estoy desatado." Estas traducciones son, sin embargo, meras aproximaciones, pues manda el contexto.

Debe notarse que los verbos cuyos temas terminan en una consonante sufren ciertos cambios cuando se les añaden los elementos finales, o desinencias, de los perfectos medio y pasivo. Por ejemplo, el perfecto de γράφω es γέγραμμαι en la *primera* persona singular, pero γέγραπται en la *tercera* persona singular porque su tema es γραπ-. No es necesario aprender estas modificaciones todavía. Una vez que sepa las formas principales de un verbo, le será fácil reconocerlas por lo general.

88. *Futuro medio del indicativo de λύω*

El futuro medio del indicativo se forma sobre el tema de *futuro*, sacado de la *segunda* parte principal del verbo. (El futuro *pasivo* del indicativo se forma sobre otro tema y será aprendido en una lección posterior). Como hemos visto, la señal que identifica al futuro es el morfema de futuro σ que se añade al tema del verbo (§19). Así el tema de futuro de λύω es λυσ-. Para formar el futuro medio del indicativo medio de λύω, adjuntamos simplemente desinencias personales primarias de las voces media/pasiva con la vocal de conexión apropiada al tema de futuro:

	Singular	Plural
1.	λύσομαι	λυσόμεθα
2.	λύσῃ	λύσεσθε
3.	λύσεται	λύσονται

i. La irregularidad en la segunda persona de la forma singular se explica en §81.

ii. Los mismos usos de la voz media presentados en §82 se aplican aquí también. Así λύσομαι puede significar "me desataré," "desataré para mí," "yo mismo desataré," etc.

89. El futuro del indicativo de εἰμί

El futuro del indicativo de εἰμί se forma sobre el tema ἐσ- y toma las desinencias primarias de las voces media y pasiva:

	Singular		Plural	
1.	ἔσομαι	estaré	ἐσόμεθα	estaremos
2.	ἔσῃ	estarás	ἔσεσθε	estaréis
3.	ἔσται	estará	ἔσονται	estarán

Con esto hemos estudiado ya el paradigma completo de εἰμί en todos sus tiempos (§23 y §55).

90. Adverbios

Un adverbio es una palabra que califica a un verbo (de ahí su nombre), un adjetivo, u otro adverbio. En la oración "Él le llamó inmediatamente" (Marcos 1:20), el adverbio "inmediatamente" califica al verbo "llamó" y en español va normalmente junto al verbo. Algunos adverbios se forman a partir de adjetivos al substituir la ν al final del genitivo plural por una ς. Por ejemplo, de καλῶν (genitivo plural de καλός) se forma καλῶς ("correctamente," o "bien"). Otros adverbios reflejan varios finales propios de otros casos, como por ejemplo σήμερον ("hoy" = acusativo singular). Muchos adverbios, sin embargo, tienen diversas formas que deben ser aprendidas por la práctica.

91. μέν y δέ

Las conjunciones μέν y δέ se utilizan a menudo para expresar un contraste. En este caso, μέν quiere decir algo como la expresión "por un lado," mientras que δέ quiere decir algo como "por otro." Note, por ejemplo, 1 Corintios 1:12: ἐγὼ μέν εἰμι Παύλου, ἐγὼ δὲ Ἀπολλῶ, "Yo, por un lado, soy de Pablo; por otro, soy de Apolo." Sin embargo, a menudo es mejor dejar μέν sin traducir y verter δέ por "pero" (p.ej., "soy de Pablo, pero soy de Apolo"). La construcción μέν...δέ es excepcionalmente frecuente en Hebreos, donde el contraste es un elemento esencial en la argumentación del autor (cf. 1:7; 3:5; 9:6; 10:11; 11:15).

μέν y δέ pueden también ser usados con el artículo definido plural para expresar "unos... otros." Un ejemplo del Nuevo Testamento es Hechos 14:4: οἱ μέν ἦσαν σὺν τοῖς Ἰουδαίοις, οἱ δὲ σὺν τοῖς ἀποστόλοις, "Unos estaban con los judíos; otros estaban con los apóstoles."

92. *Vocabulario*

a. Formas principales del perfecto medio/pasivo del indicativo (las traducciones son de la voz pasiva).

βέβλημαι	*he sido tirado*
βεβάπτισμαι	*he sido bautizado*
ἔγνωσμαι	*he sido conocido*
γέγραμμαι	*he sido escrito*
λέλυμαι	*he sido desatado*
σέσωσμαι	*he sido salvado*

b. Adverbios.

ἄχρι	*hasta, hasta que* (con el genitivo)
ἔτι	*todavía, aún, ya*
ἕως	*hasta, hasta que* (con el genitivo)
καθώς	*como, así como*
καλῶς	*bien, rectamente* (cf. καλός)
νῦν	*ahora*
ὅπου	*donde*
ὅτε	*cuando*
οὐκέτι	*no más* (οὐκ + ἔτι)
οὐχί	*no* (forma enfática de οὐ)
σήμερον	*hoy* (cf. ἡμέρα)
τότε	*entonces*

c. Conjunciones adicionales.

γάρ	*porque* (pospositivo)
διό	*por eso*
ἤ	*o*
μὲν...δέ	*por una parte...por otra parte* (pospositivo)
οὐδέ	*ni, ni siquiera* (οὐ + δέ)
οὐδὲ...οὐδέ	ni...ni
οὖν	*entonces, así que*

93. *Ejercicios*

a. Lea la lección con cuidado. Aprenda de memoria el paradigma de εἰμί en el futuro indicativo. Cuando haya completado esta lección, podrá felicitarse. ¡Habrá cubierto la mitad de este curso!

b. Memorice el vocabulario de esta lección.

c. Traduzca las siguientes oraciones.

1. διό οἱ δοῦλοι λέλυνται ὑπὸ τοῦ κυρίου.

2. σήμερον βεβάπτισμαι ὑπὸ τοῦ ἀποστόλου τοῦ ἀγαθοῦ.

3. ὁ γὰρ Μεσσίας καλῶς ἔρχεται καθὼς γέγραπται περὶ αὐτοῦ ἐν ταῖς ἁγίαις γραφαῖς.

4. οὗτος οὐ βεβάπτισται εἰς τὸν Ἰησοῦν.

5. λυσόμεθα τοὺς δούλους τοὺς ἀγαθούς.

6. νῦν ἐστε ἁμαρτωλοί, ἀλλὰ τότε ἔσεσθε υἱοὶ θεοῦ.

7. οἱ δίκαιοι βλέψονται τὸν κύριον.

8. γινώσκω τὸν θεὸν καὶ ἔγνωσμαι ὑπ' αὐτοῦ.

9. τὸ δαιμόνιον βέβληται ἐκ τοῦ ἀνθρώπου.

10. εἰμὶ μὲν ἁμαρτωλός, σέσωσμαι δὲ.

11. οὐδὲ οἱ ἀπόστολοι διδάξονται τὴν ἀλήθειαν ὅτε ἔρχονται εἰς τὴν ἐκκλησίαν.

Lección 14:

Imperfecto medio y pasivo del indicativo. Aoristo medio del indicativo. Pluscuamperfecto medio y pasivo del indicativo

En esta lección continúa nuestro tratamiento de las voces media y pasiva al introducir varias formas de esas voces en los tiempos secundarios.

94. *Imperfecto medio y pasivo del indicativo de λύω y aoristo indicativo medio de λύω*

Como hemos visto, el griego tiene conjuntos separados de sufijos/desinencias para los tiempos principales, o primarios, y para los tiempos secundarios. Se debe recordar que los sufijos principales de las voces media y pasiva son -μαι, -σαι, -ται, -μεθα, -σθε, -νται (§81). Ahora podemos presentar los sufijos *secundarios* de las voces media y pasiva:

	Singular	Plural
1.	-μην	-μεθα
2.	-σο	-σθε
3.	-το	-ντο

Estos sufijos se utilizan para formar el imperfecto *medio* y *pasivo* del indicativo de λύω, que se encuentra abajo en el recuadro. Para facilitar la comparación y contraste, presentamos también el aoristo medio y pasivo del indicativo de λύω. (El aoristo primero pasivo se forma con otro tema y será estudiado en la Lección 15.)

		Imperfecto m/p	Aoristo primero medio
Sg.	1.	ἐλυόμην	ἐλυσάμην
	2.	ἐλύου	ἐλύσω
	3.	ἐλύετο	ἐλύσατο
Pl.	1.	ἐλυόμεθα	ἐλυσάμεθα
	2.	ἐλύεσθε	ἐλύσασθε
	3.	ἐλύοντο	ἐλύσαντο

Al igual que en el imperfecto activo del indicativo, el imperfecto medio y pasivo del indicativo se forma con el *tema de presente* (λυ). Se añaden a este tema (a) el aumento, (b) las vocales temáticas de conexión ο/ε, y (c) los sufijos/desinencias secundarias de las voces media y pasiva. Observe que, en el sistema del imperfecto, el conjunto de los sufijos son los mismos en las voces media y pasiva, de modo que solo se puede distinguir la voz por el contexto.

El aoristo medio primero del indicativo se forma sobre el *tema primero del aoristo activo* (λυσα = tema del verbo λυ más el morfema de aspecto aorístico σα). A este tema se le añaden (a) el aumento y (b) los sufijos secundarios medios/pasivos. *Observe que la diferencia principal entre los paradigmas antes presentados es la presencia del morfema de aspecto aorístico σα en las formas del aoristo.*

Las irregularidades ocurren en la segunda persona singular de ambos tiempos. La forma ἐλύου (imperfecto) viene de ἐλυεσο y es el resultado de la omisión o elisión de σ y la contracción de ε y ο. La forma ἐλύσω (aoristo primero) viene de ἐλυσασο y es el resultado de la omisión de σ del sufijo σο y la contracción de α y ο.

Se debe recordar que la diferencia principal entre el *imperfecto* y el *aoristo* es el tipo de acción del verbo: el imperfecto expresa el aspecto imperfectivo, mientras que el aoristo expresa el aspecto aorístico (§15). En ambos tiempos, el pasado se indica por el morfema de pasado (aumento). El siguiente recuadro indica algunas de las posibilidades de traducción:

(a)	ἐλυόμην (imperfecto medio)	"me estaba desatando" "estaba desatando para mí" "yo mismo me desataba"
(b)	ἐλυόμην (imperfecto pasivo)	"estaba siendo desatado"
(c)	ἐλυσάμην (aoristo medio)	"me desaté" "desaté para mí" "yo mismo me desaté"

Puesto que el imperfecto se construye sobre el tema de presente (sacado de la primera forma principal del verbo), los verbos que son deponentes en el presente también lo serán en el imperfecto. Así ἔρχομαι ("vengo») se vuelve ἠρχόμην ("venía"); πορεύομαι ("voy") se vuelve ἐπορευόμην ("iba"); etc. Asimismo, γίνομαι tiene la forma del aoristo segundo ἐγενόμην.

95. Aoristo medio segundo del indicativo de λείπω

El aoristo segundo medio del indicativo, al igual que el aoristo segundo activo (§52), se forma con el tema del aoristo segundo (sacado de la tercera forma principal). El aoristo segundo medio del indicativo se conjuga como el imperfecto indicativo medio, con la importante excepción de que el aoristo segundo se forma con el tema del aoristo segundo, mientras que el imperfecto se forma con el tema de presente. El aoristo segundo medio del indicativo de λείπω se indica a continuación:

	Singular	Plural
1.	ἐλιπόμην	ἐλιπόμεθα
2.	ἐλίπου	ἐλίπεσθε
3.	ἐλίπετο	ἐλίποντο

Para saber más sobre la traducción del aoristo medio, véase §94.

96. Pluscuamperfecto indicativo medio y pasivo de λύω

Las voces media y pasiva del pluscuamperfecto son idénticas. El pluscuamperfecto medio y pasivo se forma con el tema del perfecto medio (sacado de la quinta forma principal). A este tema reduplicado (λελυ) se le añaden (a) el aumento, y (b) los sufijos secundarios de las voces media y pasiva. Al igual que en el pluscuamperfecto activo del indicativo (§73), el aumento es opcional. El pluscuamperfecto medio y pasivo del indicativo de λύω se indica a continuación:

	Singular	Plural
1.	ἐλελύμην	ἐλελύμεθα
2.	ἐλέλυσο	ἐλέλυσθε
3.	ἐλέλυτο	ἐλέλυντο

Como voz medio, ἐλελύμην puede ser traducido como "me había desatado," "me había desatado para mí," "me había desatado a mí mismo," etc. Como voz pasivo, ἐλελύμην debería ser traducido, "había sido desatado."

97. Vocabulario

Adverbios adicionales:

ἀμήν	*verdaderamente, en verdad (amén)*
ἀξίως	*dignamente, de una manera digna (cf. ἄξιος)*
ἐγγύς	*cerca*
ἐκεῖ	*allí, en ese lugar*
εὐθύς	*inmediatamente, al instante (también aparece como εὐθέως)*
ἔξω	*afuera (cf. ἐκ)*
οὕτως	*así, de esta manera (cf. οὗτος)*
πάντοτε	*siempre*
πότε	*¿Cuándo?*
ὧδε	*aquí, acá, en este lugar*

98. Ejercicios

a. Lea la lección con cuidado. Aprenda de memoria los sufijos secundarios de la voz media (§94). Repase los paradigmas de esta lección.

b. Memorice el vocabulario de esta lección.

c. Traduzca las siguientes oraciones.

1. οἱ γὰρ λόγοι τοῦ προφήτου ἐγράφοντο ἐν τῷ βιβλίῳ.

2. ἐκεῖ αἱ γραφαὶ τῶν ἀποστόλων ἠκούοντο ὑπὸ τῶν ἁμαρτωλῶν.

3. ἐν ἐκείναις ταῖς ἡμέραις καλῶς ἐδιδασκόμεθα ὑπὸ τῶν μαθητῶν τοῦ κυρίου.

4. τότε ἐξεπορεύετο ὁ ὄχλος πρὸς τὸν κύριον, νῦν δὲ οὐκέτι βλέπει αὐτόν.

5. τὰ δαιμόνια πάντοτε ἐξεβάλλετο ἐν τῷ λόγῳ τοῦ κυρίου.

6. οἱ ὄχλοι ἐξήρχοντο ἐκ τῆς ἐρήμου καὶ εἰσήρχοντο εἰς τὴν ἐκκλησίαν.

7. εὐθὺς οἱ μαθηταὶ ἐλύσαντο τοὺς δούλους τοῦ δικαίου ἀνθρώπου.

8. ἐλάβοντο οἱ ἀπόστολοι ἄρτον καὶ καρπὸν ἀπὸ τῶν μαθητῶν.

9. εἰδόμεθα τὸν κύριον καὶ ἐπιστεύσαμεν ἐν αὐτῷ.

10. ὧδε ἐλέλυντο οἱ δοῦλοι ὑπὸ τοῦ ἀγαθοῦ.

11. οὗτοι μὲν ἐγένοντο μαθηταὶ τοῦ κυρίου, ἐκεῖνοι δὲ ἔτι ἦσαν ἁμαρτωλοί.

12. ὁ κύριος ἦν ἐγγύς, ἀλλ᾽ οὐκ ἐβλέπετο ὑπὸ τῶν μαθητῶν αὐτοῦ.

Lección 15:

Aoristo y futuro pasivo del indicativo

Tanto el aoristo pasivo del indicativo como el futuro pasivo del indicativo se forman sobre el tema del aoristo pasivo. Como en la voz activa, el griego tiene tanto el primero como el segundo aoristo pasivo. Presentamos estas formas en esta lección.

99. Aoristo primero pasivo del indicativo de λύω

El primer aoristo pasivo del indicativo de λύω se encuentra a continuación:

	Singular		Plural	
1.	ἐλύθην	*fui desatado*	ἐλύθημεν	*fuimos desatados*
2.	ἐλύθης	*fuiste desatado*	ἐλύθητε	*fuisteis desatados*
3.	ἐλύθη	*fue desatado*	ἐλύθησαν	*fueron desatados*

Las formas del aoristo primero pasivo del indicativo se obtienen al (a) aumentar el tema del presente, al (b) añadir el *morfema de voz pasiva* θε (que se alarga en θη en toda la conjugación), y al añadir las desinencias secundarias de la voz activa -ν, -ς, nada = grado cero, -μεν, -τε, -σαν (§48). La forma de la primera persona singular ἐλύθην es la sexta forma principal del verbo griego. Por tanto, hemos presentado ya todas las formas principales de λύω: λύω, λύσω, ἔλυσα, λέλυκα, λέλυμαι, ἐλύθην.

En cuanto a su función, el aoristo pasivo del indicativo implica una acción indefinida recibida por el sujeto en tiempo pasado. Compare el imperfecto ἐλυόμην ("estaba siendo desatado") con el aoristo ἐλύθην ("fui desatado"). El antiguo himno cristiano de 1 Timoteo 3:16 proporciona un ejemplo asombroso del aoristo pasivo indicativo:

"Ος

ἐφανερώθη ἐν σαρκί,
ἐδικαιώθη ἐν πνεύματι,
ὤφθη ἀγγέλοις.
ἐκηρύχθη ἐν ἔθνεσιν,
ἐπιστεύθη ἐν κόσμῳ,
ἀνελήμφθη ἐν δόξῃ.

"Quien

fue manifestado en la carne,
fue justificado en el espíritu,
fue visto por ángeles,
fue proclamado en las naciones,
fue creído en el mundo,
fue recibido en la gloria."

100. Aoristo segundo pasivo del indicativo de γράφω

El segundo aoristo pasivo del indicativo de γράφω se encuentra a continuación:

	Singular		Plural	
1.	ἐγράφην	*fui escrito*	ἐγράφημεν	*fuimos escritos*
2.	ἐγράφης	*fuiste escrito*	ἐγράφητε	*fuisteis escritos*
3.	ἐγράφη	*fue escrito*	ἐγράφησαν	fueron escritos

Observe que la θ, característica del aoristo primero pasivo, no se encuentra en el aoristo segundo pasivo. Por lo demás, las desinencias de los dos aoristos son idénticas, así como sus funciones.

No es posible predecir si un verbo tendrá un aoristo segundo pasivo o un aoristo primero pasivo. El aoristo segundo pasivo debe aprenderse sin más como una forma principal pero irregular.

101. *Futuro pasivo primero del indicativo de λύω*

El futuro pasivo primero del indicativo de λύω se muestra a continuación:

	Singular		Plural	
1.	λυθήσομαι	seré desatado	λυθησόμεθα	seremos desatados
2.	λυθήσῃ	serás desatado	λυθήσεσθε	seréis desatados
3.	λυθήσεται	será desatado	λυθήσονται	serán desatados

Las formas del futuro primero pasivo del indicativo se obtienen de la sexta forma principal (i.e., el aoristo pasivo) al (a) quitar el aumento, al (b) omitir la ς final, al (c) añadir el morfema de futuro σ a esta base, y al (d) añadir los elementos finales primarios de las voces media/pasiva a las vocales temáticas de conexión o/ε. Así, de ἐλύθην obtenemos λυθήσομαι al quitar el aumento (λυθην), omitiendo la ν (λυθη), añadiendo la σ (λυθησ), y luego añadiendo la desinencia final primaria de las voces media/pasivs de la primera persona singular μαι con una vocal temática de conexión (λυθήσομαι).

En cuanto a su función, el futuro pasivo del indicativo expresa una acción que será recibida por el sujeto en el futuro. Solo el contexto y el uso determinarán si el tipo de acción es aorístico o imperfectivo (§15).

102. *Futuro segundo pasivo del indicativo de γράφω*

El futuro segundo pasivo del indicativo de γράφω se muestra a continuación:

	Singular		Plural	
1.	γραφήσομαι	*seré escrito*	γραφησόμεθα	*seremos escritos*
2.	γραφήσῃ	*serás escrito*	γραφήσεσθε	*seréis escritos*
3.	γραφήσεται	*será escrito*	γραφήσονται	*serán escritos*

Como en el futuro primero pasivo, las formas del futuro segundo pasivo del indicativo se obtienen de la sexta forma principal del verbo. Si un verbo tiene un aoristo segundo pasivo, su futuro pasivo tampoco tendrá alguna θ.

103. Formas irregulares pasivas

En el aoristo primero pasivo, así como en el futuro primero pasivo, la adición de θε (θη) al tema causa ciertos cambios fonológicos cuando este tema acaba en una consonante. Estas modificaciones, análogas a las explicadas al tratar del futuro y el aoristo activo del indicativo (§§20, 50), pueden resumirse de la siguiente manera:

$$\kappa, \gamma, \chi + \theta = \chi\theta$$
$$\pi, \beta, \phi + \theta = \phi\theta$$
$$\tau, \delta, \theta + \theta = \sigma\theta$$

Observe los siguientes ejemplos:

Forma Léxica	Tema	Aoristo Pasivo	Futuro Pasivo
ἄγω (*llevo*)	ἀγ	ἤχθην	ἀχθήσομαι
βαπτίζω (*bautizo*)	βαπτιδ	ἐβαπτίσθην	βαπτισθήσομαι
πείθω (*confío en*)	πειθ	ἐπείσθην	πεισθήσομαι

104. Vocabulario

a. Formas principales del primer aoristo pasivo del indicativo.

ἤχθην	*fui conducido*
ἠκούσθην	*fui escuchado*
ἐβλήθην	*fui tirado*
ἐβαπτίσθην	*fui bautizado*
ἐγενήθην	*llegué a ser* (deponente)
ἐγνώσθην	*fui conocido*
ἐδιδάχθην	*fui enseñado*
ἐδοξάσθην	*fui glorificado*
ἡτοιμάσθην	*fui preparado*
ἐκηρύχθην	*fui predicado*
ἐλήμφθην	*fui tomado, fui recibido*
ἐλείφθην	*fui dejado*
ἐπείσθην	*fui confiado en*
ἐπέμφθην	*fui enviado*
ἐπορεύθην	*fui* (de ir; deponente)
ἐσώθην	*fui salvado*
ὤφθην	*fui visto* (de ὁράω; §127)

b. Las formas principales del segundo aoristo pasivo del indicativo.

ἀπεστάλην   *fui enviado* (de ἀποστέλλω; lea §127)

ἐγράφην   *fui escrito*

105. Ejercicios

a. Lea la lección cuidadosamente. Note también como el morfema de voz pasiva se usa en los paradigmas.

b. Memorice el vocabulario de esta lección.

c. Traduzca las siguientes oraciones.

1. οἱ μαθηταὶ ἐδιδάχθησαν ὑπὸ τῶν ἀποστόλων τοῦ κυρίου.

2. οἱ λόγοι τῶν προφητῶν ἐγράφησαν ἐν ταῖς γραφαῖς.

3. ἐπέμφθησαν οἱ ἀπόστολοι εἰς τὸν κόσμον.

4. διὰ τῆς ἀγάπης τοῦ θεοῦ ὁ ἁμαρτωλὸς ἐσώθη καὶ ἐγενήθη μαθητὴς τοῦ κυρίου.

5. τὸ εὐαγγέλιον ἐκηρύχθη ἐν τῷ κόσμῳ.

6. εἰσήλθομεν εἰς τὴν ἐκκλησίαν καὶ ἐβαπτίσθημεν.

7. ἐν ἐκείνῃ τῇ ἡμέρᾳ ἀκουσθήσεται ὁ λόγος τοῦ θεοῦ.

8. εἴδομεν τὸν κύριον καὶ ὤφθημεν ὑπ᾽ αὐτοῦ.

9. ἐδιδάξατε τὰ τέκνα, ἐδιδάχθητε δὲ ὑπὸ τοῦ ἀποστόλου.

10. ἐλήμφθησαν οἱ ἁμαρτωλοὶ εἰς τὸν οὐρανόν.

11. τὰ δαιμόνια ἐξεβλήθη ἐκ τῶν πονηρῶν ὑπὸ τοῦ κυρίου.

12. ἐδοξάσθη ὁ θεὸς ὑπὸ τοῦ υἱοῦ αὐτοῦ, καὶ δοξασθήσεται ὑφ᾽ ἡμῶν.

13. ἑτοιμασθήσονται ἡμῖν σωτηρία, χαρά, καὶ εἰρήνη ἐν οὐρανῷ.

14. φωνὴ ἠκούσθη ἐν τῇ ἐρήμῳ καὶ ἀκουσθήσεται ἐν τῇ γῇ.

15. ἀπεστάλησαν οἱ ἄγγελοι εἰς τὸν κόσμον.

Lección 16:

Repaso del modo indicativo

Hemos explicado ya todos los tiempos y voces del modo indicativo. Esta lección repasa las flexiones aprendidas hasta ahora y proporciona a base para la descripción de las flexiones que no se han tratado en los otros modos.

106. Repaso de la morfología verbal

Un gran parte del trabajo en las quince lecciones anteriores ha consistido en aprender la variada flexión del verbo griego y la diferencia de significados que resulta de la conjugación del verbo. Hemos visto que los verbos en griego consisten en una serie de formas, cada una de las cuales expresa un significado particular. Cada parte se llama *morfema*, y cada morfema se describe según la información que trasmite. Por ejemplo, λυ se clasifica como un morfema léxico porque lleva el significado léxico, o propio del diccionario, del verbo λύω. Por otra parte, el prefijo ἐ- se clasifica como un morfema gramatical o de flexión porque proporciona información sobre el significado gramatical de la palabra, en este caso que la acción ha ocurrido en el pasado. Tales prefijos y sufijos indican la función de una palabra en cada oración particular en la que se utiliza.

La importancia de los morfemas de la flexión puede ilustrarse mediante la comparación de un tren que va cargando contenedores en una zona de carga. La locomotora es el morfema léxico; los vagones son los morfemas gramaticales, cada uno con una carga que tiene un significado particular. Para obtener el significado transmitido por el tren entero (la forma verbal completa), tenemos que considerar todos los contenedores (morfemas). Del mismo modo, para entender una forma verbal griega, debemos "descargar" el significado de cada morfema individual, ya que cada morfema lleva su propia información.

En esta lección repasaremos los morfemas verbales aprendidos hasta ahora, introduciendo nuevos conceptos solo cuando sea necesario. La identificación de los morfemas en una forma concreta del verbo griego se llama *análisis morfológico*, que nos permite obtener el significado de cada morfema y por lo tanto entender el significado y la importancia de la forma verbal completa. Los morfemas encontrados hasta este punto pueden ser clasificados como morfemas léxicos, morfemas de pasado, morfemas perfectivos de reduplicación, morfemas de voz pasiva, morfemas de tiempo futuro, morfemas de aspecto, morfemas finales o sufijos, y morfemas prepositivos.

(1) Cada verbo griego contiene un *morfema léxico*, o tema del verbo, que lleva el significado fundamental de la palabra. El morfema léxico puede que no sea idéntico a la *raíz* del verbo, el núcleo básico en la cual se basan todas las otras formas de ese verbo. En el caso de λύω, un verbo regular, el tema λυ sigue siendo el mismo a lo largo de toda la conjugación del verbo. Otros verbos, como γινώσκω, son irregulares y pueden ser dominados únicamente al aprender sus formas principales. En el griego, el morfema léxico de un verbo siempre es una forma "ligada" porque no puede existir sin un morfema gramatical o de flexión conectado a él. Por ello, la *forma léxica* de un verbo griego se presenta siempre en el presente activo del indicativo, primera persona del singular (p.ej., ἀκουω, βλέπω, γινώσκω).

El morfema léxico es intrínsecamente imperfectivo o intrínsecamente aorístico. A los temas imperfectivos como λυ, se le añade un morfema de aspecto aorístico para formar el aoristo; a los temas aorísticos como βαλ, se le añade un morfema de aspecto imperfectivo para formar el presente (#6 debajo).

(2) El *morfema de tiempo pasado*, o aumento, indica que la acción del verbo se refiere al tiempo pasado. El aumento tiene varios alomorfos: el aumento silábico (p.ej., λύω, imperfecto ἔλυον), el

aumento temporal (p.ej., ἀκούω, imperfecto ἤκουον) y el aumento cero (p.ej., εἰρηνεύω, imperfecto εἰρήνευον). *El aumento es el único elemento puramente temporal en el sistema del verbo griego.*

(3) El aspecto perfectivo se indica por la *reduplicación de perfecto*, que por lo general implica la repetición de la consonante inicial del tema del verbo más la vocal ε (p.ej., λύω, λέλυκα perfecto). A veces la reduplicación toma la forma del aumento silábico (p.ej., ζητέω, ἐζήτηκα perfecto), del aumento temporal (p.ej., ἐλπίζω, ἤλπικα perfecto), o la del morfema cero (p.ej. ὑστερέω, ὑστέρηκα perfecto). La reduplicación del perfecto refleja el esfuerzo para expresar la idea de aspecto *completado* o *perfectivo* en el verbo griego. La reduplicación de perfecto no es, sin embargo, la única manera en la que el verbo griego puede mostrar el aspecto perfectivo (#6 abajo).

(4) El *morfema de voz pasiva* θε (θη) indica que el verbo está en esa voz. Este morfema es por lo general el del aoristo (p.ej., ἐλύθην), que puede servir para el futuro pasivo si se le acompaña del morfema de futuro σ (p.ej., λυθήσομαι).

(5) Cuando el *morfema de tiempo futuro* está presente en un verbo, este indica que la acción del verbo se refiere a un tiempo futuro. Este morfema tiene varios alomorfos. En la mayoría de los verbos griegos, el tema de futuro se forma añadiendo una σ al tema de presente (como en λύσω). Sin embargo, cuando el tema de presente termina en una consonante, se produce una fusión (p.ej., πέμπω, πέμψω futuro).

(6) Los verbos griegos son capaces de mostrar diferentes tipos de acción mediante ciertos morfemas de aspecto. El aspecto aorístico se indica mediante la adición del morfema de aspecto aorístico σα al tema de la palabra en cuestión (p.ej., ἔλυσα). El aspecto perfectivo se indica por la adición del morfema de aspecto de perfecto κα al tema del verbo (p.ej., λέλυκα). Este último morfema se encuentra solo en la voz activa. En las voces media y pasiva, el aspecto perfectivo se indica solamente por la reduplicación de perfecto (p.ej., λέλυμαι). Para los temas de los verbos imperfectivos, no hay ningún morfema de aspecto imperfectivo en el griego. Así en el paradigma de λύω no se añade morfema alguno al verbo para indicar el aspecto imperfectivo de los tiempos presente y futuro, puesto que el tema λυ es inherentemente imperfectivo. En cambio, se utiliza el morfema neutro, que es siempre o, o ε—o cuando el elemento final comienza con μ o ν (p.ej., λύομεν), ε en los demás casos (p.ej., λύετε). Sin embargo, cuando un verbo es inherentemente aorístico y requiere una forma imperfectiva, se agrega un morfema de aspecto imperfectivo. La mayor parte de los verbos con aoristo segundo son inherentemente aorísticos y necesitan añadir un morfema de aspecto imperfectivo para formar el presente. En el caso de βάλλω, por ejemplo, este morfema imperfectivo es la segunda λ (este morfema se llama infijo) que se agrega al tema del verbo βαλ. Asimismo el verbo μανθάνω (tema verbal μαθ) contiene dos morfemas imperfectivos: el infijo ν antes de la θ, y el morfema aditivo αν. En algunos verbos se inserta una ι en el tema verbal para formar el presente (p.ej., βαίνω, tema βαν del verbo).

(7) Cada verbo, desde luego, debe tener una desinencia o *morfema final*. Si el verbo está en indicativo, subjuntivo, imperativo, u optativo, este final será un *sufijo de persona-número*, que tiene una amplia gama de formas y alomorfos (§108). Los sufijos de persona-número indican también normalmente la voz: -μεν, por ejemplo, señala la voz activa, mientras -μεθα indica la voz media o pasiva. Otros sufijos de persona-número indican un pasado o bien no pasado: -ντο señala el pasado, mientras que -νται señala el no pasado (presente o futuro). El morfema que transmite una información múltiple se denomina *morfema múltiple*.

(8) Finalmente, un gran número de verbos en el Nuevo Testamento son *compuestos*, es decir, palabras compuestas por un verbo simple y una preposición agregada a él. Un verbo compuesto, como se ha dicho, tiene un *morfema de prefijo, es decir, prepositivo*.

En conclusión, hay un total de ocho categorías de morfemas que pueden ocurrir en el verbo indicativo. Los lugares donde estos morfemas pueden ocurrir se llaman *ranuras morfémicas*. La siguiente selección de formas de λύω ayudará a ilustrar estas ranuras.

Verbo	Prefijo	Pasado	Perfectivo	Léxico	Pasivo	Futuro	Aspecto	Final
λύομεν				λυ			ο	μεν
λύσομεν				λυ		σ	ο	μεν
ἐλύομεν		ἐ		λυ			ο	μεν
ἐλύσαμεν		ἐ		λυ			σα	μεν
λελύκαμεν			λε	λυ			κα	μεν
ἐλύθημεν		ἐ		λυ	θη			μεν
λυθησόμεθα				λυ	θη	σ	ο	μεθα
καταλύομεν	κατα			λυ			ο	μεν

107. Perspectiva general de λύω basada en la primera persona del singular

El carácter flexivo del verbo griego se percibe con especial claridad cuando se dispone según la primera persona del singular. El cuadro siguiente de la flexión de λύω en indicativo servirá como resumen práctico de los tiempos básicos y las voces de λύω aprendidos hasta ahora.

Tiempo	Voz	Forma	Traducción
Presente	Activo	λύω	desato
	Medio	λύομαι	me desato
	Pasivo	λύομαι	estoy siendo desatado
Futuro	Activo	λύσω	desataré
	Medio	λύσομαι	me desataré
	Pasivo	λυθήσομαι	seré desatado
Imperfecto	Activo	ἔλυον	desataba
	Medio	ἐλυόμην	me desataba
	Pasivo	ἐλυόμην	estaba siendo desatado
Aoristo	Activo	ἔλυσα	desaté
	Medio	ἐλυσάμην	me desaté
	Pasivo	ἐλύθην	fui desatado
Perfecto	Activo	λέλυκα	he desatado
	Medio	λέλυμαι	me he desatado
	Pasivo	λέλυμαι	he sido desatado
Pluscuamperfecto	Activo	ἐλελύκειν	había desatado
	Medio	ἐλελύμην	me había desatado
	Pasivo	ἐλελύμην	había sido desatado

108. Perspectiva general de λύω basada en las formas principales

La tabla siguiente está organizada en torno a las formas principales sobre las que están construidos los tiempos griegos. Estas formas son básicas y deben ser aprendidas antes de seguir con el resto de esta lección.

(1) Presente de la voz activa (λύω):

		Presente activo	Presente medio/pasivo	Imperfecto activo	Imperfecto medio/pasivo
Sg.	1.	λύω	λύομαι	ἔλυον	ἐλυόμην
	2.	λύεις	λύῃ	ἔλυες	ἐλύου
	3.	λύει	λύεται	ἔλυε(ν)	ἐλύετο
Pl.	1.	λύομεν	λυόμεθα	ἐλύομεν	ἐλυόμεθα
	2.	λύετε	λύεσθε	ἐλύετε	ἐλύεσθε
	3.	λύουσι(ν)	λύονται	ἔλυον	ἐλύοντο

(2) Futuro de la voz activa (λύσω):

		Futuro activo	Futuro medio
Sg.	1.	λύσω	λύσομαι
	2.	λύσεις	λύσῃ
	3.	λύσει	λύσεται
Pl.	1.	λύσομεν	λυσόμεθα
	2.	λύσετε	λύσεσθε
	3.	λύσουσι(ν)	λύσονται

(3) Aoristo de la voz activa (ἔλυσα):

		Aoristo activo	Aoristo medio
Sg.	1.	ἔλυσα	ἐλυσάμην
	2.	ἔλυσας	ἐλύσω
	3.	ἔλυσε(ν)	ἐλύσατο
Pl.	1.	ἐλύσαμεν	ἐλυσάμεθα
	2.	ἐλύσατε	ἐλύσασθε
	3.	ἔλυσαν	ἐλύσαντο

(4) Perfecto de la voz activa (λέλυκα):

		Perfecto activo	Pluscuamperfecto activo
Sg.	1.	λέλυκα	ἐλελύκειν
	2.	λέλυκας	ἐλελύκεις
	3.	λέλυκε(ν)	ἐλελύκει
Pl.	1.	λελύκαμεν	ἐλελύκειμεν
	2.	λελύκατε	ἐλελύκειτε
	3.	λελύκασι(ν)	ἐλελύκεισαν

(5) Perfecto de la voz media (λέλυμαι):

		Perfecto medio/pasivo	Pluscuamperfecto medio/pasivo
Sg.	1.	λέλυμαι	ἐλελύμην
	2.	λέλυσαι	ἐλέλυσο
	3.	λέλυται	ἐλέλυτο
Pl.	1.	λελύμεθα	ἐλελύμεθα
	2.	λέλυσθε	ἐλέλυσθε
	3.	λέλυνται	ἐλέλυντο

(6) Aoristo de la voz pasiva (ἐλύθην):

		Aoristo pasivo	Futuro pasivo
Sg.	1.	ἐλύθην	λυθήσομαι
	2.	ἐλύθης	λυθήσῃ
	3.	ἐλύθη	λυθήσεται
Pl.	1.	ἐλύθημεν	λυθησόμεθα
	2.	ἐλύθητε	λυθήσεσθε
	3.	ἐλύθησαν	λυθήσονται

109. Resumen de εἰμί

		Presente	Futuro	Imperfecto
Sg.	1.	εἰμί	ἔσομαι	ἤμην
	2.	εἶ	ἔσῃ	ἦς
	3.	ἐστί(ν)	ἔσται	ἦν
Pl.	1.	ἐσμέν	ἐσόμεθα	ἦμεν
	2.	ἐστέ	ἔσεσθε	ἦτε
	3.	εἰσί(ν)	ἔσονται	ἦσαν

110. Orientaciones para la identificación del verbo en el modo indicativo

Para descifrar un verbo es importante ser capaz de identificar todos los morfemas que lo componen. Los siguientes pasos pueden ser útiles:

(1) Verifique el principio de la palabra para ver si hay un morfema de pasado o reduplicación de perfecto. Si el verbo tiene un morfema de pasado, es imperfecto, aoristo o pluscuamperfecto. Si carece de un morfema de pasado, es presente, futuro o perfecto. Si tiene reduplicación perfectiva, es perfecto o pluscuamperfecto. Recuerde (a) buscar el morfema de pasado *entre* la preposición y el tema del verbo en los verbos compuestos, y (b) que el morfema de pasado puede aparecer como una vocal inicial larga o diptongo.

(2) Si el verbo tiene tanto el morfema de pasado como el del aspecto aorístico -σα- (o -σ-), se trata de un aoristo primero. Retire el morfema de pasado, el morfema de aspecto aorístico, y agregue al final -ω, con lo que debería ser capaz de encontrar el verbo en el diccionario. Si no puede encontrarlo, se trata probablemente un verbo de tema en dental y que ésta se omite delante de la σ. Restaure la dental (ya sea ζ, δ, θ, o τ) hasta que encuentre la palabra en el diccionario. Recuerde que los aoristos

primeros sufren una fusión de consonantes; en estos casos el morfema de aspecto aorístico estará disfrazado (p.ej., ἔβλεψα).

(3) Si el verbo tiene un morfema de pasado, pero ninguno de aspecto aorístico ni tampoco la reduplicación de perfecto, es un aoristo segundo o un imperfecto. Quite el morfema de pasado y el elemento final, agregue luego -ω, y si el resultante es un imperfecto deberá ser capaz de encontrar la palabra en el diccionario. Si no, vuelva a colocar el morfema de pasado y añada la primera persona del singular -ον, y vea si la forma está en el diccionario. Si está, el léxico le dirá la forma presente activa del indicativo que corresponde.

(4) Si el verbo tiene un morfema de futuro (-σ-), entonces es un futuro. Elimine la -σ- y la desinencia, agregue -ω, y busque la palabra en el léxico. Recuerde que algunos futuros sufren fusiones de consonantes (p.ej., βλέψω).

Los ejemplos siguientes ilustrarán los pasos necesarios en la identificación del verbo en el modo indicativo:

ἄγομεν	Quite el sufijo de número de persona
ἀγο-	Quite el morfema neutro
ἀγ-	Añada la ω y vea el léxico
ἔλεγεν	Ignorar la -ν móvil
ἐλεγε-	Quite el morfema neutro
ἐλεγ-	Quite el morfema de pasado
λεγ-	Añada la ω y consulte el léxico
ἐγράψαμεν	Quite el sufijo de numero de persona
ἐγραψα-	Quite el morfema de aspecto aorístico que se ha combinado con un π, φ, o con la β para formar ψ.
ἐγραπ- o ἐγραφ-	Quite el morfema de pasado
γραπ- o γραφ-	Añada la ω y consulte el léxico
ἐλάβετε	Quite el sufijo de numero de persona
ἐλαβε-	Quite el morfema neutro
ἐλαβ-	Quite el morfema de pasado
λαβ-	Añada la ω y consulte el léxico (donde λάβω no aparece); coloque nuevamente el aumento, la terminación y vea el léxico (= ἔλαβον, segundo aoristo de λαμβάνω)

111. *Vocabulario*

No hay vocabulario nuevo para esta lección. Esto es el momento oportuno para una revisión cuidadosa de los vocabularios aprendidos hasta ahora.

LECCIÓN 17:

SUSTANTIVOS DE LA TERCERA DECLINACIÓN

La tercera declinación comprende una amplia variedad de temas. Por esta razón la gama más amplia de paradigmas para temas diferentes será encontrada en esta declinación. La tercera declinación debe ser analizada observando tanto del tema como los sufijos flexivos, que son distintivos para esta declinación.

112. Introducción a la tercera declinación

Los sustantivos de la tercera declinación se clasifican dependiendo de si su tema acaba en una consonante o en una vocal. Los sustantivos con temas que terminan en consonante se subdividen ampliamente en diversos paradigmas debido a la naturaleza del último fonema del tema. La mayor parte de los paradigmas de la tercera declinación son considerados regulares ya que sus formas pueden ser predichas basándose en las reglas fonológicas regulares. Sólo en un pequeño número de palabras han de emplearse maneras alternativas para poder entender bien la conjunción de tema y sufijo.

Debido a la gran variedad de sus temas, los sustantivos de la tercera declinación son más difíciles de dominar que los de la primera o la segunda declinación. Hay, sin embargo, rasgos constantes en sus terminaciones. El genitivo singular acaba siempre, en -ς (y más frecuentemente en -ος); el dativo singular, en -ι; el nominativo, el vocativo, y el acusativo plural, en -ς (y en -ες y -ας más frecuentemente); el genitivo plural, en -ων; y el dativo plural, en -σι(ν). Las terminaciones de la tercera declinación más frecuentes pueden resumirse así:

		Masc./Fem.	Neutro
Sg.	**N.**	-ς, nada = grado	nada = grado
	G.	-ος	-ος
	D.	-ι	-ι
	A.	-α o -ν	nada = grado cero
Pl.	**N.**	-ες	-α
	G.	-ων	-ων
	D.	-σι	-σι
	A.	-ας	-α

113. Paradigmas básicos de la tercera declinación

Ya que el objetivo de la mayor parte de los estudiantes es ser capaces de reconocer (y no escribir) los sustantivos de la tercera declinación, no es necesario memorizar los treinta y tantos paradigmas de la tercera declinación. Sin embargo, familiarizarse con los modelos generales de algunos paradigmas básicos aumentará la probabilidad de reconocer el caso y el número de la mayoría de los sustantivos de la tercera declinación tal como se encuentran en el Nuevo Testamento griego. El vocativo no será presentado en esta declinación, ya que por lo general es lo mismo que el nominativo.

(1) τὸ σῶμα (cuerpo), tema: σωματ-

		Sg.		Pl.
Sg.	N.	σῶμα	**Pl.**	σώματα
	G.	σώματος		σωμάτων
	D.	σώματι		σώμασι(ν)
	A.	σῶμα		σώματα

(2) ἡ σάρξ (carne), tema: σαρκ-

Sg.	N.	σάρξ	**Pl.**	σάρκες
	G.	σαρκός		σαρκῶν
	D.	σαρκί		σαρξί(ν)
	A.	σάρκα		σάρκας

(3) ὁ ἄρχων (gobernante), tema: ἀρχοντ-

Sg.	N.	ἄρχων	**Pl.**	ἄρχοντες
	G.	ἄρχοντος		ἀρχόντων
	D.	ἄρχοντι		ἄρχουσι(ν)
	A.	ἄρχοντα		ἄρχοντας

(4) τό γένος (raza), tema: γενεσ-

Sg.	N.	γένος	**Pl.**	γένη
	G.	γένους		γενῶν
	D.	γένει		γένεσι(ν)
	A.	γένος		γένη

(5) ὁ βασιλεύς (rey), tema: βασιλ-ευ/ε-

Sg.	N.	βασιλεύς	**Pl.**	βασιλεῖς
	G.	βασιλέως		βασιλέων
	D.	βασιλεῖ		βασιλεῦσι(ν)
	A.	βασιλέα		βασιλεῖς

(6) ἡ πόλις (ciudad), tema: πολ-ι/ε-

Sg.	N.	πόλις	**Pl.**	πόλεις
	G.	πόλεως		πόλεων
	D.	πόλει		πόλεσι(ν)
	A.	πόλιν		πόλεις

114. Más sobre la tercera declinación

Un análisis exhaustivo de los sustantivos de la tercera declinación requeriría un tratamiento de mayor amplitud del que es posible en esta lección. Sin embargo, será provechoso tener en mente las siguientes observaciones básicas:

(1) El nominativo singular de los sustantivos de la tercera declinación tiene varias formas, y el género de estos sustantivos no es fácilmente discernible. Por tanto, es necesario aprender el nominativo y el genitivo singular, el artículo definido que va con él y el significado en español al mismo tiempo para obtener un conocimiento completo de un sustantivo de la tercera declinación. Lo mejor es memorizarlos tal como aparecen en los vocabularios (p.ej., ἐλπίς, ἐλπίδος, ἡ, *esperanza*).

(2) Cuando se añade σι(ν) al tema para formar el dativo plural, tienen lugar las mismas modificaciones que en la formación del futuro (§20):

π, β, φ + σι(ν)	=	ψι(ν)
κ, γ, χ + σι(ν)	=	ξι(ν)
τ, δ, θ + σι(ν)	=	σι(ν)

	Nom. Sg.	Gen. Sg.	Dat. Sg.
Ejemplos:	ἐλπίς	ἐλπίδος	ἐλπίσι(ν)
	σάρξ	σαρκός	σαρξί(ν)

(3) Los temas que acaban en αντ, εντ, o οντ suprimen el ντ y alargan la vocal del tema restante:

αντ + σι(ν)	=	ασι(ν)
εντ + σι(ν)	=	εισι(ν)
οντ = σι(ν)	=	ουσι(ν)

	Nom. Sg.	Gen. Sg.	Dat. Pl.
Ejemplos:	ἄρχων	ἄρχοντος	ἄρχουσι(ν)

(4) La terminación del genitivo singular -ος es idéntica a la terminación del nominativo singular de los sustantivos de la segunda declinación (p.ej., ἄνθρωπος). Donde pueda surgir una confusión entre estas declinaciones, es conveniente prestar especial atención a las pistas proporcionadas por los artículos u otros modificantes.

Ejemplo:	ὁ ἄνθρωπος	Nominativo Singular
	τοῦ ἄρχοντος	Genitivo Singular

(5) Como ocurre siempre en los sustantivos neutros, las formas de los casos nominativos y acusativos son idénticas.

Ejemplo:	σῶμα	σώματα
	σώματος	σωμάτων
	σώματι	σώμασι(ν)
	σῶμα	σώματα

(6) Además de los sustantivos anteriormente mencionados, hay un buen número de sustantivos de la tercera declinación en el Nuevo Testamento que son tan irregulares que desafían una clasificación definida. Algunos sustantivos del Nuevo Testamento tienen declinaciones mixtas. Así σάββατον ("el sábado") tiene σαββάτῳ en el dativo singular (de la segunda declinación) pero σάββασι(ν) en el dativo plural (de la tercera declinación). Los sustantivos irregulares de las tres declinaciones se tratan mejor según se van encontrando en la exégesis.

115. Vocabulario

a. Sustantivos neutros del tipo σῶμα.

αἷμα, αἵματος, τό	sangre (*hematología*)
θέλημα, θελήματος, τό	voluntad
ὄνομα, ὀνόματος, τό	nombre (*onomatopeya*)
πνεῦμα, πνεύματος, τό	Espíritu, espíritu (*neumático*)
πῦρ, πυρός, τό	fuego (*pirómano*)
ῥῆμα, ῥήματος, τό	palabra, dicho (*retórica*)
σπέρμα, σπέρματος, τό	semilla, descendiente (*espermatozoides*)
στόμα, στόματος, τό	boca
σῶμα, σώματος, τό	cuerpo (*somático*)
ὕδωρ, ὕδατος, τό	agua (*hidratación*)
φῶς, φωτός, τό	luz (*fotografía*)

b. Sustantivos femeninos del tipo σάρξ.

ἐλπίς, ἐλπίδος, ἡ	esperanza
νύξ, νυκτός, ἡ	noche (*nocturno*)
σάρξ, σαρκός, ἡ	carne (*sarcófago*)
χάρις, χάριτος, ἡ	gracia, favor (cf. χαρά)
χείρ, χειρός, ἡ	mano (*quiropráctico*)

c. Sustantivos masculinos del tipo ἄρχων.

αἰών, αἰῶνος, ὁ	tiempo, eternidad, edad (eón; εἰς τὸν αἰῶνα / εἰς τοὺς αἰῶνας = siempre)
ἀνήρ, ἀνδρός, ὁ	hombre, marido, esposo (*andrógino*)
ἄρχων, ἄρχοντος, ὁ	gobernante, jefe (*oligarquía*)
μάρτυς, μάρτυρος, ὁ	testigo (*mártir*)
πατήρ, πατρός, ὁ	padre (*patrístico*)

d. Sustantivos neutros del tipo γένος.

γένος, γένους, τό	raza (*genealogía*)

ἔθνος, ἔθνους, τό	*nación*, Gentile (*étnica*)
ἔλεος, ἐλέους, τό	*misericordia*
ἔτος, ἔτους, τό	*año*
μέρος, μέρους, τό	*parte*
πλῆθος, πλήθους, τό	*multitud*
σκότος, σκότους, τό	*tinieblas, obscuridad* (cf. σκοτία)
τέλος, τέλους, τό	*fin, término*

e. Sustantivos masculinos del tipo βασιλεύς.

ἀρχιερεύς, ἀρχιερέως, ὁ	*sumo sacerdote*
βασιλεύς, βασιλέως, ὁ	*rey* (cf. βασιλεία)
γραμματεύς, γραμματέως, ὁ	*escribano, maestro de la ley* (cf. γράφω)
ἱερεύς, ἱερέως, ὁ	*sacerdote* (*jerarquía*)

f. Sustantivos femeninos del tipo πόλις.

ἀνάστασις, ἀναστάσεως, ἡ	*resurrección*
γνῶσις, γνώσεως, ἡ	*conocimiento* (cf. γινώσκω)
δύναμις, δυνάμεως, ἡ	*poder* (*dinámica*)
θλῖψις, θλίψεως, ἡ	*aflicción, tribulación*
κλῆσις, κλήσεως, ἡ	*llamada* (√ καλ)
κρίσις, κρίσεως, ἡ	*juicio* (*critico*)
παράκλησις, παρακλήσεως, ἡ	*estimulo, consuelo* (Pará*clito*)
πίστις, πίστεως, ἡ	*fe* (cf. πιστεύω)
πόλις, πόλεως, ἡ	*ciudad*

g. Sustantivos femeninos del tipo ἄρχων.

γυνή, γυναικός, ἡ	*mujer, esposa* (*ginecología*)
θυγάτηρ, θυγατρός, ἡ	*hija*
μήτηρ, μητρός, ἡ	*madre*

116. Ejercicios

a. Para ser capaz de leer el Nuevo Testamento en griego, lo que realmente importa es que pueda reconocer un sustantivo de la tercera declinación cuando lo encuentre y sea capaz de hallar esa palabra en el diccionario si desconoce su significado. Lo primero se logra fácilmente si aprende de memoria las terminaciones básicas de la tercera declinación (§112) y observa cómo funcionan en los varios paradigmas presentados en esta lección. Es preciso al menos un conocimiento básico de los sustantivos más comunes (en nominativo), si desea adquirir una facilidad de lectura en el griego.

b. Memorice el vocabulario de esta lección.

c. Traduzca las siguientes oraciones:

1. ὁ λόγος σὰρξ ἐγένετο.

2. ὑμεῖς ἐστε τὸ φῶς τοῦ κόσμου.

3. τοῦτο ἐστι τὸ σῶμά μου.

4. οὐκ ἔχομεν ἐλπίδα ὅτι οὐ πιστεύομεν ἐν τῷ κυρίῳ.

5. ἐσώθημεν τῇ χάριτι διὰ πίστεως.

6. οὐκέτι γινώσκομεν τὸν Χριστὸν κατὰ τὴν σάρκα.

7. ἄρχων ἦλθε πρὸς τὸν Ἰησοῦν ἐν νυκτὶ καὶ ἐδιδάχθη ὑπ' αὐτοῦ.

8. τὰ τέκνα ἔλαβεν ἀγαθὰ ἀπὸ τῆς μητρὸς αὐτῶν.

9. οἱ ἀρχιερεῖς καὶ οἱ γραμματεῖς ἔπεμψαν τοὺς δούλους αὐτῶν εἰς τὸ ἱερόν.

10. ὁ βασιλεὺς εἰσέρχεται εἰς τὴν πόλιν, ὁ δὲ γραμματεὺς ἐξέρχεται πρὸς τὴν ἔρημον.

11. ὁ υἱὸς τοῦ ἀνθρώπου ἔξει τὴν δύναμιν κρίσεως ἐν ἐκείνῃ τῇ ἡμέρᾳ.

12. οἱ ἱερεῖς ἔχουσι τὸν νόμον, ἀλλ' οὐκ ἔχουσι τὴν ἀγάπην τοῦ θεοῦ ἐν ταῖς καρδίαις αὐτῶν.

13. ἐν τῇ ἀναστάσει οἱ ἅγιοι ἔξουσι ζωὴν καὶ εἰρήνην.

14. οἱ ἁμαρτωλοὶ ἤκουσαν τὰ ῥήματα τοῦ Χριστοῦ καὶ ἔλαβον τὸ ἔλεος αὐτοῦ.

15. τὰ ἔθνη οὐ γινώσκει τὸ θέλημα καὶ τὴν χάριν τοῦ θεοῦ.

16. ἐβάπτιζον οἱ μαθηταὶ ἐν τῷ ὀνόματι τοῦ Ἰησοῦ.

17. πονηροί εἰσιν ἐν τῷ σκότει ἁμαρτίας, πιστοὶ δὲ ἀκούουσι τοὺς λόγους τοῦ κυρίου καὶ γίνονται μαθηταὶ αὐτοῦ.

18. ἐγὼ μὲν ἐβάπτισα ὑμᾶς ἐν ὕδατι, αὐτὸς δὲ βαπτίσει ὑμᾶς ἐν τῷ πνεύματι.

19. ταῦτά ἐστι τὰ ῥήματα τοῦ ἁγίου πνεύματος.

20. ταῦτα εἶπεν ὁ ἀπόστολος περὶ τῶν ἀρχόντων τούτου τοῦ αἰῶνος.

21. ἐν ἐκείνῃ τῇ νυκτὶ τὰ ῥήματα τοῦ εὐαγγελίου ἐκηρύχθη τοῖς ἁμαρτωλοῖς.

22. μετὰ τὴν ἀνάστασιν τοῦ Χριστοῦ ὤφθησαν τὰ σώματα τῶν ἁγίων.

LECCIÓN 18:

ADJETIVOS, PRONOMBRES, Y NÚMERALES DE LA PRIMERA Y TERCERA DECLINACIÓN

> Varios adjetivos, pronombres y numerales del Nuevo Testamento siguen la tercera declinación en el masculino y neutro, pero en el femenino siguen la primera declinación. Los otros siguen la tercera declinación en los tres géneros. En esta lección presentamos las palabras más usuales de estas clases.

117. πᾶς

El adjetivo πᾶς, πᾶσα, πᾶν ("todo"/"cada") ocurre un total de 1.226 veces en el Nuevo Testamento. La forma femenina de la primera declinación πᾶσα tiene un tema sibilante y sigue el paradigma de δόξα (§38). El tema de las formas masculinas y neutrales de la tercera declinación es παντ-. El dativo plural sigue la regla indicada en §114: αντ + σι(ν) = ασι(ν).

	Singular			**Plural**		
	Masc.	Fem.	Neutro	Masc.	Fem.	Neutro
N.	πᾶς	πᾶσα	πᾶν	πάντες	πᾶσαι	πάντα
G.	παντός	πάσης	παντός	πάντων	πασῶν	πάντων
D.	παντί	πάσῃ	παντί	πᾶσι(ν)	πάσαις	πᾶσι(ν)
A.	πάντα	πᾶσαν	πᾶν	πάντας	πάσας	πάντα

Deben señalarse los siguientes usos de πᾶς:

(1) Cuando se utiliza en la posición de *predicado*, por lo general significa "todo" generalmente (p.ej., πᾶσα ἡ πόλις, "toda la ciudad"; πᾶν τὸ σῶμα, "todo el cuerpo").

(2) Cuando se usa en la posición *atributiva*, por lo general significa "entero" generalmente (p.ej., ἡ πᾶσα πόλις, "la ciudad entera"; τὸ πᾶν σῶμα, "el cuerpo entero").

(3) Cuando se usa con un sustantivo sin articulo, significa generalmente "cada" en singular (p.ej., πᾶσα πόλις, "cada ciudad") y "todo" en el plural (p.ej., πᾶσαι πόλεις, "todas las ciudades").

(4) Cuando se usa solo, funciona como un sustantivo (p.ej., πᾶς, "cada uno"; πάντες, "toda la gente"; πάντα, "todas las cosas").

Estos empleos apenas cubren los diferentes significados que puede tener πᾶς en el Nuevo Testamento. A veces se puede encontrar el significado de "pleno" o "puro", como en Santiago 1:2: Πᾶσαν χαρὰν ἡγήσασθε, "Considerad como gozo pleno." En muchos ejemplos del Nuevo Testamento, πᾶς es la expresión de una hipérbole (exageración), como en Mateo 4:24: προσήνεγκαν αὐτῷ πάντας τοὺς κακῶς ἔχοντας, "le llevaban a todos los enfermos [i.e., un gran número de enfermos]." Existe un interesante problema con el uso de πᾶς en 2 Timoteo 3:16. Los eruditos discuten si las palabras πᾶσα γραφὴ θεόπνευστος καὶ ὠφέλιμος deben traducirse como "Toda Escritura es inspirada por Dios y útil" o "Cada Escritura inspirada por Dios es también útil." La dificultad surge en parte por el significado de πᾶσα, en parte también por el significado de γραφή e igualmente por la ausencia del verbo "ser" en el griego. Si γραφή se toma en su sentido normal de Escritura Sagrada, entonces solo la primera traducción expresa la verdad del texto. Pero si γραφή se interpreta como escrituras en general, entonces la segunda es exacta y necesaria. Esta cuestión se discute cuidadosamente en los comentarios, pero la frase ilustra satisfactoriamente la complejidad de la sintaxis griega y la importancia que tiene la gramática en la traducción y la interpretación.

118. εἷς, οὐδείς, y μηδείς

Presentamos a continuación el numeral εἷς, μία, ἕν ("uno"). Debe observarse que, a diferencia de las preposiciones εἰς ("a") y ἐν ("en"), las formas εἷς y ἕν van acentuadas y tienen aspiración. Las formas femeninas de la primera declinación siguen el paradigma de ἡμέρα (§38). Las masculinas y neutras siguen el paradigma del sustantivo de la tercera declinación ἄρχων (§113).

	Masc.	Fem.	Neutro
N.	εἷς	μία	ἕν
G.	ἑνός	μιᾶς	ἑνός
D.	ἑνί	μιᾷ	ἑνί
A.	ἕνα	μίαν	ἕν

Los ejemplos siguientes ilustran el uso de este númeral en el Nuevo Testamento:

(1)	Juan 10:1	ἐξ ὑμῶν εἷς διάβολός ἐστιν.
		"Uno de ustedes es un diablo."
(2)	Marcos 10:8	ἔσονται οἱ δύο εἰς σάρκα μίαν.
		"Los dos serán una sola carne."

A veces εἷς ocurre con ἕκαστος ("cada uno"):

(1)	Efesios 4:7	ἑνὶ ἑκάστῳ ἡμῶν ἐδόθη ἡ χάρις.
		"A cada uno de nosotros fue dada la gracia."

Los pronombres οὐδείς y μηδείς ("nadie," "nada") se declinan exactamente como εἷς. Οὐδείς se usa con verbos en el modo indicativo, mientras que μηδείς se emplea con verbos en otros modos (que serán presentados posteriormente). Encontramos un ejemplo del Nuevo Testamento de οὐδείς en Santiago 1:13: πειράζει δὲ αὐτὸς οὐδένα, "Pero él mismo no tienta a nadie." Puesto que en griego dos negaciones no se anulan sino que se refuerzan como en español, οὐδείς y μηδείς pueden ser usados con otro vocablo negativo, como en Lucas 4:2: οὐκ ἔφαγεν οὐδὲν ἐν ταῖς ἡμέραις ἐκείναις, "No comió nada en esos días."

119. πολύς y μέγας

Estos dos adjetivos irregulares ocurren con bastante frecuencia en el Nuevo Testamento, por lo que merecen una atención especial. Las formas femeninas siguen la declinación de φωνή en todas partes. Πολύς ("mucho," plural "muchos," que aparece 353 veces) tiene dos temas πολυ- y πολλο-. Μέγας ("grande," que aparece 194 veces) usa también dos temas, μεγα- y μεγαλο-. Sólo hay que aprender las formas subrayadas.

Singular					
M.	**F.**	**N.**	**M.**	**F.**	**N.**
N.	πολύς	πολλή	πολύ	μέγας	μεγάλη	μέγα
G.	πολλοῦ	πολλῆς	πολλοῦ	μεγάλου	μεγάλης	μεγάλου
D.	πολλῷ	πολλῇ	πολλῷ	μεγάλῳ	μεγάλη	μεγάλῳ
A.	πολύν	πολλήν	πολύ	μέγαν	μεγάλην	μέγα

Plural					
M.	**F.**	**N.**	**M.**	**F.**	**N.**
N.	πολλοί	πολλαί	πολλά	μεγάλοι	μεγάλαι	μεγάλα
G.	πολλῶν	πολλῶν	πολλῶν	μεγάλων	μεγάλων	μεγάλων
D.	πολλοῖς	πολλαῖς	πολλοῖς	μεγάλοις	μεγάλαις	μεγάλοις
A.	πολλούς	πολλάς	πολλά	μεγάλους	μεγάλας	μεγάλα

Observe los siguientes ejemplos del Nuevo Testamento de πολύς:

(1)	Marcos 1:34	δαιμόνια πολλὰ ἐξέβαλεν.
		"Expulsó muchos demonios."
(2)	Mateo 14:14	εἶδεν πολὺν ὄχλον.
		"Vio una gran multitud."

El masculino plural de πολύς puede ser usado como substantivo también:

(1)	Marcos 13:6	πολλοὶ ἐλεύσονται ἐπὶ τῷ ὀνόματί μου.
		"Muchos vendrán en mi nombre."

120. ἀληθής

El adjetivo ἀληθής ("verdadero") se declina según a la tercera declinación en masculino, femenino y neutro. Su declinación se presenta debajo (cf. γένος):

	Singular		Plural	
	M./F.	N.	M./F.	N.
N.	ἀληθής	ἀληθές	ἀληθεῖς	ἀληθῆ
G.	ἀληθοῦς	ἀληθοῦς	ἀληθῶν	ἀληθῶν
D.	ἀληθεῖ	ἀληθεῖ	ἀληθέσι(ν)	ἀληθέσι(ν)
A.	ἀληθῆ	ἀληθές	ἀληθεῖς	ἀληθῆ

121. Comparación de los adjetivos

Los adjetivos en griego tienen tres grados: positivo ("difícil," "hermoso," "bueno"), comparativo ("más difícil," "más hermoso," "mejor que"), y superlativo ("lo más difícil" / "dificilísimo", "lo más hermoso," "lo mejor"). A la lengua griega le ocurre lo mismo que a la española: algunos adjetivos tienen comparativos regulares ("difícil," "hermoso") y otros irregulares ("bueno"). Las formas regulares de los adjetivos son las siguientes:

Comparativo:	-τερος, -α, -ον
Superlativo:	-τατος, -η, -ον

Estas terminaciones se añaden al tema masculino del grado positivo del adjetivo, y las formas resultantes se declinan como adjetivos regulares de la segunda declinación (masculino y neutro) y de la primera, el femenino. De vez en cuando, la /o/ del tema del adjetivo positivo se alarga en ω en el comparativo y el superlativo (vea σοφός abajo). Los siguientes ejemplos muestran la formación de los grados comparativos y superlativos de algunos adjetivos griegos comunes:

Positivo	Comparativo	Superlativo
δίκαιος (honrado)	δικαιότερος (más honrado)	δικαιότατος (lo más honrado)
ἰσχυρός (fuerte)	ἰσχυρότερος (más fuerte)	ἰσχυρότατος (lo más fuerte)
νεός (nuevo)	νεώτερος (más nuevo)	νεώτατος (lo más nuevo)
σοφός (sabio)	σοφώτερος (más sabio)	σοφώτατος (lo más sabio)

A estos se les pueden añadir algunos comparativos irregulares muy comunes:

Positivo	Comparativo
ἀγαθός (bueno)	κρείσσων (mejor)
κακός (mal)	χείρων (peor)
μέγας (grande)	μείζων (mayor)
πολύς (mucho)	πλείων (más)

Como en español, los adjetivos en griego pueden ser usados para expresar una comparación entre dos o más sustantivos. Para hacer comparaciones en español, se debe colocar "que" después del adjetivo comparativo: "él es más fuerte que su hermano." En griego (1) basta en ocasiones con poner el segundo término de la comparación, substantivo o pronombre, en genitivo, como en Juan 13:1: οὐκ ἔστιν δοῦλος μείζων τοῦ κυρίου αὐτοῦ, "un esclavo no es mayor que su señor"; este empleo se llama *genitivo comparativo*; o (2) puede utilizar la partícula ἤ ("que") y un sustantivo o pronombre en el mismo caso, como en Juan 3:19: ἠγάπησαν οἱ ἄνθρωποι μᾶλλον τὸ σκότος ἤ τὸ φῶς, "Los hombres amaron la oscuridad más que la luz."

Nótese que los comparativos y superlativos griegos no siempre deben entenderse como "más que" o "la mayor parte de." La forma comparativa se usa a menudo con una función *superlativa*, como en 1 Corintios 13:13: μείζων δὲ τούτων ἡ ἀγάπη, "Pero el mejor [literalmente el mayor] de estos [carismas] es el amor." Por otra parte, el superlativo es usado a menudo en un sentido *elativo*, que quiere decir "muy" o "sumamente," como en 2 Pedro 1:4: τὰ τίμια καὶ μέγιστα ἡμῖν ἐπαγγέλματα δεδώρηται, "Él nos ha concedido preciosas promesas, sumamente grandes [las mayores]."

122. Vocabulario

a. Adjetivos, pronombres, y los números de la primera y tercera declinación.

ἅπας, ἅπασα, ἅπαν	*todo, todo entero* (forma intensiva de πᾶς)
εἷς, μία, ἕν	*uno(a), un* (*heno*teísmo)
μέγας, μεγάλη, μέγα	*grande, gran* (*megá*fono)
μηδείς, μηδεμία, μηδέν	*nadie, nada* (con los modos no indicativos)
οὐδείς, οὐδεμία, οὐδέν	*nadie, nada* (con el modo indicativo)
πᾶς, πᾶσα, πᾶν	*cada uno, cada, todo, entero* (*pan*oplia)
πολύς, πολλή, πολύ	*mucho(a)* (*poli*teísta)

b. Adjetivos y númerales de la tercera declinación.

ἀληθής, ἀληθές	*verdadero* (cf. ἀλήθεια)
δύο	*dos* (dat. δυσί[ν]; de otra manera, no puede ser declinado)
δώδεκα	*doce*
μείζων, μεῖζον	*grande, mayor*
πέντε	*cinco* (*pent*ágono)
τέσσαρες, τέσσαρα	cuatro
τρεῖς, τρία	tres

123. Ejercicios

a. No hay ningún paradigma nuevo que aprender en esta lección. Sin embargo, lea la lección con cuidado, notando los varios usos de los adjetivos presentados.

b. Memorice el vocabulario de esta lección.

c. Desde esta lección, todos los ejercicios de traducción se tomarán directamente del Nuevo Testamento griego. En muchos casos sólo se traducirá una parte del versículo, y en algunos casos las oraciones originales serán ligeramente cambiadas por motivos de simplificación. Puede estar seguro, sin embargo, que los pensamientos y expresiones provienen de los autores originales. Las palabras y formas no encontradas aún se explicarán entre paréntesis.

Al traducir siga estas simples instrucciones:

(1) Traduzca lo que tenga delante, no lo que pudo haber memorizado de una traducción en español. Trate de no omitir algo que está en el griego o de añadir algo en el español, a no ser que la lengua española lo requiera. Ello quiere decir que de vez en cuando su traducción será un tanto forzada, pero lo que se desea en esta etapa es lograr transmitir lo que se está diciendo literalmente en griego. Cuando aumente su familiaridad con la lengua, será posible producir una traducción más natural y más propia del español.

(2) Preste gran atención a la estructura sintáctica del texto. Observe la presencia o la ausencia de artículos, el orden de las palabras, el aspecto verbal y otras por el estilo. Aprenda algo acerca del estilo del autor a la vez que traduce el texto.

(3) Una vez que haya generado su propia traducción, contraste sus conclusiones con otras traducciones de comentarios o versiones del Nuevo Testamento al español. Por otra parte, no deje de pensar por sí mismo. Aprenderá mucho más si utiliza *críticamente* esas otras versiones.

1. πάντες γὰρ ἥμαρτον καὶ ὑστεροῦνται (se ven privados) τῆς δόξης τοῦ θεοῦ (Romanos 3:23).

2. τὰ πάντα δι' αὐτοῦ καὶ εἰς αὐτὸν ἔκτισται (ha sido creado), καὶ αὐτός ἐστιν πρὸ πάντων (Colosenses 1:16-17).

3. καὶ γὰρ ἐν ἑνὶ πνεύματι ἡμεῖς πάντες εἰς ἓν σῶμα ἐβαπτίσθημεν (1 Corintios 12:13).

4. πάντες γὰρ ὑμεῖς εἷς ἐστε ἐν Χριστῷ Ἰησοῦ (Gálatas 3:28).

5. σὺ πιστεύεις ὅτι εἷς ἐστιν ὁ θεός; καλῶς ποιεῖς (haces). καὶ τὰ δαιμόνια πιστεύουσιν καὶ φρίσσουσιν (tiemblan) (Santiago 2:19).

6. καὶ γὰρ τὸ σῶμα οὐκ ἔστιν ἓν μέλος (miembro) ἀλλὰ πολλά (1 Corintios 12:14).

7. χαρὰν γὰρ πολλὴν ἔσχον καὶ παράκλησιν ἐπὶ τῇ ἀγάπῃ σου (Filemón 7).

8. καὶ εἶδον, καὶ ἤκουσα φωνὴν ἀγγέλων πολλῶν (Apocalipsis 5:11).

9. καὶ πολλοὶ τῶν ἀνθρώπων ἀπέθανον ἐκ τῶν ὑδάτων (Apocalipsis 8:11).

10. ὁ Ἰησοῦς εἶπεν αὐτῇ, Ὦ (¡O!) γύναι, μεγάλη σου ἡ πίστις (Mateo 15:28).

11. αὕτη ἐστὶν ἡ μεγάλη καὶ πρώτη ἐντολή (Mateo 22:28).

12. οὗτος ἔσται μέγας καὶ υἱὸς ὑψίστου (del Altísimo) κληθήσεται (será llamado) (Lucas 1:32).

13. καὶ εἶπεν αὐτοῖς ὁ ἄγγελος, εὐαγγελίζομαι ὑμῖν χαρὰν μεγάλην ἥτις (que) ἔσται παντὶ τῷ λαῷ (Lucas 2:10).

14. τὸ μυστήριον τοῦτο μέγα ἐστίν, ἐγὼ δὲ λέγω εἰς Χριστὸν καὶ τὴν ἐκκλησίαν (Efesios 5:32).

15. καὶ σημεῖον μέγα ὤφθη ἐν τῷ οὐρανῷ (Apocalipsis 12:1).

16. λέγει αὐτῷ ὁ Ἰησοῦς, Ἐγώ εἰμι ἡ ὁδὸς καὶ ἡ ἀλήθεια καὶ ἡ ζωή. οὐδεὶς ἔρχεται πρὸς τὸν πατέρα εἰ μὴ (excepto) δι' ἐμοῦ (Juan 14:6).

17. βλέπετε (considerad/consideren) γὰρ τὴν κλῆσιν (llamamiento) ὑμῶν, ἀδελφοί, ὅτι οὐ πολλοὶ σοφοὶ κατὰ σάρκα (1 Corintios 1:26).

18. διὰ τοῦτο ἐν ὑμῖν πολλοὶ ἀσθενεῖς (débiles) (1 Corintios 11:30).

19. καὶ πολλοὶ ἦλθον πρὸς αὐτὸν καὶ ἔλεγον ὅτι Ἰωάννης σημεῖον ἐποίησεν (hizo) οὐδέν (Juan 10:41).

20. μετὰ δὲ πολὺν χρόνον ἔρχεται ὁ κύριος τῶν δούλων ἐκείνων (Mateo 25:19).

LECCIÓN 19:

VERBOS CONTRACTOS Y LÍQUIDOS

Como se ha señalado en la Lección 3, hay dos conjugaciones principales en griego: en -ω y en -μι. Los verbos contractos forman una clase especial de la conjugación en -ω. Presentamos en esta lección estos verbos contractos, junto con una clase única y relevante de verbos que se denominan verbos líquidos.

124. Presente e imperfecto de los verbos contractos

El griego contiene muchos verbos cuyos temas acaban en una vocal breve (-α, -ε, o -o). Cuando las vocales temáticas de conexión o/ε, usadas en la formación del presente e imperfecto se añaden a este tema, las dos vocales se combinan y forman una vocal larga o un diptongo. Así, por ejemplo, φιλε + ετε se vuelve φιλεῖτε ("amas"). Este proceso se llama *contracción*, y los verbos que se forman de este modo se llaman *verbos contractos*. Estas contracciones ocurren conforme a las *reglas específicas de la contracción*:

Reglas de la contracción	Ejemplos
α + sonido I (ε o η) = α	τιμα + ετε = τιμᾶτε
α + sonido O (o, ω, o ου) = ω	τιμα + ομεν = τιμῶμεν
α + cualquier combinación de ι = ᾳ	τιμα + ει = τιμᾷ
ε + ε = ει	φιλε + ετε = φιλεῖτε
ε + o = ου	φιλε + ομεν = φιλοῦμεν
ε ante cualquier vocal larga o un diptongo desaparece	φιλε + ει = φιλεῖ
o + vocal larga = ω	δηλο + ω = δηλῶ
o + vocal breve o ου = ου	δηλο + ομεν = δηλοῦμεν
o + cualquier combinación de ι = οι	δηλο + ει = δηλοῖ

Presentamos abajo los paradigmas de τιμάω ("honro"), φιλέω ("amo"), y δηλόω ("muestro"), con las formas no contractas entre paréntesis. Los sufijos o desinencias de número y persona son las mismas que se han estudiado en relación con λύω. Debe notarse que los diccionarios griego-español siempre presentan como lema la primera persona singular de un verbo contracto en su forma *no contracta* de modo que su conjugación pueda ser reconocida inmediatamente. Sin embargo, en la realidad del Nuevo Testamento griego no aparece ninguna forma no contracta ni siquiera una sola vez.

Presente activo del indicativo				
Sin.	1.	τιμῶ (ά-ω)	φιλῶ (έ-ω)	δηλῶ (ό-ω)
	2.	τιμᾷς (ά-εις)	φιλεῖς (έ-εις)	δηλοῖς (ό-εις)
	3.	τιμᾷ (ά-ει)	φιλεῖ (έ-ει)	δηλοῖ (ό-ει)
Pl.	1.	τιμῶμεν (ά-ομεν)	φιλοῦμεν (έ-ομεν)	δηλοῦμεν (ό-ομεν)
	2.	τιμᾶτε (ά-ετε)	φιλεῖτε (έ-ετε)	δηλοῦτε (ό-ετε)
	3.	τιμῶσι(ν) (ά-ουσι)	φιλοῦσι(ν) (έ-ουσι)	δηλοῦσι(ν) (ό-ουσι)

Imperfecto activo del indicativo				
Sin.	1.	ἐτίμων (α-ον)	ἐφίλουν (ε-ον)	ἐδήλουν (ο-ον)
	2.	ἐτίμας (α-ες)	εφίλεις (ε-ες)	ἐδήλους (ο-ες)
	3.	ἐτίμα (α-ε)	ἐφίλει (ε-ε)	ἐδήλου (ο-ε)
Pl.	1.	ἐτιμῶμεν (ά-ομεν)	ἐφιλοῦμεν (έ-ομεν)	ἐδηλοῦμεν (ό-ομεν)
	2.	ἐτιμᾶτε (ά-ετε)	ἐφιλεῖτε (έ-ετε)	ἐδηλοῦτε (ό-ετε)
	3.	ἐτίμων (α-ον)	ἐφίλουν (ε-ον)	ἐδήλουν (ο-ον)

Presente medio y pasivo del indicativo				
Sin.	1.	τιμῶμαι (ά-ομαι)	φιλοῦμαι (έ-ομαι)	δηλοῦμαι (ό-ομαι)
	2.	τιμᾷ (ά-ῇ)	φιλῇ (έ-ῇ)	δηλοῖ (ό-ῇ)
	3.	τιμᾶται (ά-εται)	φιλεῖται (έ-εται)	δηλοῦται (ό-εται)
Pl.	1.	τιμώμεθα (α-όμεθα)	φιλούμεθα (ε-όμεθα)	δηλούμεθα (ο-όμεθα)
	2.	τιμᾶσθε (ά-εσθε)	φιλεῖσθε (έ-εσθε)	δηλοῦσθε (ό-εσθε)
	3.	τιμῶνται (ά-ονται)	φιλοῦνται (έ-ονται)	δηλοῦνται (ό-ονται)

Imperfecto medio y pasivo del indicativo				
Sin.	1.	ἐτιμώμην (α-όμην)	ἐφιλούμην (ε-όμην)	ἐδηλούμην (ο-όμην)
	2.	ἐτιμῶ (ά-ου)	ἐφιλοῦ (έ-ου)	ἐδηλοῦ (ό-ου)
	3.	ἐτιμᾶτο (ά-ετο)	ἐφιλεῖτο (έ-ετο)	ἐδηλοῦτο (ό-ετο)
Pl.	1.	ἐτιμώμεθα (α-όμεθα)	ἐφιλούμεθα (ε-όμεθα)	ἐδηλούμεθα (ο-όμεθα)
	2.	ἐτιμᾶσθε (ά-εσθε)	ἐφιλεῖσθε (έ-εσθε)	ἐδηλοῦσθε (ό-εσθε)
	3.	ἐτιμῶντο (ά-οντο)	ἐφιλοῦντο (έ-οντο)	ἐδηλοῦντο (ό-οντο)

125. Otros tiempos de los verbos contractos

En los restantes tiempos de los verbos contractos, que no sean el presente y el imperfecto, no hay ninguna contracción de tema y desinencia puesto que el sufijo que se añade al tema del verbo comienza por una consonante. Con muy pocas excepciones (p.ej., καλέω), la vocal final del tema se alarga en el futuro y el aoristo (α→ η, ε → η, y o → ω). En el tema de perfecto, la vocal temática final se alarga de modo similar al indicado, se reduplica el tema, y se añaden los sufijos regulares. Sólo es necesario estudiar las formas de la primera persona singular, de las que pueden deducirse después cualquier forma de λύω.

Futuro activo del indicativo	τιμήσω	φιλήσω	δηλώσω
Futuro medio del indicativo	τιμήσομαι	φιλήσομαι	δηλώσομαι
Futuro pasivo del indicativo	τιμηθήσομαι	φιληθήσομαι	δηλωθήσομαι

Aoristo activo del indicativo	ἐτίμησα	ἐφίλησα	ἐδήλωσα
Aoristo medio del indicativo	ἐτιμησάμην	ἐφιλησάμην	ἐδηλωσάμην
Aoristo pasivo del indicativo	ἐτιμήθην	ἐφιλήθην	ἐδηλώθην

Perfecto activo del indicativo	τετίμηκα	πεφίληκα	δεδήλωκα
Perfecto medio del indicativo	τετίμημαι	πεφίλημαι	δεδήλωμαι
Perfecto pasivo del indicativo	τετίμημαι	πεφίλημαι	δεδήλωμαι

126. Verbos Líquidos

Un tipo especial de irregularidad en el sistema del verbo griego afecta a verbos cuyos temas acaban en una de las consonantes llamadas líquidas (λ, μ, ν, o ρ). En el futuro de los verbos líquidos, se inserta una ε entre la consonante líquida y el morfema de futuro σ. Entonces la σ, como ocurre cuando está entre dos vocales, se omite como, y la ε se contrae con la vocal final. Por ejemplo, μενῶ, que es el futuro de μένω, se forma así: μένσω se convierte en μενέσω, μενέω, y finalmente en μενῶ.

En el aoristo primero de los verbos líquidos, desaparece la σ del morfema de aspecto aorístico σα, y el tema se alarga por compensación, como en ἤγειρα, tema ἐγερ-, o como en ἔμεινα, tema μεν-. Estas formas no tienen la σ característica del aoristo primero.

Los temas de presente de los verbos líquidos se alargan frecuentemente. En temas que acaban en λ, el alargamiento implica por lo general el redoblamiento de λ, como en ἀποστέλλω, tema στελ-. En temas en ρ, se añade también generalmente una ι al tema, como en αἴρω, tema αρ-.

Los verbos más importantes del Nuevo Testamento que tienen futuros líquidos y primer aoristos líquidos se presentan debajo:

Presente	Futuro	Aoristo primero
ἀγγέλλω	ἀγγελῶ	ἤγγειλα
αἴρω	ἀρῶ	ἦρα
ἀποκτείνω	ἀποκτενῶ	ἀπέκτεινα
ἀποστέλλω	ἀποστελῶ	ἀπέστειλα
ἐγείρω	ἐγερῶ	ἔγειρα
κρίνω	κρινῶ	ἔκρινα
μένω	μενῶ	ἔμεινα
σπείρω	σπερῶ	ἔσπειρα

127. Vocabulario

a. Verbos contractos del tipo τιμάω.

ἀγαπάω	*amo* (cf. ἀγάπη)
γεννάω	*engendro* (*genealogía*; cf. γένος)
ἐπιτιμάω	*reprendo*
ἐρωτάω	*pregunto, pido*
ζάω	*vivo* (dep. fut. ζήσομαι)
μεριμνάω	*me* preocupa, me da ansiedad
νικάω	*venzo* (*Nica*sio)
ὁράω	*veo* (dep. fut. ὄψομαι)
πλανάω	*engaño, extravío, desvio* (*planeta*)
τιμάω	*honro* (*Timoteo*, "El que honra a Dios [θέος]")

b. Verbos contractos del tipo φιλέω.

αἰτέω	*pido*
ἀκολουθέω	*sigo (acolito)*
ἀσθενέω	*estoy débil (asteni*a)
βλασφημέω	*blasfemo, hablo mal de*
δέω	*ato, sujeto*
διακονέω	*sirvo, ministro a* (cf. διακονία)
δοκέω	*pienso* (*docetismo*)
ἐπικαλέω	*llamo*
εὐλογέω	*bendigo* (*elog*io)
εὐχαριστέω	*agradezco, doy gracias* (con dat.; *eucarist*ía)
ζητέω	*busco*
θεωρέω	*veo, miro, percibo, observo* (*teoría*)
καλέω	*llamo* (fut. καλέσω; aor. 1 ἐκάλεσα)
κρατέω	*asgo, aferro* (pluto*crát*ico [el que aferra la riqueza])
λαλέω	*hablo, digo (*Eula*lia*; glosola*lia)*
μαρτυρέω	*doy testimonio, testifico* (*mártir*)
μετανοέω	*me arrepiento*
μισέω	*odio, desprecio* (*misó*gino [alguien que odia a las mujeres])
οἰκοδομέω	*edifico, construyo* (cf. οἶκος)
παρακαλέω	*exhorto, animo, consuelo* (*Pará*clito)

περιπατέω	*camino (peripatético)*
ποιέω	*hago (poeta)*
προσκυνέω	*adoro (prokínesis)*
τηρέω	*guardo, obedezco*
φιλέω	*amo* (cf. φίλος)
φωνέω	*llamo*

c. Verbos contractos del tipo δηλόω:

δηλόω	*demuestro*
δικαιόω	*justifico, declaro justo* (cf. δικαιοσύνη)
πληρόω	*lleno, cumplo (pleno)*
σταυρόω	*crucifico* (cf. σταυρός)
τελειόω	*perfecciono, completo*
φανερόω	*revelo*

d. Verbos líquidos:

ἀγγέλλω	*anuncio* (cf. ἄγγελος)
αἴρω	*tomo, recojo*
ἀναβαίνω	*subo, asciendo*
ἀποκτείνω	*mato*
ἀποστέλλω	*envío*
βαίνω	*voy* (siempre es compuesto en el NT; fut. dep. βήσομαι; aor. 2 ἔβην)
ἐγείρω	*levanto, surjo*
θέλω	*quiero, deseo* (fut. θελήσω; aor. 1 ἠθέλησα)
καταβαίνω	*bajo, desciendo*
κρίνω	*juzgo* (cf. κρίσις)
μένω	*permanezco (permanente)*
σπείρω	*siembro* (cf. σπέρμα)

128. Ejercicios

a. Estudie la lección cuidadosamente. No es necesario que memorice de una vez todos los paradigmas. En cambio, familiarícese con las contracciones que ocurren en los tiempos de presente y del imperfecto de los verbos contractos.

b. Memorice el vocabulario de esta lección.

c. Traduzca las siguientes oraciones.

1. καὶ καλέσεις τὸ ὄνομα αὐτοῦ Ἰησοῦν, αὐτὸς γὰρ σώσει τὸν λαὸν αὐτοῦ τῶν ἁμαρτιῶν αὐτῶν (Mateo 1:21).

2. τί (por qué) δέ με καλεῖτε, κυρίε, κυρίε, καὶ οὐ ποιεῖτε ἃ (que) λέγω; (Lucas 6:46).

3. καὶ ἀγαπήσεις κύριον τὸν θεόν σου ἐξ ὅλης (todo) καρδίας σου καὶ ἐξ ὅλης τῆς ψυχῆς σου (Marcos 12:30).

4. οὕτως γὰρ ἠγάπησεν ὁ θεὸς τὸν κόσμον (Juan 3:16).

5. ἡμεῖς ἀγαπῶμεν, ὅτι αὐτὸς πρῶτος ἠγάπησεν ἡμᾶς (1 Juan 4:19).

6. γράφω ὑμῖν, νεανίσκοι (jovenes), ὅτι νενικήκατε τὸν πονηρόν (1 Juan 2:13).

7. μακάριοι οἱ καθαροὶ (limpios) τῇ καρδίᾳ, ὅτι αὐτοὶ τὸν θεὸν ὄψονται (Mateo 5:8).

8. δικαιοσύνη γὰρ θεοῦ ἐν αὐτῷ ἀποκαλύπτεται (se revela) ἐκ πίστεως εἰς πίστιν, καθὼς γέγραπται, ὁ δὲ δίκαιος ἐκ πίστεως ζήσεται (Romanos 1:17).

9. ἐν ἐκείνῃ τῇ ἡμέρᾳ ἐν τῷ ὀνόματί μου αἰτήσεσθε, καὶ οὐ λέγω ὑμῖν ὅτι ἐγὼ ἐρωτήσω τὸν πατέρα περὶ ὑμῶν (Juan 16:26).

10. ὁ οὖν ἀρχιερεὺς ἠρώτησεν τὸν Ἰησοῦν περὶ τῶν μαθητῶν αὐτοῦ καὶ περὶ τῆς διδαχῆς αὐτοῦ (Juan 18:19).

11. εὐχαριστοῦμεν τῷ θεῷ πάντοτε περὶ πάντων ὑμῶν (1 Tesalonicenses 1:2).

12. αὐτὸς γὰρ ὁ πατὴρ φιλεῖ ὑμᾶς, ὅτι ὑμεῖς ἐμὲ πεφιλήκατε καὶ πεπιστεύκατε ὅτι ἐγὼ παρὰ τοῦ θεοῦ ἐξῆλθον (Juan 16:27).

13. ἀλλὰ τοῦτο ἔχεις, ὅτι μισεῖς τὰ ἔργα τῶν Νικολαϊτῶν (Apocalipsis 2:6).

14. ἐγὼ δέδωκα (he dado) αὐτοῖς τὸν λόγον σου, καὶ ὁ κόσμος ἐμίσησεν αὐτούς, ὅτι οὐκ εἰσὶν ἐκ τοῦ κόσμου καθὼς ἐγὼ οὐκ εἰμὶ ἐκ τοῦ κόσμου (Juan 17:14).

15. οἱ οὖν στρατιῶται ὅτε ἐσταύρωσαν τὸν Ἰησοῦν ἔλαβον τὰ ἱμάτια αὐτοῦ καὶ ἐποίησαν τέσσαρα μέρη (Juan 19:23).

16. Ἀβραὰμ ὁ πατὴρ ἡμῶν οὐκ ἐξ ἔργων ἐδικαιώθη; (Santiago 2:21).

17. καὶ οὓς (los que) ἐκάλεσεν, τούτους καὶ ἐδικαίωσεν· οὓς δὲ ἐδικαίωσεν, τούτους καὶ ἐδόξασεν (Romanos 8:30).

18. οὐδὲ γὰρ ὁ πατὴρ κρίνει οὐδένα, ἀλλὰ τὴν κρίσιν πᾶσαν δέδωκεν (ha dado) τῷ υἱῷ, (Juan 5:22).

19. νυνὶ δὲ μένει πίστις, ἐλπίς, ἀγάπη, τὰ τρία ταῦτα· μείζων δὲ τούτων ἡ ἀγάπη (1 Corintios 13:13).

20. καὶ ἀποκτενοῦσιν αὐτόν, καὶ τῇ τρίτῃ (tercer) ἡμέρᾳ ἐγερθήσεται (Mateo 17:23).

21. καθὼς ἐμὲ ἀπέστειλας εἰς τὸν κόσμον, κἀγὼ ἀπέστειλα αὐτοὺς εἰς τὸν κόσμον (Juan 17:18).

LECCIÓN 20:

PARTICIPIOS (ADJETIVOS VERBALES)

El participio griego es un híbrido gramatical. Como su nombre implica, el participio participa en la naturaleza de un verbo tanto como en la de un adjetivo, tal como el infinitivo (Lección 21) participa en las características de un verbo tanto como en la de un sustantivo. Los principales usos del participio se catalogan a continuación, junto con una descripción de como el participio se forma. Esta lección es indudablemente formidable, y el intento de absorber su contenido completamente en la primera lectura podría conducir a una indigestión severa. Un mejor plan es el de conseguir una idea general de la formación del participio, luego observar sus varios usos. Finalmente, el trabajar con los ejemplos encontrados en §132 hasta que el proceso de traducción le venga fácilmente y rápidamente.

129. Naturaleza de los participios griegos

El participio es un adjetivo verbal declinable. Se usa para añadir una idea verbal a un sustantivo (o pronombre), como en Juan 4:10: "Él te hubiera dado agua *viva (viviente)*." El participio traducido por "viva/viviente" es el equivalente de un adjetivo que califica al sustantivo "agua." Pero el participio puede también modificar un verbo en vez de un sustantivo, con lo que puede expresar características predominantemente verbales. Un ejemplo es Mateo 2:10: "*Viendo* la estrella, se regocijaron." El participio traducido aquí por "viendo" es en realidad un gerundio en español pero que actúa como un adjetivo puesto que califica a "ellos." Además es una acción verbal ya que expresa la acción de ver, y como verbo tiene un objeto ("la estrella"). Las palabras "viendo la estrella" son, de hecho, el equivalente de una frase con un verbo principal, que podría también traducirse como "Cuando ellos vieron la estrella", o como "Porque ellos vieron la estrella." Veremos que un participio griego se traduce a menudo mejor al español como una oración temporal ("cuando" o "mientras") o como causal ("porque" o "puesto que").

Al ser un adjetivo, el participio griego se conjuga completamente para permitir la concordancia de género, número, y caso. Y al ser un verbo, el participio tiene tiempo y voz. El griego tiene tres formas básicas de los tiempos en el participio: presente, aoristo, y perfecto, es decir, una para cada aspecto. El participio presente expresa el aspecto imperfectivo, el de aoristo expresa el aspecto aorístico, y el participio perfecto expresa el aspecto perfectivo (§15). (El participio futuro se emplea muy raras veces, por lo que no hay que estudiarlo.) El español, por otra parte, no tiene un complemento participial pleno, pero usa como sustitutos los verbos auxiliares para completar al número. Los participios del verbo "amo" pueden representarse así:

Tiempo	Voz activa	Voz pasiva
Presente	amando/amante	siendo amado
Pasado	habiendo amado	fui amado

El participio griego se usa como el participio español, pero el griego lo emplea con más frecuencia y mayor flexibilidad. Los participios más comunes en griego son el presente y el aoristo.

130. Formación de los participios griegos

A primera vista, la formación de los participios griegos puede parecerle un poco desalentadora; pero de hecho, las formas ya aprendidas en relación con las tres declinaciones principales de los sustantivos nos proporcionan los modelos básicos de la flexión griega, y por tanto también del participio. Los participios pueden dividirse en dos grupos básicos: (1) los que tienen desinencias de la primera y tercera declinación, y (2) los que tienen desinencias de la primera y segunda declinación. La división anterior puede incluso ser subdividida aún en cuatro subgrupos según sus elementos finales, cuyos nominativos y genitivos ofrecemos a continuación:

Grupo	Masculino	Femenino	Neutro
I.	-ων -οντος	-ουσα -ουσης	-ον -οντος
II.	-σας -σαντος	-σασα -σασης	-σαν -σαντος
III.	-θεις -θεντος	-θεισα -θεισης	-θεν -θεντος
IV.	-κως -κοτος	-κυια -κυιας	-κος -κοτος

Aunque las formas del participio griego se explican en mayor detalle abajo, es necesario aprender sólo las formas del nominativo y genitivo del singular de un paradigma concreto del participio para ser capaz de reconocer cualquier forma de ese participio. Todos los participios declinan sus formas femeninas conforme a la primera declinación; se diferencian según que el tema acabe en σ, en otra consonante, o en una vocal. Todos los participios activos en masculino y en neutro se declinan conforme a la tercera declinación, mientras que el masculino y neutro de participios medios y pasivos siguen la segunda declinación.

(1) Participios con finales de la primera y tercera declinación

Grupo I:	-ων -οντος	-ουσα -ουσης	-ον -οντος

Este grupo incluye (a) al participio presente activo de verbos como λύω y φιλέω, (b) el participio activo de aoristo segundo de verbos como λείπω, y (c) el participio presente de εἰμί. Las flexiones masculina y neutra siguen el paradigma de ἄρχων (§113), mientras que las femeninas siguen el de δόξα (§38). (Las traducciones entre paréntesis son aproximaciones de los equivalentes generales en español).

a) Participio presente activo de λύω ("desatando", propiamente un gerundio; algunos verbos en español como "amo" tienen la forma de participio presente "amante"):

	Singular		
	Masculino	Femenino	Neutro
N.	λύων	λύουσα	λῦον
G.	λύοντος	λυούσης	λύοντος
D.	λύοντι	λυούσῃ	λύοντι
A.	λύοντα	λύουσαν	λῦον

	Plural		
	Masculino	Femenino	Neutro
N.	λύοντες	λύουσαι	λύοντα
G.	λυόντων	λυουσῶν	λυόντων
D.	λύουσι(ν)	λυούσαις	λύουσι(ν)
A.	λύοντας	λυούσας	λύοντα

i. El tema del participio presente activo en el masculino y neutro es λυοντ-. El dativo plural en esta clase es λύουσι(ν) (cf. ἄρχων, dativo plural ἄρχουσι(ν), §113). El contexto determina si λύουσι(ν) es un verbo en indicativo o un participio.

ii. En los verbos contractos que acaban en -εω se aplican las reglas de la contracción (§124):

φιλῶν	φιλοῦσα	φιλοῦν
φιλοῦντος	φιλούσης	φιλοῦντος
etc.		

(b) Participio activo del aoristo segundo de λείπω ("habiendo dejado"):

λιπών	λιποῦσα	λιπόν
λιπόντος	λιπούσης	λιπόντος
etc.		

El participio activo del segundo aoristo se construye sobre el tema del segundo aoristo. Se declina exactamente como en el participio presente; vea lo dicho en (a). Recuérdese que el aumento ocurre sólo en indicativo. Así λείπω ("dejo") tiene el indicativo del segundo aoristo ἔλιπον ("dejé") y el participio activo del segundo aoristo λιπών ("habiendo dejado"). Observe que el tema del segundo aoristo de εἶπον ("dije") se mantiene εἰπ- en el participio εἰπών, "habiendo dicho."

(c) Participio presente de εἰμί ("ser"):

ὤν	οὖσα	ὄν
ὄντος	οὔσης	ὄντος
etc.		

Las formas del participio presente de εἰμί son idénticas a los finales del participio presente activo de λύω; véase (a).

Grupo II:	-σας	-σασα	-σαν
	-σαντος	-σασης	-σαντος

La flexión en este grupo es la misma que en πᾶς, πᾶσα, πᾶν (lea §117). Ellos cubren al participio activo de aoristo primero de λύω ("habiendo desatado"):

Singular		
	Masculino	Femenino	Neutro
N.	λύσας	λύσασα	λῦσαν
G.	λύσαντος	λυσάσης	λύσαντος
D.	λύσαντι	λυσάσῃ	λύσαντι
A.	λύσαντα	λύσασαν	λῦσαν

Plural		
	Masculino	Femenino	Neutro
N.	λύσαντες	λύσασαι	λύσαντα
G.	λυσάντων	λυσασῶν	λυσάντων
D.	λύσασι(ν)	λυσάσαις	λύσασι(ν)
A.	λύσαντας	λυσάσας	λύσαντα

Los aoristos primero y segundo difieren sólo en su forma (§52). Nótese de nuevo la ausencia de aumento en el participio de aoristo. Así λύω ("desato") tiene al indicativo activo del aoristo primero ἔλυσα ("desaté") y el participio activo del aoristo primero λύσας ("habiendo desatado"). La σα que caracteriza al sistema del aoristo primero se encuentra en todas las partes de la declinación del participio. Cuando no se halla la σ en el tema del aoristo primero líquido, tampoco se encuentra en el participio. Así ἀγγέλλω ("anuncio") tiene al indicativo activo del aoristo primero ἤγγειλα ("anuncié") y el participio activo del aoristo primero ἀγγείλας ("habiendo anunciado").

Grupo III:	-θεις	-θεισα	-θεν
	-θεντος	-θεισης	-θεντος

A este grupo pertenecen los verbos (a) que tienen un aoristo primero pasivo como λύω y (b) los verbos con un aoristo segundo pasivo como γράφω:

(a) Participio de aoristo primero pasivo de λύω ("habiendo sido desatado"):

Singular		
	Masculino	Femenino	Neutro
N.	λυθείς	λυθεῖσα	λυθέν
G.	λυθέντος	λυθείσης	λυθέντος
D.	λυθέντι	λυθείσῃ	λυθέντι
A.	λυθέντα	λυθεῖσαν	λυθέν

Plural		
	Masculino	Femenino	Neutro
N.	λυθέντες	λυθεῖσαι	λυθέντα
G.	λυθέντων	λυθεισῶν	λυθέντων
D.	λυθεῖσι(ν)	λυθείσαις	λυθεῖσι(ν)
A.	λυθέντας	λυθείσας	λυθέντα

El participio pasivo del aoristo primero se construye con la sexta forma principal. Así λύω ("desato") tiene el aoristo primero pasivo del indicativo ἐλύθην ("fui desatado") y el participio aoristo primero pasivo λυθείς ("habiendo sido desatado").

(b) El participio pasivo del segundo aoristo de γράφω ("habiendo sido escrito"):

γραφείς	γραφεῖσα	γραφέν
γραφέντος	γραφείσης	γραφέντος
etc.		

Observe la ausencia de θ en el sistema pasivo del segundo aoristo.

Grupo IV:	-κως	-κυια	-κος
	-κοτος	-κυιας	-κοτος

Este grupo incluye el participio perfecto activo de λύω ("habiendo desatado"). Los masculinos y neutros generalmente siguen el paradigma de ἄρχων (§113), mientras que los femeninos siguen el de ἡμέρα (§38).

		Singular	
	Masculino	Femenino	Neutro
N.	λελυκώς	λελυκυῖα	λελυκός
G.	λελυκότος	λελυκυίας	λελυκότος
D.	λελυκότι	λελυκυίᾳ	λελυκότι
A.	λελυκότα	λελυκυῖαν	λελυκός

		Plural	
	Masculino	Femenino	Neutro
N.	λελυκότες	λελυκυῖαι	λελυκότα
G.	λελυκότων	λελυκυιῶν	λελυκότων
D.	λελυκόσι(ν)	λελυκυίαις	λελυκόσι(ν)
A.	λελυκότας	λελυκυίας	λελυκότα

Observe la presencia de la κ característica del perfecto. Pero esta κ no se encuentra en el perfecto segundo. Así γράφω ("escribo") tiene el perfecto activo segundo del indicativo γέγραφα ("he escrito") y el participio activo del perfecto segundo γεγραφώς ("habiendo escrito"). El femenino en el participio perfecto activo, que tiene un tema acabado en ε, ι, o ρ, se declina como ἡμέρα (§38).

(2) Participios con desinencias de la primera y segunda declinación

Todos los participios en este grupo tienen los elementos finales -μενος, -μενη, -μενον y siguen la declinación de ἀγαθός (§43). No es necesario explicar detalladamente los paradigmas de estos participios.

(a) Participio presente medio y pasivo de λύω ("desatándose" o "siendo desatado"):

λυόμενος	λυομένη	λυόμενον
λυομένου	λυομένης	λυομένου
etc.		

(b) Participio medio del primer aoristo de λύω ("habiéndose desatado"):

λυσάμενος	λυσαμένη	λυσάμενον
λυσαμένου	λυσαμένης	λυσαμένου
etc.		

(c) Participio medio del aoristo primero de λύω ("habiéndose desatado" o "habiendo sido desatado"):

λελυμένος	λελυμένη	λελυμένον
λελυμένου	λελυμένης	λελυμένου
etc.		

(d) Participio medio del aoristo segundo de λείπω ("habiéndose dejado"):

λιπόμενος	λιπομένη	λιπόμενον
λιπομένου	λιπομένης	λιπομένου
etc.		

131. Usos de los participios griegos

Los participios griegos pueden emplearse de tres maneras básicas. Estos usos se aprenden mejor al observar los siguientes ejemplos de oraciones:

1.	ὁ ἄνθρωπος ὁ **λέγων** ταῦτα βλέπει τὸν δοῦλον.
	"El hombre **que está diciendo** estas cosas ve al esclavo."
o	"El hombre **que dice** estas cosas ve al esclavo."

2.	ὁ **λέγων** ταῦτα βλέπει τὸν δοῦλον.
	"**El que dice** estas cosas ve al esclavo."
o	"**El hombre que está diciendo** estas cosas ve al esclavo."
o	"**El que está diciendo** estas cosas ve al esclavo."

3.	**λέγων** ταῦτα ὁ ἄνθρωπος βλέπει τὸν δοῦλον.
	"**Mientras dice** estas cosas, ve al esclavo."
o	"**Mientras está diciendo** estas cosas, ve al esclavo."
o	"**Diciendo** estas cosas, ve al esclavo."

Es obvio que muchas de las funciones sintácticas de los participios en griego son similares a las de los participios en español. En la práctica, sin embargo, hay que traducir los participios por una paráfrasis apropiada de acuerdo al contexto.

Obervemos con más detenimiento los tres usos de los participios griegos:

(1) Como adjetivo, el participio puede ser usado adjetivalmente, es decir, puede atribuir una cualidad a un sustantivo (cf., ὁ ἄνθρωπος ὁ ἀγαθός, "el hombre bueno"). En la oración (#1 arriba), λέγων se usa como atributo, porque atribuye una cualidad al sustantivo ἄνθρωπος, con el cual concuerda en género, número y caso. Es lógico que un participio usado como atributo esté en posición atributiva (p.ej., va inmediatamente precedido por el artículo). El mejor modo de traducir un participio

atributivo es mediante una oración de relativo, a saber la que comienza con un pronombre relativo ("quien," "que," o "esto"). Así ὁ ἄνθρωπος **ὁ λέγων** ταῦτα puede ser traducido como "el hombre **que está diciendo** estas cosas" o "el hombre **que dice** estas cosas." Ejemplos de oraciones similares se hallan también en plural (οἱ ἄνθρωποι **οἱ λέγοντες** ταῦτα, "los hombres **que están diciendo** estas cosas"), en todos los géneros (τὰ τέκνα **τὰ λέγοντα** ταῦτα, "los niños **que están diciendo** estas cosas"), y en otras voces distintas a la activa (ὁ δοῦλος **ὁ λυόμενος** ὑπὸ τοῦ ἀποστόλου, "el siervo **que está siendo desatado** por el apóstol").

(2) Como adjetivo, el participio puede utilizarse también substantivamente, es decir como un sustantivo en una oración (2 arriba). Al igual que ὁ ἀγαθός quiere decir "el bueno" o "el hombre bueno," **ὁ λέγων** significa "**el que está diciendo**," "**el hombre que está diciendo**," o "**el que dice**." Compare **οἱ λέγοντες** ταῦτα, "**los que están diciendo** estas cosas"; **αἱ λέγουσαι** ταῦτα, "**las mujeres** que están diciendo estas cosas"; **τὰ βλεπόμενα** ὑπὸ τοῦ ἀποστόλου, "**las cosas que están siendo vistas** por el apóstol"; etc.

(3) Además de ser usado adjetival y substantivamente, el participio puede utilizarse también adverbialmente para indicar alguna circunstancia en la cual sucede la acción del verbo principal. El participio adverbial no lleva artículo y está en la posición de predicado, como en la oración (3 arriba). La mayoría de los participios adverbiales puede ser traducida mediante una oración dependiente introducida por palabras como "mientras," "cuando," "habiendo," "después," "porque," dependiendo del contexto. Es importante comprender que los participios no tienen, propiamente hablando, "tiempo." Es decir, no se refieren al pasado, presente o al futuro. Sin embargo, lo normal es que el participio presente denote con más frecuencia la acción *actual*, a saber, la que ocurre *durante* la acción del verbo principal, mientras que el participio aoristo denote con más frecuencia la acción *antecedente*, es decir, la que ocurrió *antes* que la acción del verbo principal. En la traducción, por tanto, el participio presente puede ser traducido generalmente por una frase que lleve un "mientras" más un participio de presente; y el participio aoristo, por medio de una frase con un "habiendo" o "después" más un pasado participio en español. Unos ejemplos aclararán esto:

a)	**λέγων** ταῦτα ὁ ἄνθρωπος βλέπει τὸν δοῦλον.
	"**Mientras dice** estas cosas, el hombre ve al siervo."
o	"**Mientras él está diciendo** estas cosas, el hombre ve al siervo."

b)	**εἰπὼν** ταῦτα ὁ ἄνθρωπος βλέπει τὸν δοῦλον.
	"**Habiendo dicho** estas cosas, el hombre ve al siervo."
o	"**Después de que él dijo** estas cosas, el hombre ve al siervo."

También debe notarse que esta relación del participio con el verbo principal permanece igual, con independencia del tiempo del verbo principal. En (c) y (d) abajo, el participio presente λέγων se debe traducir de tal modo que muestre que su acción es *contemporánea* con la del verbo principal:

c)	**λέγων** ταῦτα ὁ ἄνθρωπος βλέπει τὸν δοῦλον.
	"**Mientras él está diciendo** estas cosas, el hombre ve al siervo."

d)	**λέγων** ταῦτα ὁ ἄνθρωπος ἔβλεψε τὸν δοῦλον.
	"**Mientras él estaba diciendo** estas cosas, el hombre vio al siervo."

De nuevo, modelos similares podrían construirse con sustantivos plurales y con sustantivos en otros géneros:

e)	λέγοντες ταῦτα οἱ ἄνθρωποι βλέπουσι τὸν δοῦλον. **"Mientras ellos están diciendo** estas cosas, los hombres ven al siervo."

f)	λέγοντες ταῦτα οἱ ἄνθρωποι ἔβλεψαν τὸν δοῦλον. **"Mientras ellos estaban diciendo** estas cosas, los hombres vieron al siervo."

g)	λέγουσαι ταῦτα αἱ ἀγαθαὶ ἔβλεψαν τὸν δοῦλον. **"Mientras ellas estaban diciendo** estas cosas, las buenas mujeres vieron al siervo."

Los ejemplos (f) y (g) muestran por qué el participio griego no necesita ninguna forma en imperfecto. El aspecto imperfectivo se expresa al usar un participio presente con un verbo principal en pasado.

(4) Como se explica en §15 y se ilustra con los ejemplos del participio estudiados hasta ahora, el participio de *presente* denota el aspecto imperfectivo, mientras que el de *aoristo* denota el aspecto aorístico. Debe notarse normalmente esta distinción al traducir los participios:

a)	ὁ δοῦλος **ὁ λυόμενος** ὑπὸ τοῦ κυρίου βλέπει τὸν ἀπόστολον. "El siervo **que está siendo desatado** por el Señor ve al apóstol."

b)	ὁ δοῦλος **ὁ λυθεὶς** ὑπὸ τοῦ κυρίου βλέπει τὸν ἀπόστολον. "El siervo **que fue desatado** por el Señor ve al apóstol."

El participio de *perfecto*, por otro lado, denota la acción ya completada cuyos resultados perduran en el presente. He aquí otro ejemplo del participio perfecto en el Nuevo Testamento:

Lucas 9:35	οὗτός ἐστιν ὁ υἱός μου, **ὁ ἐκλελεγμένος**. "Este es mi Hijo, **él que ha sido escogido**."

Aquí el participio perfecto pasivo de ἐκλέγω ("escojo") acentúa la elección permanente del Padre respecto al Hijo.

Apocalipsis 5:12	ἄξιόν ἐστιν τὸ ἀρνίον **τὸ ἐσφαγμένον**. "Digno es el cordero **que ha sido inmolado**."

Aquí el participio perfecto pasivo de σφάζω ("inmolo") muestra que el autor tiene en mente el estado resultante de una acción anterior.

Juan 11:4	ἐξῆλθεν **ὁ τεθνηκώς**. "**Él que había sido muerto** salió."

Aquí el participio perfecto activo de θνήσκω ("muero") describe una acción completada. Este último ejemplo muestra también por qué el griego no necesita ninguna forma del *pluscuamperfecto* en el participio, ya que se puede expresar este sentido usando un participio perfecto con un verbo principal en pasado.

(5) La negación regular con el participio es μή (hay sólo diecisiete casos en el Nuevo Testamento de οὐ con participios):

> ὁ ἄνθρωπος **ὁ μὴ λέγων** ταῦτα βλέπει τὸν δοῦλον.
> "El hombre **que no está diciendo** estas cosas ve al siervo."

(6) Los verbos deponentes en el indicativo son también deponentes en el participio. Así, por ejemplo, ἔρχομαι ("vengo") tiene el participio deponente del tema de presente ἐρχόμενος ("viniendo"). Recuerde que los participios de los verbos deponentes tienen un significado *activo* aun cuando presenten una forma media o pasiva:

> **οἱ ἐρχόμενοι** ἐκ τοῦ οἴκου βλέπουσι τὸν δοῦλον.
> "**Estos que están saliendo** de la casa ven al siervo."

(7) Los participios de presente se utilizan ocasionalmente con algunas formas del verbo εἰμί. La *construcción perifrástica* resultante equivale al presente continuo español o al pasado progresivo español:

> (a) **εἰμὶ λύων** τὸν δοῦλον.
> "**Estoy desatando** al siervo."

> (b) **ἦν βλέπων** τὸν ἀπόστολον.
> "**Él estaba viendo** al apóstol."

La construcción perifrástica acentúa por lo general la duración de una acción, como en Lucas 2:51: **ἦν ὑποτασσόμενος** αὐτοῖς, "**Él se sometía a sí mismo/ Estaba sometido** a ellos" Aquí la construcción perifrástica (el imperfecto indicativo de εἰμί más el participio presente medio de ὑποτάσσω, "me someto") acentúa la continua obediencia de Jesús a sus padres. Lucas acentúa este punto porque el contexto anterior implica que Jesús pudo haber actuado irresponsablemente respecto a sus padres terrenales cuando se quedó en Jerusalén.

(8) Como hemos señalado ya, los participios de aoristo emplean temas sin aumento. Ya que no siempre es evidente cómo son estas formas, ofrecemos a continuación los participios de aoristo de algunos verbos irregulares importantes:

Verbo	Indicativo activo	Participio activo	Indicativo pasivo	Participio pasivo
ἄγω	ἤγαγον	ἀγαγών	ἤχθην	ἀχθείς
λέγω	εἶπον	εἰπών	ἐρρήθην	ῥηθείς
ἔρχομαι	ἦλθον	ἐλθών		
λαμβάνω	ἔλαβον	λαβών	ἐλήμφθην	λημφθείς
ὁράω	εἶδον	ἰδών	ὤφθην	ὀφθείς

(9) *Analizar* un participio significa ofrecer su tiempo, voz, modo ("el participio" ocupa el lugar del modo), género, número, caso, y fuente (el participio no tiene *persona*). Así λύοντες se analiza: participio presente activo, masculino plural, nominativo, de λύω."

132. Conocimiento a fondo de los participios griegos

La exégesis del Nuevo Testamento no es posible sin la comprensión exacta de cada participio. La manera más provechosa de dominar el uso de lo participios griegos es traducir un buen número de ejemplos. En la traducción de los participios griegos a un español genuino, hay que recurrir por lo general a la paráfrasis. En las siguientes oraciones se ofrecen a modo de ilustración un máximo de tres traducciones posibles por cada ejemplo. Practique leyendo las oraciones griegas siguientes, ocultando la traducción en español. Luego contraste su traducción con la ofrecida en la(s) línea(s) siguiente(s).

ὁ ἀπόστολος ὁ λέγων ταῦτα γινώσκει τὸν κύριον.

1. "El apóstol que está diciendo estas cosas conoce al Señor."

"El apóstol que dice estas cosas conoce al Señor."

ὁ λέγων ταῦτα γινώσκει τὸν κύριον.

"Él que está diciendo estas cosas conoce al Señor."

2. "El hombre que está diciendo estas cosas conoce al Señor."

"Él que dice estas cosas conoce al Señor."

βλέπομεν τὸν ἀπόστολον τὸν λέγοντα ταῦτα.

3. "Nosotros vemos al apóstol que está diciendo estas cosas."

"Nosotros vemos al apóstol que dice estas cosas."

βλέπομεν τὸν λέγοντα ταῦτα.

"Nosotros vemos al que está diciendo estas cosas."

4. "Nosotros vemos al hombre que está diciendo estas cosas."

"Nosotros vemos al que dice estas cosas."

βλέπομεν τὴν λέγουσαν ταῦτα.

5. "Nosotros vemos a la mujer que está diciendo estas cosas."

"Nosotros vemos a la mujer que dice estas cosas."

ἐβλέψαμεν τὴν λέγουσαν ταῦτα.

6. "Nosotros vimos a la mujer que decía estas cosas."

"Nosotros vimos a la mujer que estaba diciendo estas cosas."

λέγων ταῦτα ὁ ἀπόστολος βλέπει τὸν δοῦλον.

"Mientras dice estas cosas, el apóstol ve al siervo."

7. "Mientras él está diciendo estas cosas, el apóstol ve al siervo."

"Mientras él dice estas cosas, el apóstol ve al siervo."

εἰπὼν ταῦτα ὁ ἀπόστολος βλέπει τὸν δοῦλον.

8. "Habiendo dicho estas cosas, el apóstol ve al siervo."

"Después de que él dijo estas cosas, el apóstol ve al siervo."

εἰπὼν ταῦτα ὁ ἀπόστολος ἔβλεψε τὸν δοῦλον.

9. "Habiendo dicho estas cosas, el apóstol vio al siervo."

"Después de que él había dicho estas cosas, el apóstol vio al siervo."

ὁ δοῦλος ὁ βλεπόμενος ὑπὸ τοῦ ἀποστόλου ἀγαθός ἐστιν.

10. "El siervo que está siendo visto por el apóstol está bien."

ὁ δοῦλος ὁ βλεπόμενος ὑπὸ τοῦ ἀποστόλου ἀγαθὸς ἦν.

11. "El siervo que estaba siendo visto por el apóstol estaba bien."

τὰ βλεπόμενα μένει εἰς τοὺς αἰῶνας.

12. "Las cosas que están siendo vistas duran por siempre."

τὰ μὴ βλεπόμενα οὐ μένει εἰς τοὺς αἰῶνας.

13. "Las cosas que no están siendo vistas duran por siempre."

οἱ βλεπόμενα ὑπὸ τοῦ κυρίου σώζονται.

14. "Los que están siendo vistos por el Señor están siendo salvados."

"Los hombres que están siendo vistos por el Señor están siendo salvados."

οἱ βλεπόμενοι ὑπὸ τοῦ κυρίου ἐσώθησαν.

15. "Los que están siendo vistos por el Señor fueron salvados."

"Los hombres que están siendo vistos por el Señor fueron salvados."

ὁ μένων ἐν αὐτῷ ἐλπίδα ἔχει.

16. "Él que está permaneciendo en él tiene esperanza."

"El hombre que está permaneciendo en él tiene esperanza."

"El hombre que permanece en él tiene esperanza."

ὁ μὴ μένων ἐν αὐτῷ ἐλπίδα οὐκ ἔχει.

17. "Él que no está permaneciendo en él no tiene esperanza."

"El hombre que no está permaneciendo en él no tiene esperanza."

"El hombre que no permanece en él no tiene esperanza."

οἱ ἀκούοντες τὸ εὐαγγέλιον ἐπίστευσαν ἐν τῷ θεραπεύοντι τοὺς ἀνθρώπους.

18. "Los que estuvieron oyendo el evangelio creyeron en aquél que sanaba a los hombres."

19. πιστεύομεν ἐν τῷ πέμποντι αὐτόν.

"Creemos en él que lo envía."

20. ἐπιστεύσαμεν ἐν τῷ πέμποντι αὐτόν.

"Creímos en él que lo enviaba."

21. πορευόμενοι οἱ ἀπόστολοι ἐκήρυσσον τὸ εὐαγγέλιον.

"Mientras iban, los apóstoles predicaban el evangelio."

22. ὁ ἄνθρωπος ὁ πέμψας τοὺς ἀποστόλους δίκαιός ἐστιν.

"El hombre que envió a los apóstoles es justo."

23. ὁ πέμψας τοὺς ἀποστόλους δίκαιός ἐστιν.

"Él que envió a los apóstoles es justo."

"El hombre que envió a los apóstoles es justo."

24. ἀκούσας ταῦτα ὁ ἀπόστολος ἐκήρυξε τὸ εὐαγγέλιον.

"Después de oír estas cosas, el apóstol predicó el evangelio."

"Cuando él había oído ya estas cosas, el apóstol predicó el evangelio."

25. ἐλέγομεν ταῦτα τοῖς πορευομένοις εἰς τὸ ἱερόν.

"Nosotros decíamos estas cosas a los que entraban en el templo."

26. τοῦτό ἐστιν τὸ πνεῦμα τὸ σῶζον τοὺς ἀνθρώπους τοὺς σωζομένους.

"Este es el espíritu que salva a los hombres que están siendo salvados."

27. ὁ ἀπόστολος ὁ ἐξελθὼν ἐκ τῆς ἐκκλησίας ἦλθεν εἰς τὸν οἶκον.

"El apóstol que había salido de la iglesia entró en la casa."

28. ὁ ἀπόστολος ἐξελθὼν ἐκ τῆς ἐκκλησίας ἦλθεν εἰς τὸν οἶκον.

"El apóstol, después de salir de la iglesia, entró en la casa."

"El apóstol, después de que él había salido de la iglesia, entró en la casa."

29. οἱ μὴ ἰδόντες τὸν κύριον οὐ πιστεύουσιν εἰς αὐτόν.

"Los que no vieron al Señor no creen en él."

"Los hombres que no vieron al Señor no creen en él."

30.	οὗτοί εἰσιν οἱ ἀκούσαντες τὸν λόγον ἐν ταῖς ἡμέραις ταῖς πονηραῖς.
	"Estos son los que oyeron la palabra en los días malos."
	"Estos son los hombres que oyeron la palabra en los días malos."

31.	τὰ τέκνα τὰ δεξάμενα τὸν κύριον ἤγαγε τοὺς ἀδελφοὺς εἰς τὴν ἐκκλησίαν.
	"Los niños que habían recibido al Señor condujeron a los hermanos a la iglesia."

32.	οἱ διδαχθέντες τὴν ἀλήθειαν ἐβαπτίσθησαν καὶ εἰσῆλθον εἰς τὸν οἶκον τοῦ θεοῦ.
	"Los que habían enseñado la verdad fueron bautizados y entraron en la casa de Dios."
	"Los hombres que habían enseñado la verdad fueron bautizados y entraron en la casa de Dios."

33.	ἰδοῦσαι τὸν κηρύξαντα τὸ εὐαγγέλιον αἱ ἀγαθαὶ ἦλθον εἰς τὸν οἶκον.
	"Después de que ellas habían visto al que había predicado el evangelio, las mujeres buenas entraron en la casa."

34.	ἔτι ὄντες ἐν τῷ ἱερῷ ἐκήρυξαν οἱ ἀπόστολοι τοῖς μαθηταῖς τὴν βασιλείαν.
	"Mientras que ellos estaban todavía en el templo, los apóstoles predicaron el reino a los discípulos."

133. El genitivo absoluto

Cuando el sujeto de un participio es diferente al sujeto del verbo principal de la oración, el participio y cualquier sustantivo o pronombre que lo acompaña se pone en genitivo. La frase que contiene el participio está "desatada" por tanto del resto de la oración, y la construcción se llama *genitivo absoluto* (del lat. *absolutus*, "desatado"). Compare las siguientes oraciones:

> **εἰπόντες** ταῦτα ἐξῆλθον οἱ ἀπόστολοι.
> "**Cuando ellos habían dicho** estas cosas, los apóstoles salieron."

> **εἰπόντων τῶν μαθητῶν** ταῦτα ἐξῆλθον οἱ ἀπόστολοι.
> "**Cuando los discípulos habían dicho** estas cosas, los apóstoles salieron."

El genitivo absoluto puede utilizarse también con un pronombre.

> **εἰπόντων αὐτῶν** ταῦτα ἐξῆλθεν ὁ ἀπόστολος.
> "**Cuando ellos habían dicho** estas cosas, los apóstoles salieron."

134. Ejercicios

a. Lea la lección con cuidado. Estudie atentamente las diversas formas en las que se conjuga y traduce el participio griego. Aunque no es intrínsecamente difícil, el participio tiende a causar problemas a los estudiantes de griego como cualquier otra parte del sistema verbal de esta lengua. El esfuerzo invertido en aprender y dominar estas formas y usos tendrá su premio en la mejora de la comprensión del Nuevo Testamento griego.

b. Traduzca las siguientes oraciones:

1. ἦλθεν ὁ Ἰησοῦς εἰς τὴν Γαλιλαίαν κηρύσσων τὸ εὐαγγέλιον τοῦ θεοῦ (Marcos 1:14).

2. εὐχαριστῶ τῷ θεῷ μου πάντοτε, ἀκούων σου τὴν ἀγάπην καὶ τὴν πίστιν, ἣν (que) ἔχεις πρὸς τὸν κύριον Ἰησοῦν καὶ εἰς πάντας τοὺς ἁγίους (Filemón 4-5).

3. βλέπει τὸν Ἰησοῦν ἐρχόμενον πρὸς αὐτὸν καὶ λέγει, Ἴδε ("Mira") ὁ ἀμνὸς τοῦ θεοῦ ὁ αἴρων τὴν ἁμαρτίαν τοῦ κόσμου (Juan 1:29).

4. καὶ εἶδον ἄλλον ἄγγελον ἰσχυρὸν καταβαίνοντα ἐκ τοῦ οὐρανοῦ (Apocalipsis 10:1).

5. μακάριος ὁ ἀναγινώσκων καὶ οἱ ἀκούοντες τοὺς λόγους τῆς προφητείας (profecía) καὶ τηροῦντες τὰ ἐν αὐτῇ γεγραμμένα (Apocalipsis 1:3).

6. οὗτός ἐστιν ὁ ἄρτος ὁ ἐκ τοῦ οὐρανοῦ καταβαίνων (Juan 6:50).

7. καὶ ἦν ἐκβάλλων δαιμόνιον (Lucas 11:14).

8. καὶ ἐλθόντες λέγουσιν αὐτῷ, Διδάσκαλε (Maestro), οἴδαμεν ὅτι ἀληθὴς εἶ (Marcos 12:14).

9. καὶ αὐτὸς ἐδίδασκεν ἐν ταῖς συναγωγαῖς αὐτῶν, δοξαζόμενος ὑπὸ πάντων (Lucas 4:15).

10. καὶ ὄψονται τὸν υἱὸν τοῦ ἀνθρώπου ἐρχόμενον ἐπὶ τῶν νεφελῶν (nubes) τοῦ οὐρανοῦ (Mateo 24:30).

11. ταῦτα αὐτοῦ λαλοῦντος πολλοὶ ἐπίστευσαν εἰς αὐτόν (Juan 8:30).

12. ἀσπάζομαι ὑμᾶς ἐγὼ Τέρτιος ὁ γράψας τὴν ἐπιστολὴν ἐν κυρίῳ (Romanos 16:22).

13. δικαιωθέντες οὖν ἐκ πίστεως εἰρήνην ἔχομεν πρὸς τὸν θεὸν διὰ τοῦ κυρίου ἡμῶν Ἰησοῦ Χριστοῦ (Romanos 5:1).

LECCIÓN 21:

INFINITIVOS (SUSTANTIVOS VERBALES)

El infinitivo, al igual que el participio (Lección 20), es un híbrido. Pero mientras que el participio es un adjetivo verbal, el infinitivo es un sustantivo verbal. El aspecto verbal se estudia más fácilmente en el infinitivo que en otros modos del verbo.

135. Introducción al infinitivo

Los verbos finitos, como hemos visto, muestran con sus desinencias la persona y el número de su sujeto. Por ejemplo, traducimos λύομεν "desatamos" porque el final -μεν indica que el verbo está en la primera persona del plural. Las formas verbales no limitadas por la persona y el número se llaman *infinitivos* (de *in-finitivus,* lat., "no limitado"). De ahí que un infinitivo sea un sustantivo verbal no declinable cuyo significado no está limitado por la persona y el número. Sin embargo, muestra elementos finales diferentes según esté en presente, futuro, aoristo o perfecto, y en la voz activa, media o pasiva.

En español, el infinitivo es una forma léxica y termina en "r" (p.ej., -ar, -ir, -er). El infinitivo griego era en principio un sustantivo en dativo (λύειν, el infinitivo presente de λύω, originalmente significaba "para desatar" o "al desatar"). Tanto en español como en griego, el infinitivo puede emplearse como un sustantivo. Por ejemplo, Filipenses 1:21: "*Morir* es una ganancia." Aquí el infinitivo "morir " es el sujeto del verbo "es", y por tanto equivale a un sustantivo. Nótese que en ocasiones puede llevar el artículo en español, por ejemplo, "el morir". Otro ejemplo es Lucas 16:3: "Me da vergüenza *pedir.*" De nuevo, el infinitivo "pedir" es el equivalente de un sustantivo, aunque aquí sea el *objeto* del verbo en la oración (y no lleve artículo). A veces el español usa en la traducción el sufijo *-iendo* del gerundio en vez del infinitivo. Cuando este funge como objeto, se puede traducir como un sustantivo que hace de complemento circunstancial. Así, "Me avergüenzo de estar *pidiendo.*"

El infinitivo griego se utiliza con más frecuencia en presente, aoristo y perfecto que en el futuro. El infinitivo futuro ocurre sólo cinco veces en el Nuevo Testamento y no es realmente importante. La distinción entre estos tiempos, como hemos observado varias veces (§15), no es el *tiempo* de la acción, sino más bien la de *clase* de la acción. Compare los siguientes usos de λύω en el infinitivo activo:

Aoristo	λῦσαι	"desatar"	[aspecto aorístico]
Presente	λύειν	"estar desatando"	[aspecto imperfectivo]
Perfecto	λελυκέναι	"haber sido desatado"	[aspecto perfectivo]

En este paradigma puede observarse claramente la verdadera naturaleza del tiempo en el sistema del griego:

(1) El *infinitivo aoristo* es la forma no marcada y se usa para referirse a una acción sin definir su naturaleza o grado (Hechos 25:11: "No rehusó morir"). En general, el infinitivo aoristo es el uso normal de los autores del Nuevo Testamento a menos que haya alguna razón concreta para usar el presente o el perfecto.

(2) El *infinitivo presente* se emplea para referirse a la acción que está en marcha o en progreso. Un ejemplo del Nuevo Testamento: Juan 21:3, donde Pedro dice "Voy a pescar." Aquí el infinitivo pre-

sente implica que Pedro y sus compañeros contemplaban regresar a su antigua y usual ocupación mientras esperaban que Jesús se les apareciese en Galilea.

(3) El *infinitivo perfecto* se usa para expresar los resultados actuales de una acción pasada o la continuación de un estado. Por ejemplo, en Hechos 26:32, Agripa dice de Pablo, "Este hombre podría haber sido puesto en libertad." Por lo visto Agripa pensó que Pablo podría haber quedado en libertad si no hubiese apelado al César. Observe también estos ejemplos:

Mateo 14:22	"Él obligó a los discípulos a *que subieran* [infinitivo aoristo] al barco y *que fueran delante* [infinitivo presente] de él a otro lado."
Hechos 15:37-38	"Bernabé quiso *llevar* [infinitivo aoristo] a Juan...pero Pablo pensó que era mejor no *llevarlo* [infinitivo presente] a él con ellos."
Filipenses 3:4	"Si algún otro piensa *poder confiar* [infinitivo perfecto] en la carne, yo mucho más."
1 Corintios 2:2	"Ya que decidí no *saber* [infinitivo perfecto] nada entre ustedes excepto Jesucristo y éste crucificado."

El uso del infinitivo en estos ejemplos se explica obviamente mejor en términos de aspecto verbal. Estos ejemplos bastan para mostrar que el tiempo en el infinitivo griego tiene que ver más con la clase de la acción que con el tiempo real de ella.

136. Infinitivos de λύω

Los infinitivos de λύω se muestran a continuación en sus varios aspectos y voces. Hemos intentado expresar en las traducciones la importancia del aspecto en los infinitivos de presente y de perfecto, aunque debemos recordar a la vez que tales traducciones son por lo general un tanto perifrásticas.

Activo	Presente	λύειν	estar desatando
	Aoristo	λῦσαι	desatar
	Perfecto	λελυκέναι	haber desatado
Medio	Presente	λύεσθαι	estar desatando uno mismo
	Aoristo	λύσασθαι	desatar uno mismo
	Perfecto	λελύσθαι	haber desatado uno mismo
Pasivo	Presente	λύεσθαι	estar siendo desatado
	Aoristo	λυθῆναι	estar desatado
	Perfecto	λελύσθαι	haberse desatado

Aquí se pueden reconocer fácilmente varios marcadores de tiempo encontrados antes en relación con el modo indicativo:

(1) El infinitivo activo del primer aoristo contiene el morfema de aspecto aorístico σα (o σ).

(2) El infinitivo pasivo del primer aoristo contiene el morfema de voz pasiva θη (alargamiento de θε).

(3) Los infinitivos de perfecto muestran la reduplicación, y el infinitivo de perfecto *activo* tiene el morfema de aspecto perfectivo κ (abreviado de κα).

Tales formas también ilustran los sufijos básicos del infinitivo:

(1) -ειν en el infinitivo de presente activo.

(2) -αι en el infinitivo de aoristo activo.

(3) -ναι en el infinitivo de perfecto activo y aoristo pasivo.

(4) -σθαι en cualquier otra forma.

Note que los infinitivos aoristos, tanto como los participios aoristos, no contienen el aumento.

137. *Infinitivos de otros verbos*

El análisis anterior de λύω es aplicable a los infinitivos de otros verbos, incluidos los contractos, verbos con aoristos segundos y deponentes. Deben señalarse los puntos siguientes:

(1) La σ del infinitivo del aoristo primero se amalgama a menudo con una consonante precedente, como en πέμπω, el infinitivo del aoristo primero πέμψαι "enviar." (Sobre las reglas de la amalgama o fusión de consonantes, vea §20.)

(2) Los verbos que tienen aoristos segundos tienen también infinitivos en el aoristo segundo. Estos infinitivos se forman añadiendo el sufijo -ειν al tema sin aumentar del aoristo segundo. Los infinitivos del aoristo segundo pueden ilustrarse por medio de las siguientes formas:

Verbo		Aoristo segundo del ind.		Aoristo segundo del inf.	
ἄγω	llevo	ἤγαγον	llevé	ἀγαγεῖν	llevar
βάλλω	tiro	ἔβαλον	tiré	βαλεῖν	tirar
ἔρχομαι	vengo	ἦλθον	vine	ἐλθεῖν	venir
ἐσθίω	como	ἔφαγον	comí	φαγεῖν	comer
λαμβάνω	recibo	ἔλαβον	recibí	λαβεῖν	recibir
λέγω	digo	εἶπον	dije	εἰπεῖν	decir
ὁράω	veo	εἶδον	vi	ἰδεῖν	ver

(3) Los infinitivos medios del aoristo segundo se forman al añadir la vocal que une -ε- y el sufijo -σθαι al tema sin aumentar del aoristo segundo:

Aoristo segundo del inf. activo		Aoristo segundo del inf. medio	
βαλεῖν	tirar	βαλέσθαι	tirarse
λαβεῖν	recibir	λαβέσθαι	recibirse

(4) Los infinitivos pasivos del aoristo segundo se forman al añadir el sufijo -ναι al tema sin aumentar del aoristo segundo pasivo:

Verbo		Aoristo segundo del ind. pasivo		Aoristo segund del inf. pasivo	
γράφω	escribo	ἐγράφην	fui escrito	γραφῆναι	ser escrito

(5) En el infinitivo presente activo de los verbos contractos, se emplea el sufijo -εν en vez de -ειν. Por ello las formas contractas de los verbos usados como modelo en la Lección 19 aparecen como τιμᾶν (estar honrando), φιλεῖν (estar amando), y δηλοῦν (estar mostrando).

(6) Los verbos deponentes en el aoristo del indicativo son también deponentes en el infinitivo de aoristo. Por ejemplo, γίνομαι tiene el infinitivo aoristo γενέσθαι (aoristo medio) y γενηθῆναι (aoristo pasivo). Ambos infinitivos se traducen por "convertirse."

(7) El infinitivo presente de εἰμί es εἶναι (ser).

(8) El análisis del infinitivo debe ofrecer el tiempo, voz y su raíz, y también la palabra "infinitivo" en el espacio reservado al modo. Así λύειν se analiza como "infinitivo presente activo de λύω." (Recuerde que no hay ninguna persona o número en el infinitivo.)

138. Usos del infinitivo

Los infinitivos pueden dividirse en dos categorías funcionales, según sus usos adverbiales o sustantivales. Sin embargo, antes de describir estos usos, señalaremos los siguientes rasgos del infinitivo que deben tenerse en cuenta:

(1) El infinitivo puede utilizarse con o sin el artículo, que no puede ser otro que el neutro singular (τό, τοῦ, y τῷ).

(2) Cuando se usa el infinitivo con el artículo, puede llevar también una preposición. En el Nuevo Testamento aparecen frecuentemente con infinitivos las preposiciones siguientes: διά (33 ocurrencias), εἰς (72 ocurrencias), ἐν (55 ocurrencias), μετά (15 ocurrencias), πρό (9 ocurrencias), y πρός (12 ocurrencias). La mayor parte de estas preposiciones mantienen su significado habitual cuando se utilizan con infinitivos, pero algunas veces adquieren un significado especial que debe ser traducido correspondientemente.

(3) Aunque los infinitivos no tienen sujeto en el mismo sentido que los verbos finitos, el infinitivo tiene a menudo un "sujeto" que indica quién o qué produce la acción expresada por el infinitivo. Este "sujeto" va en acusativo generalmente y es una excepción a la regla indicada en la Lección 4, a saber, que el sujeto de un verbo griego va en nominativo (§28). Este uso del acusativo como "sujeto" del infinitivo se llama el *acusativo de referencia general*. La frase griega γινώσκω αὐτὸν εἶναι ἀγαθόν sería en castellano literal y parafrásticamente: "Lo conozco (su cualidad de) ser bueno, en donde el acusativo de "conozco", lo = a él, es en realidad el sujeto implícito de "ser bueno".

(4) Los infinitivos sin artículo pueden aparecer con los verbos impersonales como δεῖ ("es necesario") y ἔξεστι(ν) ("es legal").

(5) Los infinitivos (como participios) llevan la negación μή.

Una vez señalado lo anterior, podemos mencionar los dos usos del infinitivo en griego. Comenzamos con el infinitivo *adverbial*, llamado así porque su característica principal es que en él prima el aspecto que posee como verbo. El infinitivo adverbial añade un plus de significado al verbo principal, es decir, funciona como una frase adverbial que modifica al verbo principal. Los usos siguientes del infinitivo adverbial son los que encontramos más frecuentemente en el Nuevo Testamento:

(1) El infinitivo de *propósito*. Aquí el infinitivo indica el objetivo de la acción expresada por el verbo principal. El fin o propósito se expresa con frecuencia por (a) solo el infinitivo, (b) el infinitivo con τοῦ, y (c) el infinitivo con εἰς τό:

Mateo 2:2	"Hemos venido *para adorar* [προσκυνῆσαι] a él."

| Filipenses 3:10 | *"Conocerle* [τοῦ γνῶναι] a él." |

| 1 Tes. 3:5 | "Le envié *para saber* [εἰς τὸ γνῶναι] de vuestra fe." |

(2) El infinitivo de *resultado* (o consecutivo). Aquí el infinitivo va encabezado por ὥστε y se usa para expresar el resultado de la acción del verbo principal:

| 1 Tes. 1:8 | *"De modo que nosotros no tenemos necesidad* [ὥστε μὴ ... χρείαν ἔχειν] de hablar nada." |

(3) El infinitivo de *tiempo*, es decir, el que expresa el tiempo. En este uso del infinitivo son posibles tres puntos de vista por parte de quien lo utiliza. Un evento cuya oración principal exprese un tiempo antecedente (es decir, el evento expresado por la oración principal ocurrirá antes que el evento manifestado por la oración de infinitivo) utiliza la conjunción πρίν o πρὶν ἤ y el infinitivo; el tiempo simultáneo se expresa por ἐν τῷ y el infinitivo; y el tiempo posterior o subsecuente, por μετὰ τό y el infinitivo:

| Mateo 26:34 | *"Antes que el gallo cante* [πρὶν ἀλέκτορα φωνῆσαι], me negarás tres veces." |

| Lucas 24:51 | *"Mientras los bendecía* [ἐν τῷ εὐλογεῖν αὐτὸν], se separó de ellos." |

| Mateo 26:32 | *"Después de que yo haya resucitado* [μετὰ τὸ ἐγερθῆναι με], iré delante de vosotros a Galilea." |

Entre los usos del infinitivo es éste el más extraño para los hablantes del español. Es imposible traducir literalmente los infinitivos temporales al español. Se traducen mejor si se convierten en oraciones subordinadas y se cambian los infinitivos en verbos finitos. Por ejemplo, ἐν τῷ εὐλογεῖν αὐτόν significa literalmente "en el estar él bendiciéndolos." Menos literalmente, la frase podría ser traducida "en el proceso de bendecirlos." Pero la mejor traducción es "mientras él los bendecía."

(4) El infinitivo *causal*. Se emplea regularmente διὰ τό con el infinitivo paraexpresar la idea de causa:

| Mateo 13:6 | "Se marchitó *porque no tenía una raíz* [διὰ τὸ μὴ ἔχειν ῥίζαν]." |

(5) El infinitivo *imperativo*. Se emplea también el infinitivo para expresar un orden, aunque en raras ocasiones:

| Romanos 12:15 | *"Alégrense* [χαίρειν] con los que se alegran; *lloren* [χλαίειν] con los que lloran." |

Y volviendo al uso del infinitivo como *sustantivo*, señalemos que en este caso el aspecto sustantival del infinitivo es lo primario. Las categorías más frecuentes del infinitivo substantivado son las siguientes:

(1) El infinitivo como *sujeto*:

Filipenses 1:21	*"El vivir* [τὸ ζῆν] es Cristo, y *el morir* [τὸ ἀποθανεῖν] es ganancia."

(2) El infinitivo como *objeto*:

Filipenses 2:13	"Dios es quien obra en vosotros tanto como *el querer* [τὸ θέλειν] como *el hacer* [τὸ ἐνεργεῖν] por su buena voluntad."

(3) El infinitivo como *modificador*. Aquí el infinitivo es usado para modificar o completar el sentido de sustantivos, adjetivos, o verbos:

Apocalipsis 11:18	"Ha llegado el tiempo de que los muertos *sean juzgados* [κριθῆναι]."

1 Corintios 7:39	"Ella es libre *de casarse* [γαμηθῆναι] con quien desee."

Lucas 10:40	"Mi hermana me ha dejado sola *en el servicio* [διακονεῖν] solo."

139. Vocabulario

a. Verbos adicionales.

δεῖ	*es necesario, debe* (verbo impersonal; lleva ac. con inf.)
ἔξεστι(ν)	*es permitido, es lícito* (verbo impersonal; lleva dat. con inf.)
μέλλω	*estoy a punto de* (toma el inf.)

b. Adverbio adicional.

| πρίν | *antes que* |

c. Conjunción.

| ὥστε | *para que* |

140. Ejercicios

a. Lea la lección con cuidado. Repase a fondo las formas del infinitivo y sus varios usos. Observe que todas las formas del infinitivo acaban en –αι o -ειν.

b. Memorice el vocabulario de esta lección.

c. Traduzca las siguientes oraciones.

1. πιστεύετε ὅτι δύναμαι (soy capaz) τοῦτο ποιῆσαι; (Mateo 9:28).

2. ἐγὼ χρείαν (necesidad) ἔχω ὑπὸ σοῦ βαπτισθῆναι, καὶ σὺ ἔρχῃ πρός με; (Mateo 3:14).

3. ἔδωκεν (dio) αὐτοῖς ἐξουσίαν τέκνα θεοῦ γενέσθαι (Juan 1:12).

4. ἄξιος εἶ λαβεῖν τὸ βιβλίον (Apocalipsis 5:9).

5. μέλλει γὰρ Ἡρῴδης ζητεῖν τὸ παιδίον τοῦ ἀπολέσαι (matar) αὐτό (Mateo 2:13).

6. πολλὰ εἶχον γράψαι σοι, ἀλλ᾽ οὐ θέλω διὰ μέλανος καὶ καλάμου (tinta y pluma) σοι γράφειν (3 Juan 13).

7. ἔλεγεν γὰρ ὁ Ἰωάννης αὐτῷ, Οὐκ ἔξεστίν σοι ἔχειν αὐτήν (Mateo 14:4).

8. καὶ λέγουσίν μοι, Δεῖ σε πάλιν προφητεῦσαι (profetizar) ἐπὶ λαοῖς καὶ ἔθνεσιν καὶ γλώσσαις καὶ βασιλεῦσιν πολλοῖς (Apocalipsis 10:11).

9. παρακαλῶ οὖν ὑμᾶς ἐγὼ ὁ δέσμιος (prisionero) ἐν κυρίῳ ἀξίως περιπατῆσαι τῆς κλήσεως ἧς (con que) ἐκλήθητε (Efesios 4:1).

10. ἦλθεν ἐκ τῶν περάτων (confines) τῆς γῆς ἀκοῦσαι τὴν σοφίαν Σολομῶνος (Lucas 11:31).

11. εἶπεν αὐτοῖς Ἰησοῦς, Ἀμὴν ἀμὴν λέγω ὑμῖν, πρὶν Ἀβραὰμ γενέσθαι ἐγὼ εἰμί (Juan 8:58).

12. οὐ δύναται (es capaz) εἶναί μου μαθητής (Lucas 14:26).

LECCIÓN 22:

OTROS PRONOMBRES

Esta lección añade varias clases de pronombres griegos además de los estudiados en las lecciones 9, 11, y 18.

141. Pronombres interrogativos

Como en español, las oraciones interrogativas en griego puede comenzar por palabras interrogativas, o bien por pronombres (p.ej., "¿quién?," "¿qué?") o adverbios (p.ej., "¿dónde?," "¿cómo?," "¿cuándo?"). El pronombre interrogativo en griego es τίς ("¿quién?") / τί ("¿qué?"):

τίς λέγει τοῦτο;	**¿Quién** dice esto?
τί ἐστι τοῦτο;	**¿Qué** es esto?

La declinación del pronombre interrogativo es la siguiente:

	Singular		Plural	
	Masc./Fem.	**Neutro**	**Masc./Fem.**	**Neutro**
N.	τίς	τί	τίνες	τίνα
G.	τίνος	τίνος	τίνων	τίνων
D.	τίνι	τίνι	τίσι(ν)	τίσι(ν)
A.	τίνα	τί	τίνας	τίνα

Observe los siguientes ejemplos del Nuevo Testamento:

Mateo 12:48	**τίς** ἐστιν ἡ μήτηρ μου; "**¿Quién** es mi madre?"

Mateo 22:20	**τίνος** ἡ εἰκὼν αὕτη; "**¿De quién** es esta imagen?"

Mateo 11:16	**τίνι** ὁμοιώσω τὴν γενεὰν ταύτην; "**¿Con qué** compararé a esta generación?"

Juan 18:4	**τίνα** ζητεῖτε; "**¿A quién** buscáis?"

Romanos 9:30	**τί** ἐροῦμεν; "**¿Qué** diremos?"

i. Debe señalarse que el acusativo neutro singular (τί) se utiliza a menudo adverbialmente para representar "por qué": τί ποιεῖτε τοῦτο; "¿Por qué hacéis esto?"

ii. En griego, las oraciones interrogativas que esperan una respuesta *afirmativa* ("Sí") llevan οὐ con indicativo, mientras que las que esperan una respuesta *negativa* ("No"), o implican vacilación, llevan μή con indicativo:

| Lucas 4:22 | οὐχὶ υἱός ἐστιν Ἰωσὴφ οὗτος;
"¿No es esté el hijo de José?" |

| 1 Corintios 12:30 | μὴ πάντες γλώσσαις λαλοῦσιν;
"¿Acaso hablan todos en lenguas?" |

| Juan 6:67 | μὴ καὶ ὑμεῖς θέλετε ὑπάγειν;
"¿Acaso queréis vosotros iros también?" |

iii. El pronombre interrogativo puede utilizarse también en las oraciones interrogativas indirectas: ἐρωτᾷ αὐτὸν τίς ἐστιν, "Él pregunta quién es él" (de la interrogativa directa, "¿Quién es él?").

142. *Pronombres indefinidos*

El pronombre indefinido griego es τις / τι, que es el equivalente del español "alguien," "algo," y "cierta persona/cosa". Sus formas son idénticas a las del pronombre interrogativo salvo en la acentuación: el pronombre indefinido es un enclítico, y hace recaer su acento en la palabra precedente (sobre los enclíticos, véase el Apéndice 1). Observe los ejemplos siguientes:

| Mateo 12:29 | πῶς δύναταί **τις** εἰσελθεῖν;
"¿Cómo puede entrar **alguien**?" |

| Lucas 9:49 | εἴδομέν **τινα**.
"Vimos **a alguien**." |

El pronombre indefinido puede utilizarse también adjetivalmente:

| Lucas 1:5 | ἐγένετο ἱερεύς **τις**.
"Hubo **un cierto** sacerdote." |

143. *Pronombres relativos*

El pronombre relativo se denomina así porque se "relaciona con" o "se refiere a" un sustantivo o un pronombre de otra oración. Este sustantivo o pronombre se llama *antecedente* porque está *lógicamente* antes del relativo (aunque no siempre se *escriba* primero). La frase en la que se halla el pronombre relativo se llama frase *relativa* u oración de *relativo*. En las siguientes oraciones compuestas, las frases relativas se resaltan en cursivas:

"Se os ha dado el Espíritu *que da vida*"

"Las palabras *que hablo* son vida."

"Aquél *quien el Padre envió* está aquí."

En estas oraciones los pronombres "quien" y "que" se refieren a un sustantivo o pronombre antecedente. Las formas del pronombre relativo se presentan abajo. Su declinación sigue las desinencias de οὗτος (§77).

	Singular			Plural		
	M.	**F.**	**N.**	**M.**	**F.**	**N.**
N.	ὅς	ἥ	ὅ	οἵ	αἵ	ἅ
G.	οὗ	ἧς	οὗ	ὧν	ὧν	ὧν
D.	ᾧ	ᾗ	ᾧ	οἷς	αἷς	οἷς
A.	ὅν	ἥν	ὅ	οὕς	ἅς	ἅ

El pronombre relativo concuerda con su antecedente en *género* y *número*, pero su *caso* queda determinado por su función en la frase relativa. Compare las siguientes oraciones:

(1)	ὁ ἄνθρωπος **ὅς** εἶδε τὸν κύριόν ἐστιν ἀπόστολος. "El hombre **que** vio al Señor es un apóstol."

(2)	ὁ ἄνθρωπος **ὅν** εἴδομέν ἐστιν ἀπόστολος. "El hombre **a quien** nosotros vimos es un apóstol."

Aquí los pronombres ὅς y ὅν son masculinos y singulares porque su antecedente (ἄνθρωπος) es masculino y singular. Sin embargo, ὅς es *nominativo* porque es el *sujeto* de su frase relativa, mientras que ὅν es *acusativo* porque es el *objeto* de su frase relativa. El pronombre relativo puede también estar en *genitivo* y en *dativo*:

(3)	ὁ ἄνθρωπος **οὗ** λόγους ἠκούσαμέν ἐστιν ἀπόστολος. "El hombre **cuyas** palabras nosotros escuchamos es un apóstol."

(4)	ὁ ἄνθρωπος **ᾧ** εἴπομεν τὸν λόγον ἐστὶν ἀπόστολος. "El hombre **a quien** dijimos la palabra es un apóstol."

Los usos del pronombre relativo se indican claramente en los siguientes ejemplos del Nuevo Testamento:

Colosenses 2:10	ἐν αὐτῷ, **ὅς** ἐστιν ἡ κεφαλὴ. "En él, **que** es la cabeza."

Mateo 2:9	ἰδοὺ ὁ ἀστήρ, **ὅν** εἶδον ἐν τῇ ἀνατολῇ. "Y la estrella **que** habían visto en el oriente."

Efesios 3:7	διὰ τοῦ εὐαγγελίου, **οὗ** ἐγενήθην διάκονος. "Mediante el evangelio, **del cual** fui hecho ministro."

Mateo 17:5	οὗτός ἐστιν ὁ υἱός μου ὁ ἀγαπητός, ἐν ᾧ εὐδόκησα.
	"Éste es mi Hijo amado **en quien** me he complacido."

A veces no se expresa antecedente del pronombre relativo no es expresado:

Mateo 10:38	ὃς οὐ λαμβάνει τὸν σταυρὸν αὐτοῦ οὐκ ἔστιν μου ἄξιος.
	"[Él] **que** no toma su cruz no es digno de mí."

144. Pronombres indefinidos relativos

El pronombre indefinido relativo se denomina así porque es una combinación del relativo ὅς y el indefinido τις. Ambas formas son flexivas. En el Nuevo Testamento, el pronombre indefinido relativo aparece casi exclusivamente en el nominativo singular y plural:

Singular	ὅστις, ἥτις, ὅτι
Plural	οἵτινες, αἵτινες, ἅτινα

El pronombre indefinido relativo se traduce por lo general por "quién," pero su significado implica a veces una idea cualitativa: "que es de tal naturaleza." Un posible ejemplo del Nuevo Testamento está en Romanos 1:25:

> **οἵτινες** μετήλλαξαν τὴν ἀλήθειαν τοῦ θεοῦ ἐν τῷ ψεύδει.
>
> **"Quienes** [eran de tal naturaleza que ellos] cambiaron la verdad de Dios por una mentira."

Normalmente, sin embargo, ὅστις se usa sin ninguna diferencia de significado respecto a ὅς. En las oraciones relativas, ὅς es la regla (1.395 ocurrencias) y ὅστις la excepción (153 ocurrencias).

145. Pronombres recíprocos

A partir de ἄλλος ("otro" o "diferente") se forma el pronombre recíproco. En el Nuevo Testamento, el pronombre recíproco ocurre sólo en las formas siguientes (todas son plurales):

ἀλλήλων	"del uno al otro"
ἀλλήλοις	"a uno al otro"
ἀλλήλους	"uno al otro"

146. Pronombres reflexivos

El pronombre reflexivo se refiere al sujeto de la oración (p.ej., "Jesús no se salva *a sí mismo*"). No hay por lo tanto nominativo en el pronombre reflexivo, que se declina se declina como αὐτός: ἑαυτοῦ, ἑαυτόν, etc. en la tercera persona. Las primeras y segundas personas están compuestas de una combinación de ἐμέ y σέ con αὐτός: ἐμαυτοῦ, ἐμαυτῷ, ἐμαυτόν; σεαυτοῦ, σεαυτῷ, σεαυτόν. En el plural, ἑαυτῶν/-οῖς/-ούς funge para todas las personas: p.ej., μαρτυρεῖτε ἑαυτοῖς, "que dais testimonio en contra de vosotros mismos" (Mateo 23:31).

147. Pronombres posesivos (adjetivos)

Los pronombres posesivos ἐμός ("mi"), σός ("su"), ἴδιος ("su"), ἡμέτερος ("nuestro"), y ὑμέτερος ("sus") se utilizan a veces en vez del genitivo de los pronombres personales cuando se desea hacer hincapié en algo. Estos pronombres posesivos se declinan (y funcionan) como adjetivos regulares de la primera y segunda declinación, y se sitúan en posición atributiva:

o	ὁ ἐμὸς λόγος	"mi palabra"
	ὁ λόγος ὁ ἐμός	"mi palabra"

Normalmente, sin embargo, "mi palabra" es ὁ λόγος μου.

148. Vocabulario

a. Otros pronombres.

ἀλλήλων	*unos a otros*
ἑαυτοῦ, -ῆς	*si mismo, su misma*
ἐμαυτοῦ, -ῆς	*mí mismo*
ἐμός, -ή, -όν	*mi, mío*
ἡμέτερος, -α, -ον	*nuestro*
ἴδιος, -α, -ον	*propio, suyo*
ὅς, ἥ, ὅ	*que, el/la/lo que*
ὅστις, ἥτις, ὅτι	*el cual, el que, cualquiera*
σεαυτοῦ, -ῆς	*te, ti mismo*
σός, σή, σόν	*tuyo*
τίς, τί	*¿Quién?, ¿Qué?, ¿Cuál?*
τις, τι	*alguno, uno, cierto*
ὑμέτερος, -α, -ον	*de ustedes, suyo*

149. Ejercicios

a. Lea la lección cuidadosamente. Repase los pronombres de las lecciones anteriores: 9, 11 y 18.

b. Memorice el vocabulario de esta lección.

c. Traduzca las siguientes oraciones.

1. σὺ τίς εἶ; (Juan 1:19).

2. καὶ ἔστιν αὕτη ἡ ἀγγελία (mensaje) ἣν ἀκηκόαμεν ἀπ' αὐτοῦ (1 Juan 1:5).

3. μὴ σὺ μείζων εἶ τοῦ πατρὸς ἡμῶν Ἀβραάμ, ὅστις ἀπέθανεν; (Juan 8:53).

4. κοινωνίαν (comunión) ἔχομεν μετ᾽ ἀλλήλων (1 Juan 1:7).

5. καὶ ἡ κοινωνία δὲ ἡ ἡμετέρα μετὰ τοῦ πατρὸς καὶ μετὰ τοῦ υἱοῦ Ἰησοῦ Χριστοῦ (1 Juan 1:3).

6. σὺ περὶ σεαυτοῦ μαρτυρεῖς (Juan 8:13).

7. οὐ τῷ σῷ ὀνόματι ἐπροφητεύσαμεν (profeticemos); (Mateo 7:22).

8. καὶ ἡ κρίσις ἡ ἐμὴ δικαία ἐστίν (Juan 5:30).

9. ἀλλ᾽ οὐ τί ἐγὼ θέλω ἀλλὰ τί σύ (Marcos 14:36).

10. τί οὖν βαπτίζεις εἰ (si) σὺ οὐκ εἶ ὁ Χριστὸς; (Juan 1:25).

11. ἀπαγγέλλομεν (anunciamos) ὑμῖν τὴν ζωὴν τὴν αἰώνιον ἥτις ἦν πρὸς τὸν πατέρα (1 Juan 1:2).

LECCIÓN 23:

EL SUBJUNTIVO

El subjuntivo es el modo de la eventualidad o contingencia. El indicativo representa la realidad, mientras que el subjuntivo asume la irrealidad. Puesto que es el modo de la acción eventual, el subjuntivo tiene por lo general una orientación futura. Esta lección presenta la idea básica del subjuntivo y sus usos más comunes.

150. Introducción al subjuntivo

Como se menciona en §13, el modo indica la *manera* según la cual el hablante expresa o considera la acción del verbo. Hay cuatro modos básicos en griego, los cuales hemos visto ya dos: el *indicativo* hace una afirmación, y el *infinitivo* expresa generalmente una acción y sin hacer referencia a una persona o cosa en particular. Los otros dos modos que deben ser estudiados son el *subjuntivo*, que expresa un pensamiento o un deseo más que un hecho real, y el *imperativo*, que expresa una orden o mandato (Lección 24). Compare las siguientes oraciones:

Indicativo:	"*Desato* al siervo."
Infinitivo:	"*Desatar* al siervo es difícil."
Subjuntivo:	"*Aunque él desate* al siervo, no me iré."
Imperativo:	"¡*Desate* al siervo!"

Observe que el subjuntivo expresa una condición en la que hay un elemento de duda. Por lo tanto se puede llamar al subjuntivo el *modo de la eventualidad o la contingencia*. Morfológicamente, el subjuntivo en español va perdiendo cierto terreno en el habla cotidiana.

Con el tiempo el subjuntivo griego se fue relacionado cada vez con el futuro del indicativo, por lo que no es sorprendente que el subjuntivo se refiera generalmente a los acontecimientos futuros. A excepción de algunas raras ocurrencias en el perfecto, el subjuntivo se encuentra sólo en el presente y en el aoristo en el Nuevo Testamento. Como ocurre con los otros modos que no son el indicativo, el subjuntivo pone de manifiesto directamente sólo el *tipo de acción* (el aspecto verbal). Así, el subjuntivo presente expresa la acción imperfectiva, mientras que el de aoristo expresa la acción aorística. Como con el infinitivo, el tiempo normal del subjuntivo es el aoristo.

151. Formas del subjuntivo

Las formas del subjuntivo griego son, felizmente, muy sencillas. Las de λύω se presentan abajo. Observe que (a) el tema en el subjuntivo es siempre el mismo del indicativo; (b) nunca hay aumento; (c) la vocal final es siempre ω o α (alargamiento de ο y ε); y (d) las desinencias primarias se utilizan también en el aoristo.

		Presente act.	Presente m./p.
Singular	1.	λύω	λύωμαι
	2.	λύῃς	λύῃ
	3.	λύῃ	λύηται
Plural	1.	λύωμεν	λυώμεθα
	2.	λύητε	λύησθε
	3.	λύωσι(ν)	λύωνται

		Aoristo activo	Aoristo medio	Aoristo pasivo
Singular	1.	λύσω	λύσωμαι	λυθῶ
	2.	λύσῃς	λυσῃ	λυθῇς
	3.	λύσῃ	λύσηται	λυθῇ
Plural	1.	λύσωμεν	λυσώμεθα	λυθῶμεν
	2.	λύσητε	λύσησθε	λυθῆτε
	3.	λύσωσι(ν)	λύσωνται	λυθῶσι(ν)

Observe con cuidado:

(1) Las desinencias presentadas arriba se utilizan también con el aoristo segundo:

Aoristo segundo activo:	λίπω, λίπῃς, λίπῃ, etc.
Aoristo segundo medio:	λίπωμαι, λίπῃ, λίπηται, etc.
Aoristo segundo pasivo:	γραφῶ, γραφῇς, γραφῇ, etc.

(2) Los verbos deponentes en indicativo son igualmente deponentes en subjuntivo:

γίνομαι tiene el subjuntivo presente:	γίνωμαι, γίνῃ, γίνηται, etc.
γίνομαι tiene el subjuntivo aoristo:	γένωμαι, γένῃ, γένηται, etc.
ἔρχομαι tiene el subjuntivo presente:	ἔρχωμαι, ἔρχῃ, ἔρχηται, etc.

(3) El subjuntivo presente de los verbos contractos en -εω sigue el modelo regular presentado arriba (p.ej., η es substituido por ει, y ω por ου). El subjuntivo presente de los verbos contractos en -αω es idéntico al indicativo, debido a las reglas de la contracción (§124). El subjuntivo presente de los verbos en -οω sigue el modelo del indicativo.

(4) Al igual que el participio y el infinitivo, la partícula negativa del subjuntivo es μή.

(5) El subjuntivo presente de εἰμί es: ὦ, ᾖς, ᾖ, ὦμεν, ἦτε, ὦσι(ν).

152. Los usos del subjuntivo

Al ser un modo eventual, el subjuntivo expresa una acción como posible, pero que no ocurre necesariamente. Por naturaleza, pues, el subjuntivo está relacionado con el futuro (p.ej., lo que puede ser o lo que puede haber sido). Por consiguiente, el futuro indicativo en español se usa a menudo para manifestar la idea del subjuntivo griego (sea presente o aoristo).

Hay siete usos principales del subjuntivo en el Nuevo Testamento, cuatro de los cuales afectan a oraciones principales, y tres a oraciones subordinadas.

El subjuntivo en las clausulas principales

(1) *Subjuntivo exhortativo*. Este término está tomado del latín *hortor*, "exhorto." En esta construcción, el subjuntivo se usa en la *primera persona plural* cuando el hablante impulsa a otros a participar en la acción.

Hebreos 12:1	**τρέχωμεν** τὸν προκείμενον ἡμῶν ἀγῶνα.
	"Corramos la carrera que tenemos por delante."

1 Juan 4:7	ἀγαπητοί, **ἀγαπῶμεν** ἀλλήλους.
	"Amados, **amémonos** unos a otros."

El tiempo presente de los dos τρέχωμεν y de ἀγαπῶμεν sugiere la idea que "se siga haciendo" o de "que se forme el hábito de hacerlo."

(2) *Subjuntivo prohibitivo*. La negación μή se emplea a veces con el subjuntivo *aoristo* para prohibir la iniciación o la ocurrencia de una acción. En la traducción se puede añadir la palabra "nunca" cuando el contexto lo requiera.

Mateo 6:34	**μὴ μεριμνήσητε** εἰς τὴν αὔριον.
	"No os preocupéis por el mañana."
o	**"Nunca os preocupéis** por el mañana."

La prohibición también puede expresarse también por μή con el imperativo presente (§158), que se utiliza normalmente cuando el mandato es de dejar de hacer algo, mientras que el subjuntivo aoristo normalmente se usa cuando el mandato se expresa para no comenzar a hacer algo. Normalmente añade un matiz de importancia: Es claro que "No te asombres" en Juan 3:7 no significa "no comiences a asombrarte", sino que en este caso, como en muchos otros, el aoristo añade la urgencia a la prohibición.

(3) *Subjuntivo deliberativo*. El subjuntivo se utiliza comúnmente en interrogativas dubitativas, es decir, en preguntas en las que una persona delibera sobre qué hacer antes de actuar. Cuando la pregunta es retórica, el subjuntivo no espera respuesta alguna. En esta construcción, se emplea generalmente en la traducción el futuro en español o una construcción de "he de + el infinitivo".

Juan 19:15	τὸν βασιλέα ὑμῶν **σταυρώσω**;
	"¿He de crucificar a vuestro rey?"

(4) *Subjuntivo de negación enfática*. La doble negación οὐ μή puede sutilizarse con el subjuntivo aoristo para negar rotundamente que algo pasará. En este caso, οὐ μή se traduce por "seguramente no" o "nunca." De nuevo el futuro en español se utiliza generalmente para expresar la idea de la construcción griega.

Mateo 5:20	**οὐ μὴ εἰσέλθητε** εἰς τὴν βασιλέαν τῶν οὐρανῶν.
	"No entraréis de ningún modo en el reino de los cielos."
o	**"Nunca entraréis** en el reino de los cielos."

La negación enfática es a veces (aunque raras veces) expresada por οὐ μή con el futuro indicativo (mirar Mateo 16:22: οὐ μὴ ἔσται σοι τοῦτο, "Eso nunca te acontecerá").

El subjuntivo en las clausulas subordinadas

(1) *Clausulas finales.* Estas indican el objetivo, la intención o finalidad de la acción del verbo principal. Las clausulas finales se introducen con frecuencia por ἵνα o ὅπως, que pueden traducirse como como "para que" o "que." Si la finalidad es negativa se utilizan ἵνα μή y ὅπως μή que pueden traducirse como "para que...no."

Juan 1:7	οὗτος ἦλθεν εἰς μαρτθρίαν **ἵνα μαρτυρήσῃ** περὶ τοῦ φωτός. "Él vino para ser un testigo **para testificar** de la luz."

Tal como podía esperarse, este versículo usa el subjuntivo aoristo que es el término no marcado. Un ejemplo interesante de la yuxtaposición del subjuntivo aoristo y el de presente en una oración final es Juan 10:38: ἵνα γνῶτε καὶ γινώσκητε ὅτι ἐν ἐμοὶ ὁ πατήρ, "para que sepáis y sigáis sabiendo que el Padre está en mí." La diferencia parece estar aquí entre el hecho de saber y el proceso de continuar sabiendo.

El tiempo del subjuntivo en una oración final debe notarse siempre con cuidado. Pero, al mismo tiempo, debemos ser cautos para introducir una sobreinterpretación (p.ej., la finalidad del Evangelio de Juan no puede determinarse simplemente sobre la base del tiempo del subjuntivo que se halla en Juan 20:31 [presente πιστεύητε o el aoristo πιστεύσητε]).

(2) *Clausulas indefinidas o puramente eventuales.* El subjuntivo puede usarse en frases introducidas por un pronombre relativo que no se refiera a una persona o cosa definida. En estas clausulas, el pronombre relativo va seguido de la partícula ἄν que añade un elemento de incertidumbre a la frase.

Mateo 20:27	καὶ **ὃς ἂν θέλῃ** ἐν ὑμῖν εἶναι πρῶτος ἔσται ὑμῶν δοῦλος. "Y **el que quiera** ser primero entre vosotros será vuestro esclavo."

(3) *Clausulas condicionales.* Este uso del subjuntivo incluye la partícula ἐάν ("si") en la prótasis de una oración condicional, como diremos a continuación.

153. Oraciones condicionales

Como su mismo nombre indica, una oración condicional es la afirmación de un evento condicionado por algo que está pasando (p.ej., "Si él es un apóstol, él será salvado"). Una oración condicional completa tiene dos frases: una que lleva la partícula "si" ("Si él es un apóstol") y otra frase principal ("él será salvado"). La frase que lleva "si" se llama *prótasis* (de πρότασις, "lo que se pone por delante"), y la principal se llama *apódosis* (de ἀπόδοσις, "devolución" de algo debido: algo ocurrirá debido a que se ha cumplido la condición manifestó por la prótasis). La prótasis depende gramaticalmente de la apódosis. Sólo la apódosis puede aparecer sola gramaticalmente como una oración completa.

El griego tiene dos tipos generales de oraciones condicionales: la real (verdadera) y la potencial. Una condición verdadera expresa un hecho simple, aunque condicionado: "Si Dios nos ama, debemos amar." Una condición potencial expresa algo contingente o eventual: "Si Dios lo permite, haremos esto." Las condiciones reales llevan el indicativo en la prótasis, mientras que las potenciales llevan normalmente el subjuntivo en la prótasis. La negación es οὐ con indicativo y μή con subjuntivo.

El tratamiento siguiente de las oraciones condicionales sólo presenta las construcciones más simples y más comunes del Nuevo Testamento. Cuando se dominen éstas, las construcciones menos usuales presentarán poca dificultad.

Condicionales con indicativo en la prótasis

(1) *La condicional simple* se usa cuando el hablante asume la realidad de la premisa. Las condicionales simples se expresan por εἰ ("si") con indicativo en la prótasis e igualmente con el indicativo en la apódosis, como norma general. La premisa es que la prótasis puede ser o no ser verdadera en realidad. Si la premisa es objetivamente verdadera, puede ser traducida por "desde entonces" o "ya que."

Gálatas 5:18	εἰ δὲ πνεύματι ἄγεσθε, οὐκ ἐστὲ ὑπὸ νόμον.
	"Pero si sois guiados por el Espíritu, no estáis bajo la ley."
o, posiblemente	"Pero ya que sois guiados por el Espíritu, no estáis bajo la ley."

Esta es la clase más común de las oraciones condicionales en el Nuevo Testamento, pues aparece unas 300 veces. Un ejemplo de condición "verdadera", en la que la "realidad" se asume sólo por hipótesis, es Mateo 12:26: "Si [εἰ] Satanás expulsa a Satanás ...."

(2) *Condicional contraria a un hecho*. Este tipo de condicional se usa cuando el hablante asume que la premisa es falsa. Las condicionales contrarias a los hechos se expresan por εἰ con un tiempo secundario del indicativo en la prótasis y la partícula ἄν con un tiempo secundario del indicativo en la apódosis. La premisa puede ser en realidad contraria a los hechos (Juan 5:46), o puede ser contraria a lo que el hablante cree que son los hechos (Lucas 7:39).

Juan 11:32	εἰ ἦς ὧδε οὐκ ἄν μου ἀπέθανεν ὁ ἀδελφός.
	"Si hubieras estado aquí, mi hermano no habría muerto."

El pensamiento aquí es: "Si hubieras estado aquí [y ¡no estuviste!], mi hermano no habría muerto [¡pero sí murió!]." Aquí la oración condicional se usa como un reproche suave.

Condicionales con el subjuntivo en la prótasis

(1) *Condicional de futuro probable*. Esta construcción se usa para expresar una condición que el hablante cree que va a ser un hecho realizable en el futuro. Las condicionales futuras probables se expresan por ἐάν ("si" = εἰ + ἄν) con subjuntivo en la prótasis y el *futuro* de indicativo en la apódosis. El subjuntivo es muy apropiado para este tipo de oraciones condicionales por el elemento de duda que aporta.

Hebreos 6:3	καὶ τοῦτο ποιήσομεν ἐὰν ἐπιτρέπῃ ὁ θεός.
	"Y esto haremos, si Dios lo permite."

(2) *Condicional de presente en general*. Esta construcción se usa para expresar una condición que el hablante cree que va a ser generalmente verdadera en el presente. Las condicionales de presente en general se expresan por ἐάν con subjuntivo en la prótasis y el presente del indicativo en la apódosis.

1 Juan 1:8	ἐὰν εἴπωμεν ὅτι ἁμαρτίαν οὐκ ἔχομεν, ἡ ἀλήθεια οὐκ ἔστιν ἐν ἡμῖν.
	"Si decimos que no tenemos pecado, la verdad no está en nosotros."

La siguiente tabla resume las oraciones condicionales griegas más comunes:

Nombre	Prótasis	Apódosis
Simple	εἰ + indicativo	indicativo [normalmente]
Contraria-a-un hecho	εἰ + indicativo	ἄν + indicativo
Futura probable en general	ἐάν + subjuntivo	futuro indicativo
Presente	ἐάν + subjuntivo	presente indicativo

154. Vocabulario

a. Conjunciones, adverbios, y partículas adicionales.

ἄν	partícula pospositiva no traducida literalmente al español que añade un elemento de indefinición o eventualidad a una frase
ἐάν	*si* (εἰ + ἄν; con subj.)
ἐὰν μή	*a menos que, a no ser que* (con subj.)
εἰ	*si* (con ind.)
ἵνα	*que, para, para que* (con subj.)
ὅπως	*para que* (con subj.)
ὅταν	*cuando, siempre que* (con subj.)
πάλιν	*otra vez, de nuevo*
πῶς	*¿Cómo?*
ὡς	*como, al igual que, como si*

155. Ejercicios

a. Lea la lección con cuidado. Aprenda de memoria los sufijos o desinencias del subjuntivo presente activo de λύω, pues estos sufijos se utilizan igualmente en todas las formas del subjuntivo. Recuerde que la clave para reconocer al subjuntivo es la vocal larga de su desinencia.

b. Memorice el vocabulario de esta lección.

c. Traduzca 1 Juan 1:5-10. Si hay cualquier palabra que no ha aparecido en los vocabularios hasta este punto, búsquelos en un léxico griego. Para una guía sobre cómo elegir un léxico, mire el Epílogo (§176). (Nota: La forma verbal ἀφῇ en el versículo nueve es el aoristo subjuntivo segundo, tercera persona del singular, de ἀφίημι ["perdono"], un verbo de la conjugación en -μι [Lección 25]).

Lección 24:

El imperativo y el optativo

Todos los idiomas tienen una manera de expresar órdenes, peticiones, prohibiciones, y deseos. El griego expresa comúnmente estas funciones mediante el imperativo. Esta lección presenta el imperativo y el último modo que debe estudiase, el optativo.

156. Introducción al imperativo

La función básica del modo imperativo es expresar la acción que puede ser realizada sólo por el dominio de la voluntad de una persona sobre la de otra (p.ej., "por favor, *vaya*;" "*corre* rápido;" "*cálmate*"). El modo imperativo puede ocurrir en el presente, aoristo, y perfecto. Sin embargo, el imperativo perfecto activo no se encuentra en el Nuevo Testamento, y el imperativo perfecto pasivo ocurre sólo en Marcos 4:39. No hay imperativo para la primera persona. La negación del imperativo es μή.

Todos los imperativos hacen referencia al futuro, ya que por su misma naturaleza un mandato se refiere al tiempo subsecuente a ese mismo mandato. Sin embargo, el imperativo como modo no tiene tiempo. La distinción esencial entre las clases de acción que hemos descrito es aún más evidente (§15). El imperativo aoristo denota generalmente una orden urgente sin que le importe su continuación o su frecuencia, mientras que el imperativo de presente denota generalmente la orden de seguir haciendo una acción o de hacerla repetidamente. Esta diferencia queda bien ilustrada en las versiones paralelas de una de las peticiones del Padre Nuestro. Mateo usa un imperativo aoristo, mientras que Lucas usa un imperativo presente:

Mateo 6:11	τὸν ἄρτον ἡμῶν τὸν ἐπιούσιον **δὸς** ἡμῖν σήμερον.

Lucas 11:3	τὸν ἄρτον ἡμῶν τὸν ἐπιούσιον **δίδου** ἡμῖν καθ' ἡμέραν.

Aquí el aoristo de Mateo acentúa el simple acto: "Danos [hoy]," mientras que el presente de Lucas implica la duración: "Sigue dándonos [cada día]. " Nótese que el imperativo aoristo sirve para indicar *que debe hacerse algo*, mientras que el imperativo presente especifica *cómo* o *cuando* debe hacerse.

Otra distinción importante entre el imperativo presente y el imperativo aoristo es la diferencia entre preceptos generales y órdenes concretas. Un precepto general es una regulación moral ampliamente aplicable en muchas situaciones, mientras que una orden concreta exige que se haga una determinada acción en una situación particular. Por regla general, los preceptos generales en el Nuevo Testamento emplean el imperativo *presente*, y las órdenes concretas, el imperativo aoristo. Observe los ejemplos siguientes:

Romanos 12:14	"*Bendecid* a los que os persiguen." (imperativo presente)

Lucas 6:8	"Levántate y *ven acá*." (imperativo aoristo)

Por tanto, además del significado de "seguir haciendo," en ciertos contextos debe entenderse el imperativo presente como la expresión de un sentido *acostumbrado*: "Transforme esta acción en un hábito" o "hágalo siempre que surja la situación." Como podría esperarse, en libros donde las narraciones son predominantes (como en los Evangelios), el imperativo aoristo tiende a ocurrir con mayor frecuencia que el presente. Por otra parte, en los libros principalmente didácticos o instructivos (como las cartas de Pablo), el imperativo presente se usa más a menudo que el aoristo.

157. Formas del imperativo

Las formas del imperativo *presente* se muestran abajo. Las que aparecen en negrita son idénticas a las del indicativo. Estas formas sólo pueden ser distinguidas una de la otra por el contexto.

(1) Imperativo de presente activo

	Singular		Plural	
2.	λῦε	desata	**λύετε**	desatad
3.	λυέτω	desate	λυέτωσαν	desaten

(2) Imperativo de presente medio

	Singular		Plural	
2.	λύου	desátate	**λύεσθε**	desátense a sí mismos
3.	λυέσθω	déjalo desatarse	λυέσθωσαν	déjalos desatarse

(3) Imperativo de presente pasivo

	Singular		Plural	
2.	λύου	sé desatado	**λύεσθε**	sed desatados
3.	λυέσθω	déjalo ser desatado	λυέσθωσαν	déjenles ser desatados

Las formas del imperativo del *aoristo primero* son como sigue. Observe la ausencia del aumento en el imperativo aoristo.

(1) Imperativo de aoristo primero activo

	Singular		Plural	
2.	λῦσον	desata	λύσατε	desatad
3.	λυσάτω	desate	λυσάτωσαν	desaten

(2) Imperativo de aoristo primero medio

	Singular		Plural	
2.	λῦσαι	desátate	λύσασθε	desátense
3.	λυσάσθω	déjalo desatarse	λυσάσθωσαν	déjenlos desatarse

(3) Imperativo de aoristo primero pasivo

	Singular		Plural	
2.	λύθητι	sé desatado	λύθητε	sed desatados
3.	λυθήτω	déjalo ser desatado	λυθήτωσαν	déjenlos ser desatados

Las formas del imperativo del *aoristo segundo* son del modo siguiente:

(1) Imperativo de aoristo segundo activo

	Singular		Plural	
2.	λίπε	vaya	λίπετε	vayan
3.	λιπέτω	déjalo ir	λιπέτωσαν	déjenlos ir

Compare las formas del presente activo imperativo: λῦε, λυέτω, etc.

(2) Imperativo de aoristo segundo medio

	Singular		Plural	
2.	λιποῦ	váyase	λίπεσθε	váyanse
3.	λιπέσθω	déjenlo irse	λιπέσθωσαν	déjenlos irse

(3) Imperativo de aoristo segundo pasivo

	Singular		Plural	
2.	ἀποστάληθι	sé enviado	ἀποστάλητε	sed enviados
3.	ἀποσταλήτω	déjenlo ser enviado	ἀποσταλήτωσαν	déjenlos ser enviados

Las formas del imperativo de presente de εἰμί son:

	Singular		Plural	
2.	ἴσθι	sé	ἔστε	sed
3.	ἔστω	sea	ἔστωσαν	sean

Debe notarse también que los verbos deponentes en el indicativo serán deponentes en el imperativo. Por ejemplo, γίνομαι tiene las formas siguientes:

	Singular		Plural	
2.	γίνου	convierte	γίνεσθε	convertid
3.	γινέσθω	déjele convertirse	γινέσθωσαν	déjenles convertirse

158. Los Usos del imperativo

Los usos básicos del imperativo son los siguientes:

(1) *Imperativo de orden.* Este es el uso fundamental del imperativo, pues formula una exigencia a otra persona.

1 Tes. 5:16-18	πάντοτε **χαίρετε**, ἀδιαλείπτως **προσεύχεσθε**, ἐν παντὶ **εὐχαριστεῖτε.**
	"Regocijaos siempre, **orad** sin cesar, **dad gracias** en todo."

Merecen atención especial dos formas de imperativo de ὁράω: ἴδε (imperativo de aoristo segundo activo) y ἰδού (imperativo de aoristo segundo medio). Debido a la influencia de la Septuaginta, ambos términos funcionan como inter-jecciones y pueden ser traducidos como: "¡Mira!," "¡Ve!," "¡He aquí!," etc. Cualquiera de ellos puede ser usado de modo absoluto (p.ej., Mateo 11:10) o con el nominativo (p.ej., Apocalipsis 4:1). Otra interjección común del Nuevo Testamento es οὐαί, "¡Ay!", "¡Que terrible!"

(2) *Imperativo de prohibición.* Se usa generalmente μή con el imperativo de presente para prohibir la continuación de una acción en curso. A veces puede utilizarse la expresión "No sigas + un gerundio":

1 Tes. 5:19-20	τὸ πνεῦμα **μὴ σβέννυτε**, προφητείας **μὴ ἐξουθενεῖτε.**
	"No apaguéis el Espíritu; **no menospreciéis** las profecías."
o, quizás	**"Detente de apagar** el Espíritu; **detente de menospreciar** las profecías."

El contexto, desde luego, tiene que determinar si la acción particular prescrita ocurre en realidad, o no, en el futuro. Gene-ralmente, en órdenes concretas, el imperativo presente tiene el sentido de "No sigas haciendo," mientras que en preceptos generales el imperativo de presente medio significa "Fórmate el hábito de hacerlo." Aprecie la diferencia entre μή más imperativo de presente y μή más aoristo de subjuntivo; éste último prohíbe generalmente el inicio de una acción (§152).

(3) *Imperativo de ruego o exhortativo.* Este imperativo se usa para expresar una petición más que un mandato directo. Este sentido se expresa a veces añadiendo es sintagma "por favor" en la traducción.

Juan 17:11	πάτερ ἅγιε, **τήρησον** αὐτούς.
	"Padre santo, **guárda**los."
o	"Padre santo, **por favor guárda**los."

159. El optativo

El optativo era una característica común del griego clásico, pero fue perdiendo gradualmente sus funciones que fueron asumidas por el indicativo y el subjuntivo. El uso principal del optativo en el Nuevo Testamento es para expresar un deseo (de ahí su nombre, del lat. *opto*, "deseo "). El optativo se halla sólo 7 veces en el Nuevo Testamento y únicamente en el presente y el aoristo. La negación es μή. El ejemplo más común de los optativos es el μὴ γένοιτο de Pablo, "¡De ningún modo! ". Los optativos se reconocen a menudo por las desinencias οι, ει, o αι después del tema de verbo:

1 Tes. 5:23	ὁ θεὸς τῆς εἰρήνης **ἁγιάσαι** ὑμᾶς.
	"Que el Dios de paz os **santifique."**

160. Vocabulario

a. Interjecciones.

ἰδού	*¡Mira!* (cf. ἴδε)
οὐαί	*¡Ay de...!*

b. Verbos adicionales -ω.

ἀγοράζω	*compro (agorafobia [temor de estar entre mucha gente])*
ἐγγίζω	*acerco* (cf. ἐγγύς)
ἐλπίζω	*espero* (cf. ἐλπίς)
θαυμάζω	*me maravillo (taumaturgo [mago])*
καθαρίζω	*limpio (catarsis)*
καθίζω	*me voy a sentar, me siento (catedral [asiento/sede de un obispo])*
πειράζω	*pruebo, tiento*
σκανδαλίζω	*hago caer, hago pecar*

161. Ejercicios

a. Lea la lección con cuidado. La clave para aprender fácilmente el imperativo es fijarse que la segunda persona del plural es igual a la forma correspondiente del indicativo (sin el aumento, naturalmente). Observe que las desinencias -ω y -ωσαν de la tercera persona singular y plural (respectivamente) están presentes en todas las formas. La segunda persona singular de todos los tiempos y voces del imperativo requieren un estudio especial. Aprenda de memoria (1) el imperativo de presente activo y (2) el imperativo de presente medio de λύω.

b. Memorice el vocabulario de esta lección.

c. Traduzca 1 Juan 2:1-6.

Lección 25:

La conjugación de los verbos en -μι

Esta lección sirve de introducción a una clase única pero importante de verbos griegos llamados verbos en -μι. El Nuevo Testamento contiene sólo un pequeño número de estos verbos en -μι, pero los que realmente ocurren lo hacen con frecuencia. Es imposible leer el Nuevo Testamento en griego sin los conocimientos básicos sobre esta clase de verbos.

162. Introducción a los verbos -μι

El griego tiene dos conjugaciones básicas: en -ω y en -μι. Los verbos en -μι se llaman así porque las formas que aparecen en el diccionario (indicativo presente activo, primera persona del singular) acaban en -μι y no en -ω. Estos verbos tienen desinencias que se diferencian de los verbos de la conjugación en -ω en el *presente, imperfecto, y aoristo segundo*. En estos tiempos, los verbos en -μι no usan las vocales ο/ε que se unen antes de las desinencias personales. Por lo demás, sus desinencias son las mismos que las de los verbos en -ω.

El verbo en -μι más común es εἰμί (§109). Los verbos en -μι más importantes diferentes a εἰμί son δίδωμι ("doy"), τίθημι ("pongo"), y ἵστημι ("me pongo de pie"). En el caso de los verbos en -μι, es muy importante recordar la distinción de §20 entre el *tema del verbo* del que se forman la mayor parte de los tiempos, y el tema de *presente*, del que se forman el presente y el imperfecto. Los temas de los tres verbos principales en -μι son del siguiente modo:

Verbo –μι	Tema del verbo	Tema de presente
δίδωμι	δο	διδο
τίθημι	θε	τιθε
ἵστημι	στα	ἱστα

Se observará que el tema de presente es una forma *reduplicada* del tema del verbo. (τιθε viene de θιθε, en el que la primera θ se ha transformado en τ. ἱστα viene σιστα, en donde la σ inicial ha sido substituida por la aspiración.) Este fenómeno se denomina *reduplicación de presente* ya que ocurre en el presente e imperfecto de este tipo de verbos. La reduplicación de presente sirve para indicar el aspecto *imperfectivo* de los temas de verbos que son intrínsecamente aorísticos (§106). El tema de presente reduplicado se *alarga* en el singular: διδο se hace διδω; τιθε se hace τιθη; y ἱστα se hace ἱστη.

163. Formas de verbos en -μι

Los paradigmas de los tres verbos principales en -μι se presentan abajo. Otras formas que no aparecen aquí son suficientemente regulares como para poder ser reconocidas cuando se encuentren, como participios, imperativos, y formas del subjuntivo. Otros verbos en -μι son tan infrecuentes que lo más prudente es omitirlas totalmente.

(1) Presente activo del indicativo.

Singu-lar	1.	δίδωμι	τίθημι	ἵστημι
	2.	δίδως	τίθης	ἵστης
	3.	δίδωσι(ν)	τίθησι(ν)	ἵστησι(ν)
Plural	1.	δίδομεν	τίθεμεν	ἵσταμεν
	2.	δίδοτε	τίθετε	ἵστατε
	3.	διδόασι(ν)	τιθέασι(ν)	ἱστᾶσι(ν)

(2) Presente medio y pasivo del indicativo.

Singu-lar	1.	δίδομαι	τίθεμαι	ἵσταμαι
	2.	δίδοσαι	τίθεσαι	ἵστασαι
	3.	δίδοται	τίθεται	ἵστηαται
Plural	1.	διδόμεθα	τιθέμεθα	ἱστάμεθα
	2.	δίδοσθε	τίθεσθε	ἵστασθε
	3.	δίδονται	τίθενται	ἵστανται

(3) Imperfecto activo del indicativo.

Singu-lar	1.	ἐδίδουν	ἐτίθην	ἵστην
	2.	ἐδίδους	ἐτίθεις	ἵστης
	3.	ἐδίδου	ἐτίθει	ἵστη
Plural	1.	ἐδίδομεν	ἐτίθεμεν	ἵσταμεν
	2.	ἐδίδοτε	ἐτίθετε	ἵστατε
	3.	ἐδίδοσαν	ἐτίθεσαν	ἵστασαν

(4) Imperfecto medio y pasivo del indicativo.

Singu-lar	1.	ἐδιδόμην	ἐτιθέμην	ἱστάμην
	2.	ἐδίδοσο	ἐτίθεσο	ἵστασο
	3.	ἐδίδοτο	ἐτίθετο	ἵστατο
Plural	1.	ἐδιδόμεθα	ἐτιθέμεθα	ἱστάμεθα
	2.	ἐδίδοσθε	ἐτίθεσθε	ἵστασθε
	3.	ἐδίδοντο	ἐτίθεντο	ἵσταντο

(5) Aoristo activo del indicativo.

Singu-lar	1.	ἔδωκα	ἔθηκα	ἔστησα
	2.	ἔδωκας	ἔθηκας	ἔστησας
	3.	ἔδωκε(ν)	ἔθηκε(ν)	ἔστησε(ν)
Plural	1.	ἐδώκαμεν	ἐθήκαμεν	ἐστήσαμεν
	2.	ἐδώκατε	ἐθήκατε	ἐστήσατε
	3.	ἔδωκαν	ἔθηκαν	ἔστησαν

i. Observe que δίδωμι y τίθημι tienen κ en vez de σ en el tema del tiempo aoristo.

ii. La forma del aoristo primero ἔστησα es *transitiva*, es decir, tiene un objeto directo en acusativo, como en Mateo 4:5: "Él lo *puso* [ἔστησεν] sobre el pináculo del templo." ἵστημι tiene también una forma de aoristo segundo ἔστην, que es *intransitiva*, es decir, no tiene objeto directo. Un ejemplo es Juan 20:19: "Jesús se *puso* [ἔστη] en medio de ellos."

(6) Futuro activo del indicativo.

Singular	1.	δώσω	θήσω	στήσω
	2.	δώσεις	θήσεις	στήσεις
		etc.	etc.	etc.

(7) Futuro medio del indicativo.

Singular	1.	δώσομαι	θήσομαι	στήσομαι
	2.	δώσῃ	θήσῃ	στήσῃ
		etc.	etc.	etc.

(8) Futuro pasivo del indicativo.

Singular	1.	δοθήσομαι	τεθήσομαι	σταθήσομαι
	2.	δοθήσῃ	τεθήσῃ	σταθήσῃ
		etc.	etc.	etc.

(9) Aoristo pasivo del indicativo.

Singular	1.	ἐδόθην	ἐτέθην	ἐστάθην
	2.	ἐδόθης	ἐτέθης	ἐστάθης
		etc.	etc.	etc.

(10) Infinitivo de presente activo.

διδόναι	τιθέναι	ἱστάναι

(11) Infinitivo de presente medio y pasivo.

δίδοσθαι	τίθεσθαι	ἵστασθαι

(12) Infinitivo de aoristo activo.

δοῦναι	θεῖναι	στῆναι

(13) Infinitivo de aoristo pasivo.

δοθῆναι	τεθῆναι	σταθῆναι

164. Vocabulario

a. Verbos en -μι.

ἀνίστημι	*levanto, me levanto* (cf. ἀνάστασις)
ἀποδίδωμι	*devuelvo, pago, retribuyo* (apódosis)
ἀπόλλυμι	*destruyo*
ἀφίημι	*perdono, dejo*
δείκνυμι	*maestro*
δίδωμι	*doy* (√ δο; *donación*)
δύναμαι	*puedo, soy capaz* (ver. dep.; cf. δύναμις)
ἐπιτίθημι	*pongo en, pongo sobre*
ἵστημι	*pongo (en pie), establezco* (√ στα; *estático*)
κάθημαι	*me siento* (ver. dep.)
παραδίδωμι	*entrego, traiciono*
τίθημι	*pongo* (√ θε; *tesis*)
φημί	*digo*

165. Ejercicios

a. Lea la lección con cuidado notando los varios morfemas usados para formar los verbos en -μι. Aprenda de memoria el presente y el imperfecto activo del indicativo de δίδωμι.

b. Memorice el vocabulario de esta lección.

c. Traduzca 1 Juan 2:7-14.

Lección 26:

Cuando lea su Nuevo Testamento griego
Seis ámbitos de aplicación

166. Introducción

En las veinticinco lecciones anteriores, ha empleado usted una cantidad de tiempo significativa en la gramática. Ahora es el momento de indicar cómo todo este conocimiento afecta a su comprensión de la Escritura. El estudio de la gramática le ayudará a ver cómo las partes de un pasaje se relacionan entre sí, otorgándole nuevas perspectivas acerca de lo que el texto dice en realidad, y más aún ayudándole a organizar sus sermones y clases sobre la Biblia, si es ese el caso. Hay al menos seis zonas críticas en las que el conocimiento de la gramática griega desempeña un papel importante en la exégesis: el aspecto; la voz; el artículo; la palabra, la oración, y el orden de las frases; la estructura sintáctica y la estructura del discurso. Podríamos haber añadido otras áreas, por ejemplo, una sección sobre la fonología. La importancia de la fonología se ve, por ejemplo, en Hebreos 1:1 en la repetición de la consonante π en πολυμερῶς ("en muchas ocasiones"), πολυτρόπως ("en muchas maneras"), πάλαι ("hace mucho tiempo"), πατράσιν ("padres"), y προφήταις ("profetas"). Este artificio, conocido como aliteración, añade no solo un conocimiento acerca de la estética del texto, sino que indica también su importancia. Pero la fonología no es pertinente en el nivel de exégesis del presente libro. Hemos tenido el debido cuidado de limitar el tratamiento a solo los ámbitos de mayor aplicación para el principiante. Como en las lecciones anteriores, el objetivo es mostrar numerosos ejemplos para indicarle exactamente lo que debe buscar.

167. Observe el Aspecto

Recordaremos que el aspecto se refiere al punto de vista de la acción que el hablante decide presentar al oyente (§15). Las tres categorías del aspecto en el griego son el aorístico, el imperfectivo y el perfectivo. Por lo general, el aspecto aorístico es el término no marcado, y los aspectos imperfectivo y el perfectivo los marcados con mayor intensidad. El aspecto aorístico es también el típico, usado como un telón contra cuyo fondo se puede ver el resto de las acciones. El aspecto imperfectivo es el del "primer plano," que contrasta con el aoristo, mientras que el perfectivo es el aspecto de "marcado al máximo," e importante en cualquier lugar en el que se utilice. Los tres aspectos del griego pueden visualizarse así:

Aspecto aorístico	No marcado	Acentúa la idea verbal
Aspecto imperfectivo	Marcado	Acentúa el proceso
Aspecto perfectivo	Muy marcado	Acentúa los efectos

El aspecto no debe ser confundido con el tiempo de acción. El español pregunta normalmente: "¿*Cuándo* pasó?" El griego pregunta: "¿*Cómo* pasó?"

El aspecto queda bien ilustrado en un análisis parafrástico. Romanos 6:7-11 es un buen ejemplo: "Porque el que murió [aspecto aorístico] ha sido liberado [aspecto perfectivo] del pecado. Ahora si hemos muerto [aspecto aorístico] con Cristo, creemos [aspecto imperfectivo] que también viviremos [aspecto aorístico] con él, sabiendo [aspecto perfectivo] que si Cristo fue suscitado [aspecto aorístico] de entre los muertos, entonces nunca más volverá a morir [aspecto imperfectivo] y la muerte ya no tiene dominio [aspecto imperfectivo] sobre él. Pues el que murió [aspecto aorístico] murió [aspecto aorístico] al pecado una vez para siempre. Pero la vida que él vive [aspecto imperfectivo] la vive [aspecto imperfectivo] para Dios. Así también consideraos [aspecto imperfectivo] a vosotros mismos muertos al pecado y vivos [aspecto imperfectivo] para Dios." Aunque podríamos examinar muchos otros detalles en este texto, el susodicho análisis manifiesta cómo el aspecto verbal nos ayuda a establecer el significado de un texto. Observe también los ejemplos siguientes:

a. Colosenses 1:16: "Porque en él fueron creadas todas las cosas [aspecto aorístico]..., y todas las cosas han sido creadas [aspecto perfectivo] por medio de él y para él." Aquí el aoristo indica el hecho histórico de la creación, mientras que el acento más fuertemente marcado del perfecto hace hincapié en la soberanía constante de Cristo sobre su creación.

b. 1 Corintios 15:4: "Cristo murió [aspecto aorístico]... y fue resucitado [aspecto perfectivo]." El aoristo "murió" llama la atención sobre el hecho de la muerte de Cristo: "él realmente, de hecho, murió." Sin embargo, al usar el perfecto "fue resucitado," Pablo deliberadamente destaca un aspecto esencial del relato del evangelio: "¡Cristo quien murió fue resucitado y está vivo hoy!"

c. Romanos 6:13: "Ofreceos vosotros mismos [aspecto aorístico] a Dios como vivos [aspecto imperfectivo] retornados de entre los muertos." Pablo utiliza típicamente aquí el aoristo para significar "presentaos vosotros mismos de una vez por todas." El aoristo, sin embargo, no ese preocupa por las veces que una acción debe ocurrir, sino por el hecho de que debe ocurrir. Por este motivo no podemos concluir de este aoristo que cada uno debe hacer un solo ofrecimiento que nunca va a ser repetido. El hincapié en este tipo de acción se encuentra sólo en la palabra "vivo," para la que Pablo usa un participio presente para mostrar que los creyentes comparten la vida por medio de la resurrección de Cristo (vea también el v. 4).

168. Atención a la Voz

Como hemos visto, la voz hace referencia a la manera según la cual el hablante decide relacionar el sujeto con la acción del verbo (§14). Las tres categorías de la voz en griego son la activa, media y pasiva. La voz activa representa al sujeto simplemente actuando, sin otro comentario sobre su participación en la acción. Las voces media y pasiva, por otra parte, destacan el sujeto gramatical. Esto puede visualizarse así:

Voz activa	No marcada	Acentúa la acción
Voz media	Marcada	Acentúa el sujeto
Voz pasiva	Marcada	Acentúa el sujeto

Note, por ejemplo, 3 Juan 12: "Demetrio ha recibido un buen testimonio de parte de todos." Aquí la forma pasiva griega del verbo "recibir" facilita que la atención se centre en Demetrio al acentuar el sujeto afectado. Observe también estos ejemplos:

a. 1 Corintios 13:12: "Ahora conozco [voz activa] en parte, pero entonces conoceré plenamente [voz media], al igual que yo he sido conocido plenamente [voz pasiva]."

b. 1 Tesalonicenses 1:2: "Damos gracias [voz activa] a Dios siempre por todos vosotros cuando los mencionamos [voz media] en nuestros rezos."

c. Mateo 5:4: "Bienaventurados los que lloran [voz activa], pues ellos serán consolados [voz pasiva]."

169. Atención al artículo definido

La presencia o ausencia del artículo griego es a menudo importante en la exégesis. La frecuencia del artículo en el Nuevo Testamento griego (aproximadamente 19.700 ocurrencias) hace de él una característica significativa de la sintaxis. La función general del artículo puede ser perfilada de la siguiente manera (vea también §33):

Presencia: (1) Énfasis bien definido. Gálatas 3:8: "La Escritura [es decir, no cualquier escritura, sino el Antiguo Testamento] previó que Dios justificaría a los gentiles."

(2) Énfasis anafórico (de ἀναφορά, "llevar hacia atrás"). Santiago 2:14: "¿Acaso puede esa fe [es decir, la fe adquirida fácilmente ya mencionada] salvarlo?"

Ausencia: (1) Énfasis indefinido. 1 Timoteo 6:10: "El amor al dinero es raíz [es decir, una de las muchas raíces] de toda clase de mal."

(2) Énfasis cualitativo. Gálatas 1:1: "Pablo, apóstol [es decir, un representante autoritativo, pero no el único] de Jesucristo."

Otros dos empleos del artículo se prestan a discusión. La regla de Granville Sharp (formulada en 1798) declara que cuando dos sustantivos en el mismo caso van unidos por καί, un solo artículo antes del primer sustantivo denota una unidad conceptual, mientras que la repetición del artículo denota la particularidad de cada uno. Un ejemplo de dos sustantivos unidos por un solo artículo es Tito 2:13: **τοῦ** μεγάλου **θεοῦ** καὶ **σωτῆρος** ἡμῶν Ἰησοῦ Χριστοῦ, "nuestro gran Dios y Salvador Jesucristo." Aquí el artículo único muestra que el autor consideró que Cristo era Dios. Un ejemplo de un artículo repetido para denotar la particularidad de cada sustantivo es Apocalipsis 1:8: Ἐγώ εἰμι **τὸ** ἄλφα καὶ **τὸ** ὦ, "Yo soy el Alfa y la Omega," es decir Jesús es tanto el principio como el final.

La regla de Granville Sharp podría ser ampliada incluyendo en ella las oraciones con preposición: dos sustantivos unidos por καί y gobernados por una sola preposición implican generlmente una unidad conceptual. Un ejemplo es Juan 3:5: ἐὰν μή τις γεννηθῇ ἐξ ὕδατος καὶ πνεύματος, "a menos que uno haya nacido del agua y del Espíritu." Esta frase se solía interpretar por lo general como referida a dos nacimientos distintos. Sin embargo, ya que el "agua" y el "Espíritu" están gobernados por una sola preposición, podría argumentarse que sólo se considera un nacimiento, el del "agua", que acentúa la tarea purificadora del "Espíritu.."

La regla de Colwell (publicada en 1933) declara que los nominativos predicativos sin artículo que pre ceden a la cópula (el verbo "ser" o "estar") son por lo general definidos en su significado. Las implicaciones de esta regla son notables especialmente en Juan 1:1: θεὸς ἦν ὁ λόγος, "el Verbo era Dios." θεός, predicado en nominativo, aparece sin artículo y precede a la cópula ἦν. El resultado es que θεός tiene un significado casi seguramente definido: "el Verbo era Dios", y no simplemente "un dios."

170. Observe a la palabra, la oración y al orden de la frase

La palabra, la oración y el orden de la frase en el Nuevo Testamento griego están bien definidos, y las variaciones de las normas se usan a menudo con el objetivo de expresar énfasis (§35). En español, el énfasis se indica a menudo solo por el tono de voz o por la letra cursiva en la escritura:

"Este hombre era el Hijo de Dios" (no hay énfasis, una simple declaración de hecho).
"*Este* hombre era el Hijo de Dios" (es decir "Él, y ningún otro, era el Hijo de Dios").
"Este hombre era el Hijo de *Dios*" (es decir "Él era el Hijo de Dios, no un ser humano").
"Este hombre era el *Hijo* de Dios" (acentúa su filiación).

En griego, el énfasis se expresa generalmente colocando una palabra fuera de su orden habitual. Así, en Mateo 27:54, ἀληθῶς θεοῦ υἱὸς ἦν οὗτος ("Verdaderamente esté hombre era el Hijo de Dios"), la posición del posesivo genitivo θεοῦ antes de su sustantivo hace que sea enfático. Observe también que ἀληθῶς vehicula el énfasis como hacen los adverbios por lo general. Finalmente, observe que el sujeto οὗτος sigue al verbo ἦν. Este orden — el verbo primero, después el sujeto— no es común en el Nuevo Testamento y probablemente se debe a la influencia de la Septuaginta, el Antiguo Testamento griego. Por el contrario, es frecuente que el sujeto vaya antes del verbo, especialmente cuando el primero introduce un nuevo asunto o se desea que haya un contraste con alguna otra cosa más dentro del contexto.

Las normas de las palabras, oraciones y el orden de las frases griegas se encuentran abajo. Cualquier alteración del orden acostumbrado, ya sea una colocación anterior o o posterior de algún elemento, puede resultar en cambios significativos para la exégesis. También se incluyen las clases gramaticales de palabras que intrínsecamente transmiten énfasis.

(1) Orden usual de las palabras/oraciones

(a)	Oraciones copulativas:	Verbo	Sujeto	Complemento
(b)	Oraciones no copulativas:	Verbo	Sujeto	Objeto Complemento indirecto
			Sintagma preposicional	

(2) Orden usual de las cláusulas

Temporal (ὅταν)	CLÁUSULA PRINCIPAL	Temporal (ἕως, ἀχρί)
Condicional (εἰ, ἐάν)		Condicional Negativa (ἐὰν μή)
		Local (ὅπου)
		Comparativa (καθῶς)
		Final (ἵνα)
		Causal (ὅτι)
		Explicativa (ὅτι)

(3) Oraciones con palabras intrínsecamente enfáticas

(a) Adverbios (p.ej., ἀληθῶς, εὐθύς)

(b) Pronombres enfáticos personales (ἐμοῦ, ἐμοί, ἐμέ, etc.)

(c) Adjetivos enfáticos posesivos (σός, ἡμέτερος, etc.)

(d) Pronombres personales en nominativo(ἐγώ, ἡμεῖς, etc.)

(e) Pronombres intensivos (αὐτός, αὐτή, etc.)

(f) Adverbios intensivos (οὐχί, νυνί)

(g) Negaciones dobles (οὐ μή)

Para resumir, palabras, frases, y cláusulas que son enfáticas normalmente pertenecen a las siguientes clases (incluyendo algunas clases explicadas en las lecciones anteriores):

(a) Complementos directos que preceden al verbo

(b) Sujetos que preceden al verbo (excepto cuando se propone un nuevo tema o contraste)

(c) Adjetivos en nominativo en posición predicativa que preceden a su sujeto y/o verbo

(d) Sustantivos/pronombres en genitivos que preceden al sustantivo al que modifican

(e) Adjetivos atributivos después del sustantivo al que modifican

(f) Demostrativos atributivos después de los sustantivos al que modifican

(g) Imperativos después de su sujeto y/o objeto

(h) Frases prepositivas que preceden a su verbo

(i) Complementos indirectos que preceden su verbo

(j) Oraciones temporales (ἕως, ἀχρί), condicionales negativas, de complemento local, comparativas, finales, causales y oraciones explicativas que precedena la oración principal

(k) Oraciones temporales (ὅταν) y condicionales que van después de la oración principal

(l) Palabras que intrínsecamente denotan importancia (adverbios, pronombres enfáticos, etc.)

Cuando lea el griego, preste especial atención a los nominativos y complementos en acusativo al principio de una oración. Observe, además, cualquier división o ruptura dentro de una unidad sintáctica. Tal discontinuidad gramatical expresa generalmente énfasis. En 3 Juan 4, por ejemplo, el adjetivo "mayor" va separado de su sustantivo "gozo" por cuatro palabras. Este fenómeno es muy común en Lucas, Pablo, y Hebreos. Note finalmente la construcción en "nominativo absoluto," en la que el sujeto va colocado a la cabeza de la frase sin tener en cuenta la sintaxis normal. En este caso la atención recae sobre el sujeto. Ejemplo: Juan 1:33: "Pero el que me envió a bautizar con agua, *precisamente este,* me dijo…" Esta repetición es más enfática que "Pero el que me envió a bautizar en el agua me dijo…" Es esta una expresión semítica muy común y un rasgo notable del Evangelio de Juan.

Estudie las siguientes oraciones:

a.	1 Juan 1:5	ὁ θεὸς **φῶς** ἐστιν. "Dios es **luz**."
b.	Juan 19:18	**αὐτὸν** ἐσταύρωσαν. "**Le** crucificaron."
c.	1 Juan 1:8	ἐὰν εἴπωμεν ὅτι **ἁμαρτίαν** οὐχ ἔχομεν, **ἑαυτοὺς** πλανῶμεν. "Si decimos que no tenemos **pecado**, nos engañamos a nosotros **mismos**."
d.	1 Cor. 1:24	Χριστὸν, **θεοῦ** δύναμιν καὶ **θεοῦ** σοφίαν. "Cristo, poder **de Dios** y sabiduría **de Dios**."
e.	Juan 1:46	**ἐκ Ναζαρὲτ** δύναταί τι ἀγαθὸν εἶναι; "**¿Acaso de Nazaret** puede salir algo bueno?"
f.	Gálatas 3:29	ἄρα **τοῦ Ἀβραὰμ** σπέρμα ἐστέ, **κατ' ἐπαγγελίαν** κληρονόμοι. "Entonces sois descendencia **de Abraham**, herederos **según promesa**."
g.	1 Tes. 3:8	νῦν ζῶμεν, **ἐὰν ὑμεῖς** στήκετε ἐν κυρίῳ. "Ahora vivimos, **si vosotros** estáis firmes en el Señor."
h.	Juan 8:45	**ἐγὼ** δὲ **ὅτι τὴν ἀλήθειαν** λέγω, οὐ πιστεύετέ μοι. "Pero **porque yo** digo **la verdad**, no me creéis."

i.	Fil. 2:22	σὺν ἐμοὶ ἐδούλευσεν εἰς τὸ εὐαγγέλιον.
		"Él sirvió **conmigo** en el evangelio."

j.	Mateo 2:16	Ἡρῴδης ἐθυμώθη **λίαν**.
		"Herodes estaba **sumamente** enfadado."

k.	Mateo 1:21	**αὐτὸς** γὰρ σώσει τὸν λαὸν αὐτοῦ ἀπὸ τῶν ἁμαρτιῶν αὐτῶν.
		"Porque él **mismo** salvará su pueblo de sus pecados."

l.	Juan 10:11	Ἐγώ εἰμι ὁ ποιμὴν ὁ **καλός**.
		"Yo soy el buen pastor."

m.	Juan 5:22	**τὴν κρίσιν** δέδωκεν τῷ υἱῷ.
		"Todo **juicio** lo ha delegado al Hijo."

n.	Juan 1:14	ὁ λόγος **σὰρξ** ἐγένετο.
		"El Verbo se hizo **carne**."

o.	2 Cor. 7:1	**ταύτας** οὖν ἔχοντες τὰς ἐπαγγελίας.
		"Teniendo **estas** promesas."

p.	Juan 6:27	**τοῦτον** γὰρ ὁ πατὴρ ἐσφράγισεν ὁ θεός.
		"Porque sobre **éste** el Padre, aun Dios, ha puesto su sello."

q.	Marcos 14:31	**οὐ μή** σε ἀπαρνήσομαι.
		"**Jamás** te negaré."

Estos son solos unos pocos especímenes tomados de un gran número de casos y seleccionados concretamente por su brevedad. Usted será capaz de encontrar muchos ejemplos más cuando lea detenidamente el Nuevo Testamento griego.

171. Observe la estructura sintáctica

Uno de lo más satisfactorios (y retadores) aspectos de la exégesis es poder seguir netmente el argumento de un autor. Una debilidad de muchos comentarios es su fracaso al explicar cómo cada proposición se relaciona con las precedentes y con las que siguen. Una proposición es simplemente una declaración sobre algo, que se manifesta por lo general por medio de una oración (p.ej., "Cristo murió") o un sintagma (p.ej., "por nuestros pecados"). Al estudiar las relaciones entre las proposiciones, podemos asumir que las opciones que un autor ha tomado son significativas. El uso de una oración principal en vez de una participial, por ejemplo, no es una variación arbitraria, sino significativa (aunque no necesariamente consciente). Y es una suposición justa deducir que los autores del Nuevo Testamento dieron por supuesto que sus lectores harían un esfuerzo razonable para entender cómo han desarrollado sus argumentos.

Las relaciones entre proposiciones u oraciones afirmativas son de dos tipos: coordinadas o subordinadas (§34). Las oraciones coordinadas son independientes y pueden estar solas, mientras que las subordinadas se relacionan con la principal de alguna manera para apoyar a la proposición afirmada por aquella. Si digo, "Estudié griego y fui al instituto," tanto "estudié griego" como "fui al instituto" son proposiciones independientes, puesto que no hay relación de dependencia sintáctica entre ellas. Pero si digo, "Estudié griego cuando fui al instituto," la oración "cuando fui al instituto" es una proposición subordinada ya que depende de la frase principal "estudié el griego." En el Nuevo Testamento, las oraciones coordinadas son generalmente reconocibles porque van unidas por conjunciones coordinadas como καί, δέ, ἀλλά, οὖν, διό, o por la yuxtaposición simple entre ellas sin una palabra de conexión (asíndeton).

Las oraciones subordinadas son reconocibles por lo general porque van unidas a la oración principal por conjunciones subordinantes como γάρ, ἵνα, ὅτι, y ὥστε, por verbos no finitos (participios e infinitivos), por pronombres relativos y por preposiciones.

En textos narrativos, como los Evangelios y los Hechos, las proposiciones se representan frecuentemente según una sola oración o frase. En las cartas del Nuevo Testamento, por otra parte, se usan más a menudo grupos de frases (p.ej., Ef. 1:3-14). Al estudiar la disposición de las oraciones o de las frases en un texto, es provechoso ordenar o disponer las oraciones subordinadas respecto a la oración o frase principal de la manera siguiente:

ORACIÓN/FRASE PRINCIPAL
    ORACIÓN SUBORDINADA A
    ORACIÓN SUBORDINADA B
    ORACIÓN SUBORDINADA C

De este modo podemos ver cuáles son las principales cláusulas de apoyo y como estas se relacionan con la cláusula principal. Considere los ejemplos siguientes:

(1)   Efesios 5:18-21:

Llenaos del Espíritu

    a.   hablando unos a otros con salmos

    b.   himnos y melodías en vuestras corazones

    c.   dando gracias por todas las cosas

    d.   sometiéndoos vosotros mismos el uno al otro en el temor de Cristo

(2)   Mateo 28:19-20:

Haced discípulos de todas las naciones

    a.   bautizándolos

    b.   enseñándoles

En estos dos ejemplos, las oraciones participiales en griego apoyan a la principal y nos dicen cómo realizar el contenido del mandato. Debe notarse que la oración principal no siempre irá en primer lugar en el texto griego. Sin embargo, se supone que usted querrá mostrar en primer lugar la frase principal antes de ordenar las oración subordinadas que puedan encontrarse. En el análisis siguiente de Hebreos 12:1-2, traducimos en primer lugar la frase principal, aun cuando sea en realidad la tercera frase del párrafo:

Corramos (τρέχωμεν) con perseverancia la carrera que tenemos por delante

    a.   teniendo (ἔχοντες) en derredor nuestro una nube tan grande de testigos

    b.   despojándonos (ἀποθέμενοι) de todo peso y del pecado que tan fácilmente nos envuelve

    c.   fijando (ἀφορῶντες) nuestros ojos en Jesús, el autor y consumador de la fe

        quien soportó (el tormento de) la cruz

            por el gozo puesto delante de él

        y se ha sentado a la diestra del trono de Dios

            menospreciando toda vergüenza

Observe que la primera línea del análisis solo contiene un verbo finito independiente (τρέχωμεν, "Corramos"). Esta frase expresa la intención principal del autor: correr la carrera con perseverancia. Observe luego cómo esta frase es modificada por otras tres frases participiales que califican "la carrera": (a) los que ya han completado la carrera son un gran estímulo a nosotros; (b) no podemos, sin embargo, tener la esperanza de llegar a la meta sin aborrecer intensamente el pecado; y (c) teniendo en cuenta nuestras propias debilidades, debemos contemplar a Jesús, "el autor y consumador de la fe." Los temas restantes del párrafo son una descripción asombrosa de Jesús, que muestra cómo el tema "correr la carrera" culmina en "Jesús y lo que él es." Al reducir estos elementos a un esquema, nos moveremos directamente de la teoría a la práctica:

Texto: Hebreos 12:1-2

Título: ¡Correr para Ganar!

    Tema: El cristiano es llamado a seguir el ejemplo de Jesús en una vida de sumisión y obediencia ("Corramos con perseverancia...").

Contorno:

    I.   Nuestro estímulo ("teniendo tan gran nube de testigos")
    II.   Nuestros enredos ("despojándonos de todo peso...")
    III.   Nuestro ejemplo ("fijando nuestros ojos en Jesús...")

Este sencillo esquema manifiesta claramente cómo al analizar la estructura del texto podemos movernos de la interpretación a la aplicación. Al formar nuestra interpretación a través de la estructura interna del texto, podemos acentuar los pensamientos dominantes del autor sin entorpecernos con las cosas menores o leer en el texto nuestro tema favorito (eiségesis en vez de exégesis).

Observe luego cómo la concentración del autor en Jesús se conforma por medio del tropo retórico conocido como "quiasmo" (el diagrama siguiente es una paráfrasis):

A   viendo SENTADOS en derredor nuestro tan gran nube de testigos

  B   y DEJANDO DE LADO todo el peso y del pecado que tan fácilmente nos envuelve

    C   con PACIENTE PERSEVERANCIA

      D   Corramos la carrera ANTE NOSOTROS

        E   **fijando nuestros ojos en Jesús, el autor y consumador de la fe**

      D´   quien por el gozo PUESTO ANTE ÉL

    C´   con PACIENCIA SUPORTÓ la cruz

  B´   MENOSPRECIANDO la vergüenza

A´   y TOMÓ ASIENTO a la diestra del trono de Dios

Un quiasmo es simplemente un paralelismo inverso en el que la línea del centro es la que recibe el mayor hincapié. El descubrimiento de este modelo no sólo vale como indicación del arte literario del autor, sino también para llamar la atención sobre el punto central del párrafo entero: ¡Jesús!

En resumen: el análisis cuidadoso de la estructura sintáctica puede proporcionar una mejor comprensión de las palabras individuales, oraciones e incluso párrafos enteros. El Nuevo Testamento está lleno de estructuras significativas, ignoradas a menudo tanto por los estudiantes de exégesis como por los eruditos. Ofrecemos el siguiente análisis de Gálatas 1:1-5 con la esperanza de que le sirva como modelo para analizar la estructura de cualquier otra sección del Nuevo Testamento.

(1)   Pablo (escribe) a las iglesias de Galicia ["A a B"]

apóstol [hecho muy cuestionado por los judaizantes]

no de parte de los hombres [no una fuente humana]

ni mediante hombre alguno [ningún individuo humano sirvió como agente]

sino por medio de Jesucristo y de Dios Padre [una fuente divina]

que lo resucitó de entre los muertos [fue Cristo resucitado quien le llamó a Pablo]

y todos los hermanos que están conmigo [el evangelio de Pablo no era una singularidad, sino el mensaje recibido por todos los que estaban con él]

(2)   Gracias (os otorgue Dios) a vosotros y paz ["Salutación"]

de Dios nuestro Padre y del Señor Jesucristo [una fuente divina]

quien se dio a sí mismo por nuestros pecados [expiación vicaria o sustitutiva: nada más necesario]

para librarnos de este siglo presente y malvado [la salvación implica una vida santa]

conforme a la voluntad de nuestro Dios y Padre [el evangelio de Pablo—no de los Judaizantes—es según el plan de Dios]

A quien *sea* la gloria por los siglos de los siglos. Amén. [Dios, pues, recibe toda la gloria para la salvación]

Observe que el saludo de apertura de Pablo tiene algo del tono y del contenido de la carta entera, cuyos elementos habituales están presentes ("A a B, Salutación"), pero el lector se sumerge inmediatamente en el corazón del tema de Pablo:

(1) La fuente de la autoridad apostólica de Pablo (tratado en los capítulos 1-2)
(2) El evangelio de la gracia (tratado en los capítulos 3-4)
(3) El rescate del poder del pecado (tratado en los capítulos 5-6).

172. Analice la estructura del discurso

Se ha indicado ya que el significado opera en niveles diferentes: palabras, oraciones, frases, párrafos y libros enteros. La disciplina lingüística que trata de integrar la información deducida de todos estos niveles se conoce como "análisis del discurso". El objetivo del análisis del discurso es llegar al significado total de un texto (el discurso). Sólo entonces puede ser comprendido plenamente el significado de las palabras y oraciones individuales. Este método de análisis contrasta considerablemente con los antiguos métodos de exégesis, en los que la palabra era considerada la unidad central de estudio.

El análisis del discurso de cualquier texto comienza por lo general tratando de dividirlo en secciones principales, menores, y en secciones de párrafos. Entonces es posible abordar el significado de las palabras y las frases. En el discurso concreto que se está estudiando, el intérprete debe observar con todo cuidado los rasgos estructurales que enlazan todo el texto y que le dan cohesión. Estos rasgos son:

(a) Rasgos iniciales o conclusivos que marcan el principio y el final del discurso
(b) Rasgos que marcan las principales transiciones internas
(c) Rasgos que marcan las relaciones espaciales, temporales, y lógicas
(d) Rasgos que identifican a los participantes
(e) Rasgos de primer plano o de fondo a participantes y eventos sucesivos

Elementos tales como las conjunciones, el orden de los eventos, la longitud de las oraciones y las indicaciones de tiempo y lugar asumen una función importante para determinar la cohesión y la progresión del pensamiento. Por ejemplo, en el Evangelio de Mateo el adverbio τότε indica a menudo que comienza una nueva sección (cf. 4:1, 5, 11), aunque no siempre cumpla esta función (4:10). De la misma manera, la frase καὶ ἐγένετο (tradicionalmente traducida por "y sucedió") introduce a menudo una nueva sección en el Evangelio de Lucas. La frase μετὰ ταῦτα ("después de estas cosas") comienza normalmente una nueva sección en el Evangelio de Juan. En las cartas de Pablo, los vocativos como "hermanos" aparecen a menudo al principio de un nuevo párrafo (p.ej., 1 Tes. 4:1, 13; 5:1, 12, 25). Pablo usa también περὶ δέ ("Acerca de...") para indicar tanto la unidad como la transición entre las secciones amplias de un texto. περὶ δέ aparece cinco veces en 1 Corintios (7:1, 25; 8:1; 12:1; 16:1), y en cada caso Pablo introduce un nuevo tema, probablemente en respuesta a preguntas planteadas por los corintios (7:1). Pablo usa la misma construcción en 1 Tesalonicenses (4:9, 13; 5:1) para introducir asuntos significativos en la carta: "amor fraternal" (4:9-12), "los muertos en Cristo" (4:13-18), y "esperanza firme" (5:1-11).

Estos son unos pocos ejemplos de cohesión y progresión en los textos que se encuentran en el Nuevo Testamento. Si desea estudiar la relación entre el análisis del discurso y el estudio de la Biblia con mayor detalle, hay varias obras provechosas que puede encontrar en el Epílogo. Esta lección es sólo un comienzo mínimo en su estudio de la estructura del discurso. Si usted es ahora un poco más sensible a los marcadores de las transiciones, estructuras del párrafo y de las relaciones entre las unidades de discurso, ha comenzado a andar por el buen camino.

173. Ejercicios

a. Romanos 1:1-7 revela mucho sobre el objetivo (y otros objetivos menos importantes) de Pablo a la hora de escribir Romanos. Utilizando el análisis anterior de Gálatas 1:1-5 como modelo, indique cómo varias partes del párrafo se relacionan con el pasaje entero.

(1)   Pablo (escribe) a los que están en Roma
                          los amados de Dios
                          llamados santos
            esclavo de Jesucristo
            llamado a ser apóstol
            segregado para el evangelio de Dios
                que Él ya había prometido
                    por medio de sus profetas
                    en las santas Escrituras
                    acerca de su Hijo
                        que nació
                            de la descendencia de David
                            según la carne
                        que fue declarado Hijo de Dios con poder
                            según el Espíritu de santidad
                            por la resurrección de entre los muertos
                    Jesucristo nuestro Señor
                        por medio de quien hemos recibido la gracia y el apostolado
                        para la obediencia a la fe entre todos los gentiles, por amor a su nombre
                            entre los cuales estáis también vosotros, llamados de Jesucristo

(2)   Gracias (sean) a vosotros y paz
            de parte de Dios nuestro Padre y del Señor Jesucristo

b. Lea nuevamente 1 Juan 1:5–2:6. Este pasaje le exigirá que aplique casi todas las fases de la exégesis tal como hemos explicado en esta lección. Procure entender el punto de vista del autor según su uso del aspecto, la voz, el artículo y las técnicas utilizadas por él para expresar el énfasis. Considere la estructura sintáctica y la cohesión de todo el párrafo. Estas habilidades en el uso de la crítica le serán siempre útiles cuando lea su Nuevo Testamento griego.

EPÍLOGO:

EL SIGUIENTE PASO

AMPLIADA POR THOMAS W. HUDGINS

174. Introducción

Hasta este momento ha estudiado usted los elementos básicos del griego del Nuevo Testamento y ha establecido una base firme para leer y entender este texto. Pero si su deseo es no perder las habilidades que ha conseguido hasta aquí, debe usarlas y mejorarlas. En lo que sigue le indicaremos algunos libros y otras ayudas que pueden serle útiles en su estudio posterior. En su mayor parte son textos usuales que han servido de ayuda a estudiantes de la lengua griega y la mayoría está en inglés. Como ha escrito Jorge Parker (*Léxico-Concordancia del Nuevo Testamento en Griego y Español*, xi), el estudiante del Nuevo Testamento de lengua hispana "no puede contar con las herramientas necesarias en su lengua para profundizar el estudio de los idiomas originales." Pero es una buena noticia el que cada año parece haber más y más obras escritas en español o traducidas a esta lengua. Esperemos que esto continúe. En las secciones siguientes se señalarán en primer lugar las obras en lengua inglesa, y posteriormente encontrará algunos párrafos con los añadidos de recursos similares escritos en español o ya traducidos a esta lengua.

175. Concordancias

Una concordancia es un índice ordenado por orden alfabético de las palabras contenidas en las Escrituras, lo que permite consultar el pasaje donde se encuentra una palabra griega y ver las diferentes posibilidades de traducción. *A Concordance to the Greek Testament* (5ª ed.; Edinburgh: T. & T. Clark, 1987), de W. F. Moulton y A. S. Geden, sigue siendo muy útil, aunque se basa en un texto griego de ediciones antiguas. La obra de Moulton y Geden ha sido completamente revisada: *A Concordance to the Greek New Testament*, editada por I. Howard Marshall (6ª ed.; Edinburgh: T. & T. Clark, 2002). Otra concordancia útil es *The Greek-English Concordance to the New Testament*, editada por J. R. Kohlenberger III, E. Goodrick, y J. Swanson (Grand Rapids: Zondervan, 1997).

Son muy utiles las concordancias de Pedro Ortiz V., *Concordancia Manual y Diccionario Griego-Español del Nuevo Testamento* (Madrid: Sociedad Bíblica, 1997) y Jorge Parker, Léxico-Concordancia del Nuevo Testamento en griego y español (El Paso, TX: Editorial Mundo Hispano, 1982). La concordancia de Parker comienza en la página 93 y sigue hasta la página 725. Está basada en el texto de la Reina-Valera Version de 1960 y el texto mayoritario (el que aparece en la mayoría de los manuscritos). Presenta la forma de las palabras griegas tal como aparece en los diccionarios seguida de los versículos en los que se utiliza y una breve traducción según el texto de la Reina-Valera Version de 1960. Existe también la *Concordancia analítica greco-española del Nuevo Testamento greco-español* de Alfred Tuggy y J. Stegenga (Barcelona: CLIE, 2010). Tuggy ha compuesto también una concordancia de solo las preposiciones griegas titulada *Concordancia de las preposiciones del Nuevo Testamento griego en siete idiomas = Concordance of the Prepositions of the Greek New Testament in Seven Languages; Español, English, Deutsch, Français, Italiano, Ladino, Portugués* (Barcelona: CLIE, 1984). Es también útil la concordancia de Hugo M. Petter, *Concordancia Greco-Española del Nuevo Testamento* (Barcelona: CLIE, 1976), pero es difícil encontrar ejemplares.

176. Léxicos y Herramientas de Traducción

Todo estudiante del Nuevo Testamento debe poseer la obra de W. Bauer, acomodada al inglés por F. W. Danker, F. W. Gingrich y W.F. Arndt (BDAG), *A Greek-English Lexicon of the New Testament and Other Early Christian Literature* (3ª ed.; Chicago: University of Chicago Press, 2000). Además de proporcionar las definiciones, BDAG incluye información sobre la historia de las palabras y sugiere las posibles traducciones de las palabras difíciles. Una alternativa menos completa pero de fácil uso es G. Abbott -Smith, *A Manual Greek Lexicon of the New Testament* (3ª ed.; Edinburgh: T. & T. Clark, 1937), en el que, además de proporcionar las palabras hebreas correspondientes, contiene un apéndice útil de las formas verbales irregulares. Para una lectura rápida, consulte el *New Linguistic and Exegetical Key to the Greek New Testament* (Grand Rapids: Zondervan, 1998) de C. L. Rogers III. Este libro va paso a paso a través de todo el Nuevo Testamento en el orden canónico, enumerando según cada capítulo y versículo todas las formas y construcciones gramaticales difíciles o que podrían crear problemas para el estudiante del Nuevo Testamento griego. También incluye referencias seleccionadas de los principales léxicos, gramáticas y comentarios. Se basa en la 4ª edición del texto griego del Nuevo Testamento de la United Bible Societies.

Es muy útil en español, el *Léxico-Concordancia del Nuevo Testamento en griego y español* (El Paso, TX: Editorial Mundo Hispano, 1982) compuesto por Jorge Parker. El léxico comienza en la página 1 y se extiende hasta la página 92. Cada voz/lema tiene un número equivalente a la concordancia de Strong, y se basa en la Reina-Valera 1960. Las traducciones ofrecidas son las que se encuentran en la mencionada versión (RV1960). Además del léxico, Parker y su equipo han compuesto un índice español-griego (pp. 819-900) en donde se encuentra cada palabra española y varios glosarios griegos, junto con los números de Strong. Contiene además una lista de todo el vocabulario griego del Nuevo Testamento que va desde la página 901 hasta el final del libro. El léxico de Alfred Tuggy es quizás el más conocido y se llama *Léxico Griego-Español del Nuevo Testamento* (El Paso, TX: Editorial Mundo Hispano, 1996). Otro es el *Nuevo Léxico Griego-Español del Nuevo Testamento* (11° edición; El Paso, TX: Casa Baptista de publicaciones, 1981) compuesto por McKibben, Stockwell, y Rivas. Hay algunas otras obras recientes que deben considerarse también. La primera es el monumental *Diccionario Griego-Español del Nuevo Testamento. Análisis semántico de los vocablos* comenzado por Juan Mateos y editado por Jesús Peláez del Rosal (Córdoba: El Almendro, 2007) en fase de publicación por fascículos.

La segunda es el *Diccionario Griego-Español del Nuevo Testamento* de Jara Inmaculada Delgado (Salamanca: Universidad de Salamanca, 2006, en cuya bibliografía pueden encontrarse otros léxicos en español), quien tiene también una *Gramática griega del Nuevo Testamento,* de la Editorial Verbo Divino, Estella 2012. La tercera es el *Diccionario Griego-Español* (Madrid: Consejo Superior de Investigaciones Científicas, 2001). Otra (y ciertamente la obra más exhaustiva, aunque no está aún concluida) es el *Diccionario Griego-Español del Nuevo Testamento* por el Grupo de Análisis Semántico de la Universidad de Córdoba, de la Editorial El Almendro. La obra clásica de Max Zerwick, *Analysis philologica Novi Testamenti Graeci*, del Pontificio Insitituo Bíblico de Roma, completada en su versión inglesa por Mary Grosvenor (*A Grammatical Analysis of the Greek New Testament*) puede encontrarse en versión española de Alfonso de la Fuente en Editorial Verbo Divino, Estella, 2011. En esta misma editorial existe también *El griego del Nuevo Testamento* y *curso avanzado del griego del Nuevo Testamento* de Flaminio Poggi y el *Diccionario del griego bíblico. Setenta y Nuevo Testamento* de Amador Ángel García Santos.

177. Crítica Textual

Hemos dicho muy poco sobre la crítica textual del Nuevo Testamento, pero no porque este campo de estudio no sea importante. Es muy importante. Sobre los principios y métodos de la crítica textual, la introducción estándar ha sido y sigue siendo *The Text of the New Testament* (3ª ed.; Oxford: Oxford University Press, 1991), aunque el libro de D. A. Black *New Testament Textual Criticism* (Grand Rapids: Baker, 1994) es una alternativa menos técnica. Para ver por qué los editores UBS prefieren una lectura en lugar de otra, el libro de Metzger, *A Textual Commentary on the Greek New Testament* (2ª ed.; New York: United Bible Societies, 1994), es indispensable. Para obtener una visión general de los enfoques modernos de la crítica textual, consulte D. A. Black (ed.), *Rethinking New Testament Textual Criticism* (Grand Rapids: Baker, 2002). Tal vez la mejor carta de presentación actualmente en español se presenta en *Exégesis del Nuevo Testamento: Manual para Estudiantes y Pastores* (Miami, FL: Editorial Vida, 1992; mire pp. 46-53) escrito por Gordon Fee.

178. *Gramáticas de grado intermedio*

A medida que continúe sus estudios del griego del Nuevo Testamento, usted haría bien en tener cualquiera de los siguientes libros de gramática de grado intermedio:

H. E. Dana y J. R. Mantey, *A Manual Grammar of the Greek New Testment* (New York: Macmillan, 1927).

J. H. Greenlee, *A Concise Exegetical Commentary of New Testament Greek* (3ª ed.; Grand Rapids: Eerdmans, 1963).

J. A. Brooks y C. L. Winbery, *Sytax of New Testament Greek* (Lanham, MD: University Press of America, 1979).

D. A. Black, *It's Still Greek to Me* (Grand Rapids: Baker, 1998).

D. B. Wallace, *Greek Grammar beyond the Basics* (Grand Rapids: Zondervan, 1996). .

179. *Análisis Lingüístico*

Hay varias obras útiles sobre la lingüística del Nuevo Testamento griego que están disponibles, entre ellos:

J. P. Louw, *Semantics of New Testament Greek* (Philadelphia: Fortress, 1982).

M. Silva, *Biblical Words and Their Meaning: An Introduction to Lexical Semantics* (Grand Rapids: Zondervan, 1983).

D. A. Black, *Linguistics for Students of New Testament Greek: A Survey of Basic Concepts and Applications* (Grand Rapids: Baker, 1988).

P. Cotterell and M. Turner, *Linguistics and Biblical Interpretation* (Downers Grove: IVP, 1989).

J. Mateos, *Método de Análisis Semántico Aplicado al Griego del Nuevo Testamento* (Córdoba: El Almendro, 1989).

M. Guerra Gómez, *El idioma del Nuevo Testamento. Sintaxis. Estilística y diccionrio estilístico* (4ª ed.; Burgense: Ediciones Aldecoa, 1995).

En el relativamente nuevo campo del análisis del discurso griego, consulte a J. Beekman y J. Callow, *The Semantic Structure of Written Communication* (Dallas: SIL, 1981), y, más recientemente, D. A. Black (ed.), *Linguistics and New Testament Interpretation: Essays on Discourse Analysis* (Nashville: B&H, 1992). El trabajo anterior de J. P. Louw, "Discourse Analysis and the Greek New Testament," *The Bible Translator* 24 (1973): 101-118, sigue siendo muy útil.

180. *Exégesis del Nuevo Testamento*

Para pasar del esquema analítico de un texto del Nuevo Testamento a un sermón o charla sobre él, las siguientes obras le serán de ayuda:

G. D. Fee, *Exégesis del Nuevo Testamento: manual para estudiantes y pastores* (Miami, FL: Editorial Vida, 1992), también en inglés, *New Testament Exegesis: A Handbook for Students and Pastors* (3ª ed.; Philadelphia: Westminster, 2002).

W. L. Liefeld, *New Testament Exposition* (Grand Rapids: Zondervan, 1984).

N. Windham, *New Testament Greek for Preachers and Teachers* (Landham, MD: University Press of America, 1991).

D. A. Black, *Using New Testament Greek in Ministry: A Practical Guide for Students and Pastors* (Grand Rapids: Baker, 1993).

R. J. Erickson, *A Beginner's Guide to New Testament Exegesis* (Downers Grove: IVP, 2005.

H. Zimmermann, *Los métodos histórico-críticos en el Nuevo Testamento* (Madrid: B. A. C., 1969, actualizada luego y válida en su conjunto hasta hoy día).

Sobre los diversos métodos empleados en la interpretación del Nuevo Testamento, consulte I. H. Marshall (ed.), *New Testament Interpretation: Essays on Principles and Methods* (Grand Rapids: Eerdmans, 1977); D. Black y D. S. Dockery (eds.), *Interpreting the New Testament: Essays on Methods and Issues* (Nashville: B&H, 2001); A. Piñero y J. Peláez, *The Study of the New Testament: A Comprehensive Introduction* (Leiden: Deo Publishing, 2003).

181. Historia de la lengua griega

Sobre la naturaleza del griego del Nuevo Testamento y la historia del idioma, lea J. H. Greenlee, "The Language of the New Testament," en The Expositor's Bible Commentary (ed. F. E. Gaebelein; 12 vols.; Grand Rapids: Zondervan, 1976-92), 1:409-16; D. J. A. Clines, "The Language of the New Testament," en *The International Bible Commentary* (ed. F. F. Bruce; Grand Rapids: Zondervan, 1986), 1012-18; y D. A. Black, "Greek Language, N.T.," in *Encyclopedia of the Bible and Its Reception* (forthcoming); Férez Juan Antonio López, *La lengua científica riega. Orígenes, desarrollo e influencia en las lenguas modernas europeas* (Madrid: Ediciones Clásicas, 2004). El manual de O. Hoffmann, *Historia de la lengua griega* (Madrid: Editorial Gredos, 1999) es todo un clásico.

182. Más recursos utiles

Debe consultar sin duda alguna las siguientes obras sobre la exégesis del Nuevo Testamento: Fritz Rienecker, *Clave lingüística del Nuevo Testamento griego* (Buenos Aires: La Aurora, 1986); M. Zerwick, *Análisis gramatical del griego del Nuevo Testamento*, orig. trad. Mary Grosvenor (Estella, Navarra: Verbo Divino, 2007).

Sobre el aspecto verbal: S. Porter, *Verbal Aspect in the Greek of the New Testament* (New York: Lang, 1989); M. Fanning, *Verbal Aspect in New Testament Greek* (Oxford: Oxford University Press, 1990).

Sobre el orden de las palabras en griego: G. Hill (ed.), *The Discovery Bible* (Chicago: Moody, 1989), 549-54; I. Larsen, "Word Order and Relative Prominence in New Testament Greek," *Notes on Translation* 5 (1991): 29-34.

Sobre la coloración semítica del Nuevo Testamento griego: C. F. D. Moule, *An Idiom Book of New Testament Greek* (Cambridge: Cambridge University Press, 1963), 171-91; D. A. Black, "New Testament Semitisms," *The Bible Translator* 39 (1988): 215-23; and A. Piñero y Jesús Peláez, *El Nuevo Testamento. Introducción al estudio de los primeros escritos cristianos* (Córdoba: El Almendro, 1995), 180-206.

Sobre el estudio de palabras griegas: J. P. Louw y E. A. Nida, *Greek-English Lexicon of the New Testament Based on Semantic Domains* (2 vols.; New York: United Bible Societies, 1988); G. Kittel y G. Friedrich (eds.), *Compendio del diccionario teológico del Nuevo Testamento* (trans. al inglés por G. W. Bromiley y al español por C. A. Vargas y el equipo de la Comunidad Karios de Buenos Aires; 10 vols.; Grand Rapids: Libros Desafio, 2002), también en inglés, G. Kittel y G. Friedrich (eds.), *Theological Dictionary of the New Testament* (trans. y ed. por G. W. Bromiley; 10 vols.; Grand Rapids: Eerdmans,

1964-76); C. Brown (ed.), *The New International Dictionary of New Testament Theology* (4 vols.; Grand Rapids: Zondervan, 1975-86). Hay diversas traducciones "interlineales," entre ellas es recomendable Francisco Lacueva, *Nuevo Testamento interlineal griego-español con el texto griego de Nestle-Aland* (Terrassa, Barcelona: CLIE, 1986).

Sobre el estudio del vocabulario: B. M. Metzger, *Lexical Aids for Students of New Testament Greek* (Princeton: Theological Book Agency, 1974); T. A. Robinson, *Mastering Greek Vocabulary* (Peabody, Mass.: Hendrickson, 1991); W. C. Trenchard, *The Student's Complete Vocabulary Guide to the Greek New Testament* (Grand Rapids: Zondervan, 1992).

Sobre el estudio de los paradigmas de la morfología griega: W. Mueller, *Grammatical Aids for Students of New Testament Greek* (Grand Rapids: Eerdmans, 1972)..

183. *Programas de computadora*

Los programas de computadoras son muy útiles para el estudio profundo del griego. Consúltense, por ejemplo, Logos Bible Software, BibleWorks, y Accordance. Cada uno de estos programas permite búsquedas de palabras individuales o para varios tipos de patrones sintácticos. Logos será muy útil, especialmente porque ofrece diferentes paquetes en español.

APÉNDICE 1:

LOS ACENTOS GRIEGOS

184. Introducción

El griego, como hemos visto antes (§10), tiene tres acentos distintos. Estos son el acento agudo (´), el grave (`), y el circunflejo (^): ἀκούω τὴν φωνὴν τοῦ θεοῦ. Observe que el acento se coloca encima de la vocal de la sílaba acentuada, y sobre la segunda vocal de un diptongo. Aunque los acentos originalmente indican el timbre o el tono, en la actualidad no existe distinción alguna distinción entre ellos.

Observe que:

(1) Una palabra griega tiene tantas sílabas como vocales o diptongos: λόγος tiene dos sílabas (λό-γος); ἄνθρωπος tiene tres sílabas (ἄν-θρω-πος); δοῦλος tiene dos sílabas (δοῦ-λος); y ἀλήθεια tiene cuatro sílabas (ἀ-λή-θει-α).

(2) Una sílaba es larga si tiene una vocal larga o un diptongo: en βλέπω, βλέ- es breve, mientras –πω es larga; en δοῦλος, δοῦ- es larga, mientras -λος es breve. Sin embargo, los diptongos -αι y -οι se consideran breves cuando son finales. De ahí que el diptongo οι en λόγοι es breve porque es final, pero el οι en λόγοις es largo, ya que va seguido por otro fonema.

(3) Una palabra puede sólo puede recibir el acento en una de sus últimos tres sílabas. La sílaba postrera se llama la *última*, la sílaba anterior a la última se llama la *penúltima*, y la sílaba anterior de la penúltima se llama la *antepenúltima*.

185. Reglas generales de acentuación

1. El acento agudo:

   a. El acento agudo puede colocarse ya sea en una sílaba larga o breve: λόγος, οἴκοις.

   b. El acento agudo puede colocarse en cualquiera de las tres últimas sílabas: ἄγγελος, λόγος, καρπός.

   c. El acento agudo no puede colocarse en la antepenúltima cuando la última es larga: ἄγγελος, pero ἀγγέλου.

   d. El acento agudo no puede colocarse en una larga penúltima cuando la última es breve: no δούλου, sino δοῦλος.

2. El acento grave:

   a. El acento grave puede estar solamente sobre la última solamente.

   b. El acento grave puede estar tanto sobre una sílaba larga o breve.

   c. Si una palabra (no enclítica) sigue inmediatamente otra, el acento agudo de la primera se cambia en grave: υἱός, pero υἱὸς θεοῦ.

3. El acento circunflejo:

   a. El acento circunflejo puede estar solamente sobre una sílaba larga solamente: δοῦλος, pero no λõγος.

   b. El acento circunflejo puede estar solamente sobre la penúltima o última sílaba: δοῦλος, καρποῦ.

    c. El acento circunflejo no puede estar en la penúltima si la última es larga: δοῦλος, pero δούλου.

186. Acentos de sustantivos y verbos

1. El acento de un sustantivo es persistente, es decir, se mantiene en la sílaba que lo lleva en el nominativo singular en la medida en que las normas generales del acento lo permitan. Hay que aprender la posición del acento en el nominativo singular de cada sustantivo por separado. Y sobre el nominativo se aplicarán las reglas anteriores del acento. Observe los siguientes ejemplos:

ἄνθρωπος	(última breve)	δοῦλος
ἀνθρώπου	(última larga)	δούλου
ἀνθρώπῳ	(última larga)	δούλῳ
ἄνθρωπον	(última breve)	δοῦλον
ἄνθρωποι	(última breve)	δοῦλοι
ἀνθρώπων	(última larga)	δούλων
ἀνθρώποις	(última larga)	δούλοις
ἀνθρώπους	(última larga)	δούλους

2. El acento del verbo es recesivo, es decir, el acento está lo más lejos de la última sílaba en tanto en cuanto las normas generales del acento lo permitan:

λύω	ἐλυόμην
λύεις	ἐλύου
λύει	ἐλύετο
λύομεν	ἐλυόμεθα
λύετε	ἐλύεσθε
λύουσι(ν)	ἐλύοντο

187. Proclíticas y encлíticas

Es proclítica una palabra que "se inclina hacia adelante" y se siente tan cerca de la palabra siguiente que forma como una sola unidad de acento con ella. Enclítica es la palabra que "se inclina en" la palabra precedente como para formar una sola unidad de acento con ella. Por tanto, ni las proclíticas ni las encлíticas tienen acento propio.

Proclíticas incluyen:

    1. Las formas de ὁ, ἡ, οἱ, y αἱ del artículo.
    2. La negación οὐ.
    3. Las preposiciones εἰς, ἐν, y ἐκ (ἐξ).
    4. Las partículas εἰ y ὡς.

Enclíticas son:

    1. Las formas del presente indicativo de εἰμί, a excepción de la segunda forma del singular εἶ.

2. Las formas del pronombre indefinido τις/τι.
3. Las formas átonas de los pronombres personales: μου, μοι, με, σου, σοι, σε.

Las proclíticas no tienen reglas particulares para los acentos; simplemente no lo tienen. Las enclíticas, sin embargo, son diferentes. Las siguientes reglas se aplican a las enclíticas y las palabras que preceden a una enclítica:

1. La palabra antes de una enclítica no necesita cambiar su acento agudo a un acento grave en la última sílaba: ἀδελφός μου, no ἀδελφὸς μου.
2. Si la palabra antes de una enclítica tiene un acento agudo en la antepenúltima o un circunflejo en la penúltima, recibe un segundo acento (agudo) en la última: ἄνθρωπός τις, ὁ δοῦλός σου, δῶρόν ἐστιν.
3. Si la palabra antes de una enclítica es proclítica o enclítica, recibe un acento agudo en la última sílaba: εἴς με, ἄνθρωπός μού ἐστιν, ἀνήρ τίς ἐστιν.
4. Un enclítico de dos sílabas mantiene su propio acento cuando se sigue a una palabra que tiene un acento agudo en la penúltima: ὥρα ἐστίν.
5. Una enclítica conserva su acento cuando empieza una oracion o cláusula: εἰσὶν γὰρ εὐνοῦχοι ("Porque hay eunucos," Mat. 19:12).

APÉNDICE 2:

LA CANCIÓN DEL ALFABETO GRIEGO

Melodía popular norteamericana

*La canción está tomada directamente de la edición en inglés. Por lo tanto, la ortografía de algunas letras es diferente (p.ej., con alfa [alpha]).

APÉNDICE 3:

CLAVE DE LOS EJERCICIOS

Presentamos a continuación la clave de los ejercicios de traducción de las Lecciones 3–17. Los ejercicios de las lecciones restantes están tomados directamente del Nuevo Testamento griego, de modo que puede comprobar sus traducciones en estos capítulos contrastándolas con cualquier versión en español. Cuando haya completado los ejercicios, puede comprobarlos con la clave aquí ofrecida. Si encuentra errores en sus ejercicios, determine qué punto de la gramática se relaciona con el ejercicio en cuestión y asegúrese de que entiende exactamente el cómo y el porqué de su error. Lea entonces el griego otra vez, preferentemente en voz alta, hasta que sea capaz de traducir sin tener que revisar su versión, el vocabulario o la clave. Tenga en cuenta, sin embargo, que algunas oraciones pueden ser traducidas en más de una manera.

Lección 3

1. Ves. Escribes. No envías.
2. Conduce. Bautiza. No desata.
3. Escuchamos. Preparamos. No creemos.
4. Escribís. Confiáis. No salváis.
5. Ven. Enseñan. No desatan.
6. Bautiza. Enseñamos. No escuchan.
7. ¿Salvo? ¿Cura? ¿Envían?
8. Eres. Somos. Sois.
9. Escuchará. Bautizará. Tendrá.
10. Escribiremos. Enseñaremos. Predicaremos.
11. No desatarás. No glorificarás. No confiaremos.

Lección 4

1. Un siervo escribe una ley.
2. Conocéis la muerte.
3. Hermanos desatan a siervos.
4. Hijos traen regalos.
5. Escribes palabras a apóstoles.
6. Un hijo ve templos y casas.
7. Un hermano no habla una palabra a un hombre.
8. Un siervo trae un regalo a un apóstol.
9. Conocemos un camino a un templo.
10. No oímos palabras de muerte.
11. Hablas a criados, pero yo hablo a hermanos.
12. Hijos desatan a siervos de apóstoles.
13. Tanto a apóstoles como a hombres hablamos palabras de muerte.
14. No escribes palabras a hijos.
15. Niños oyen palabras en una casa, pero multitudes oyen palabras en un desierto.
16. Conoce a apóstoles y trae regalos a niños.
17. Verás a siervos, pero nosotros veremos a hombres.
18. Apóstoles salvan a hermanos.

19. Soy un apóstol, pero sois hijos.
20. Somos siervos, pero enseñaremos a siervos.
21. Sois mensajeros y traéis regalos a hombres.
22. Apóstoles salvarán a hombres de la muerte.

Lección 5

1. Desato al siervo en la iglesia.
2. Vemos las casas de los jóvenes.
3. El mensajero habla palabras de muerte a los soldados.
4. Los hermanos de los discípulos oirán las palabras de Dios.
5. El apóstol escribirá una parábola para las multitudes.
6. Los hijos de los apóstoles tienen amor y sabiduría y alegría.
7. Los discípulos conocen la enseñanza del apóstol.
8. El profeta de Dios escribe las palabras de la Escritura.
9. El camino del Señor es el camino de alegría y confianza.
10. Los hipócritas no saben el camino de vida y verdad.
11. El apóstol del Mesías recibe regalos de las sinagogas.
12. Dios conoce el corazón de un hombre.
13. Soy el camino y la verdad y la vida.
14. Conduciremos a los discípulos del Señor y los profetas de Dios y los hijos de los apóstoles fuera de las casas de pecado.
15. Los mensajeros conocen el evangelio de verdad, pero cobradores de impuestos no conocen el camino al reino de justicia.
16. Soldados toman los regalos de los hijos de los apóstoles.
17. Soy un hombre joven, pero tú eres un hombre de Dios.
18. No sabemos el día y la hora de salvación.

Lección 6

1. El apóstol amado enseña al siervo.
2. La iglesia es buena.
3. Los discípulos ven a los muertos.
4. El otro hombre oye la palabra de Dios en la iglesia.
5. Los malvados hombres hablan malas palabras en los últimos días.
6. Los buenos profetas hablan nuevas parábolas tanto a los hombres fieles como a las mujeres fieles.
7. Hablamos palabras buenas a los apóstoles buenos.
8. El Mesías del reino salva a los hombres fieles y a las mujeres fieles.
9. La buena mujer verá los días buenos del reino de amor.
10. Los hermanos son primeros, y los siervos son últimos.
11. Las mujeres sabias dicen cosas buenas.
12. Los hombres dignos conducirán a los hombres impuros a la sinagoga.
13. El apóstol del Señor dice una parábola buena a los discípulos amados.
14. Los caminos son buenos, pero los hombres son malos.
15. Verás los días buenos del Señor de vida.
16. El hijo del hermano incrédulo ve a los hombres dignos.
17. La verdad es buena y la hora es mala.
18. Hablas las buenas palabras a las malas iglesias y las malas palabras a los hermanos.

19. Las mujeres incrédulas glorificarán a Dios.

Lección 7

1. Los apóstoles desataron a los siervos.
2. Vimos a los hijos benditos.
3. Los discípulos predicaron a pecadores.
4. El Señor de vida salvaba a los hombres malos.
5. Los hombres malos se fueron, pero los buenos creyeron el evangelio.
6. Huisteis de las malas casas y (entrasteis) en la iglesia de Dios.
7. En el principio era el Verbo y el Verbo era Dios.
8. Jesús sufrió, pero los discípulos recibieron vida y salvación de Dios.
9. El apóstol enseñó a los discípulos y siguió conduciendo a los buenos hombres al reino de amor.
10. El Señor vio a los malvados hombres, pero vemos a los buenos.
11. Creísteis la verdad y comenzasteis a predicar el evangelio.
12. Oí y vi a los discípulos, pero oíste y viste al Señor.
13. Estuvimos en la iglesia, pero estuvisteis en las casas de pecado.
14. Bautizasteis a los hombres fieles, pero enseñábamos a los discípulos y glorificábamos a Dios.
15. El Señor salvó a las malas mujeres del pecado.
16. No hablasteis las palabras de verdad, pero malvados hombres creían en el evangelio.
17. El Señor tenía alegría y paz en el mundo.
18. Él estaba en el mundo, pero el mundo no recibió la verdad.
19. El Mesías enseñó tanto en el templo como en la sinagoga.

Lección 8

1. El discípulo lee una parábola sobre el reino.
2. Tiramos fuera las malas cosas de la casa.
3. Las buenas mujeres recibieron cosas buenas del hermano fiel.
4. Los hijos de los profetas hablaron palabras según la verdad.
5. A causa de la gloria del Señor escuchábamos una parábola de amor y paz.
6. Por las Escrituras sabemos la ley de Dios.
7. Dios envió ángeles al mundo.
8. Estábamos en la iglesia con los buenos apóstoles.
9. Traen a los malos soldados al templo.
10. Los jóvenes condujeron a los siervos buenos y a los hijos de los profetas a las casas de los discípulos.
11. Los hijos de hombres están en el templo.
12. Hablas contra la ley, pero hablo palabras de verdad.
13. Jesús sufrió por los pecados del mundo.
14. Los muertos están bajo la tierra.
15. El apóstol hablaba sobre los pecados de los niños.
16. Dios envió a los profetas antes de los apóstoles.
17. Estábamos con los discípulos en el desierto.
18. El apóstol fiel predicó en vez del Mesías.
19. El Señor conducía a los discípulos alrededor del mar y al desierto.
20. Los apóstoles enseñaban diariamente en el templo.

21. Cristo murió por los pecados de los hombres según las Escrituras.

Lección 9

1. Tus discípulos conocen al apóstol y lo conducen a su casa.
2. Enseño a mis hijos y les hablo la palabra de Dios.
3. Yo soy un siervo, pero tú eres el Señor.
4. Nuestros hermanos nos vieron y los vimos.
5. El Señor mismo me conducirá a su reino.
6. Tú verás la muerte, pero yo veré la vida.
7. El apóstol es fiel, pero sus siervos son malos.
8. Te vimos y te hablamos una parábola de amor.
9. Huisteis de nosotros, pero nosotros seguíamos enseñando en la iglesia.
10. En los últimos días Jesús conducirá a sus discípulos al reino.
11. Los hombres encontraron a sus niños y los condujeron a sus casas.
12. Vosotros recibisteis al Señor en vuestros corazones, pero nosotros huimos de la iglesia.
13. Yo sufrí, tú pecaste, pero él mismo nos salvó.
14. Vimos a los discípulos de nuestro Señor con nuestros hermanos.
15. Por ti Dios conducirá a sus niños al reino de amor.
16. Mi hermano recibió buenos regalos de vosotros.
17. Después de los días malos nosotros mismos veremos los días buenos.
18. Estamos con vosotros en vuestras casas.
19. Nosotros mismos sabemos el camino, y por ello te conduciremos a la iglesia misma.
20. A causa de mí verás al Señor.

Lección 10

1. Hemos escuchado la verdad.
2. Hemos sabido que Dios es amor.
3. Hemos creído que tú eres el santo de Dios.
4. Habéis desatado al siervo y lo habéis enviado a la iglesia.
5. Hemos escrito las palabras de verdad debido a nuestro amor por el apóstol.
6. El Mesías ha sufrido y ha conocido la muerte.
7. Habías desatado a los siervos de los hombres fieles porque estabas bueno.
8. Sabéis que el Hijo de Dios os ha salvado.
9. Sabemos que lo hemos conocido, porque hemos creído en él.
10. Yo he hablado la verdad, pero no me creísteis.
11. Para nosotros Dios ha preparado un reino.
12. Habéis oído que he pecado contra el Señor.
13. Yo he tenido gozo y paz, pero tú has sufrido porque no has confiado en el Señor.

Lección 11

1. Este apóstol conoce a ese apóstol.
2. Estos hombres escuchan a esos niños.
3. Este hombre ve a aquel en el templo.
4. Esta mujer tiene la paz en su corazón.
5. Escucharemos esta parábola sobre los malos demonios.
6. Estos tienen alegría, pero aquellos tienen pecado en sus corazones.

7. Esta es la palabra del Señor.
8. Conocemos a este hombre y lo conducimos con su capa a nuestras casas.
9. Traemos estos regalos del apóstol a nuestra iglesia.
10. Este es un hombre del mundo y un enemigo de Dios, pero aquel es un amigo de Dios.
11. Aquellos apóstoles son discípulos de este Señor.
12. Después de aquellos días conducirán a estos discípulos hacia el barco.
13. Los apóstoles del Señor comieron pan y fruta en el desierto.
14. Él mismo vio aquellas señales en el cielo.
15. Con estos hombres fieles los discípulos escucharon buenas parábolas, pero la gente escuchará palabras de muerte.
16. Esta mujer ha conocido la verdad misma.
17. A la misma iglesia Pedro condujo a estos ciegos buenos.
18. En aquellos días nosotros estábamos en el campo y enseñábamos a aquellos niños.
19. Este es el camino de muerte y pecado, y malvados conducen a sus niños a él.
20. Este libro es la palabra de Dios.
21. Estos no saben el tiempo del día del Señor.

Lección 12

1. Los siervos están siendo desatados por los apóstoles.
2. La verdad está siendo enseñada por los hijos de los discípulos.
3. El fiel discípulo está siendo salvado por el Señor.
4. El mensajero está siendo enviado por el apóstol fuera de la casa y al interior de la iglesia.
5. Las multitudes están siendo salvadas del mundo.
6. Malos hombres se glorifican a sí mismos, pero hombres dignos glorifican a Dios.
7. Los malos discípulos están siendo sacados fuera de las iglesias.
8. Los hombres mismos reciben la vida del Señor.
9. Las Escrituras están siendo leídas por los fieles discípulos.
10. Los buenos discípulos enseñan la palabra de verdad.
11. Las mujeres fieles vienen y están siendo bautizadas por los apóstoles.
12. Los niños fieles están siendo conocidos por Dios.
13. Estás haciéndote un buen discípulo.
14. El apóstol está siendo conducido con sus hermanos dentro de la iglesia de Dios.
15. Estáis saliendo del desierto y yendo dentro de la casa.
16. Estas siendo salvado de tus pecados por medio del Hijo de Dios.
17. Los pecadores no están saliendo de las malas casas porque no creen en Dios.
18. La mujer fiel está siendo salvada por su Señor.
19. Los pecadores están recibiendo a Cristo en sus corazones.
20. Los apóstoles oran tanto por los pecadores como les predican el evangelio a ellos.

Lección 13

1. Por ello los siervos han sido desatados por el Señor.
2. Hoy he sido bautizado por el buen apóstol.
3. Puesto que el Mesías correctamente viene tal como ha sido escrito sobre él en las Escrituras Sagradas.
4. Este hombre no ha sido bautizado en Jesús.
5. Nosotros mismos desataremos a los buenos siervos.
6. Ahora sois pecadores, pero luego seréis hijos de Dios.

7. Los hombres dignos mismos verán al Señor.
8. Conozco a Dios y soy conocido por él.
9. El demonio ha sido expulsado fuera del hombre.
10. Soy un pecador, pero soy salvado.
11. Ni siquiera los apóstoles mismos enseñarán la verdad cuando entren dentro de la iglesia.

Lección 14

1. Porque las palabras del profeta estaban siendo escritas en el libro.
2. Allí las escrituras de los apóstoles estaban siendo oídas por los pecadores.
3. En aquellos días estábamos siendo bien enseñados por los discípulos del Señor.
4. Entonces la multitud estaba saliendo fuera hacia el Señor, pero ahora no lo ve más.
5. Los demonios siempre estaban siendo expulsados por la palabra del Señor.
6. Las multitudes salían del desierto y entraban en la iglesia.
7. Inmediatamente los discípulos mismos desataron a los siervos del hombre justo.
8. Los apóstoles mismos recibieron pan y fruta de los discípulos.
9. Nosotros mismos vimos al Señor y creímos en él.
10. Aquí los siervos habían sido desatados por el buen hombre.
11. Estos se hicieron discípulos del Señor, pero estos aquellos eran todavía pecadores.
12. El Señor estaba cerca, pero él no estaba siendo visto por sus discípulos.

Lección 15

1. Los apóstoles fueron enseñados por los discípulos del Señor.
2. Las palabras de los profetas fueron escritas en las Escrituras.
3. Los apóstoles fueron enviados al mundo.
4. Por el amor de Dios el pecador fue salvado y se hizo discípulo del Señor.
5. El evangelio fue predicado en el mundo.
6. Entramos dentro de la iglesia y fuimos bautizados.
7. En ese día la palabra de Dios será escuchada.
8. Vimos al Señor y fuimos vistos por él.
9. Enseñasteis a los niños, pero fuisteis enseñado por el apóstol.
10. Los pecadores fueron recibidos en el cielo.
11. Los demonios fueron expulsados fuera de los malvados hombres por el Señor.
12. Dios fue glorificado por su Hijo y él será glorificado por nosotros.
13. Salvación, gozo, y paz estarán preparados para nosotros en el cielo.
14. Una voz fue oída en el desierto y será oída en la tierra.
15. Los ángeles fueron enviados al mundo.

Lección 17

1. El Verbo se hizo carne.
2. Vosotros sois la luz del mundo.
3. Este es mi cuerpo.
4. No tenemos esperanza porque no creemos en el Señor.
5. Fuimos salvados por gracia a través de (la) fe.
6. Ya no conocemos a Cristo según la carne.
7. Un magistrado vino a Jesús antes de la noche y fue enseñado por él.
8. Los niños recibieron cosas buenas de su madre.

9. Los sumos sacerdotes y los escribas enviaron a sus siervos dentro del templo.

10. El rey entra en la ciudad, pero el escriba sale al desierto.

11. El Hijo del Hombre tendrá el poder de juicio en ese día.

12. Los sacerdotes tienen la ley, pero ellos no tienen el amor de Dios en sus corazones.

13. En la resurrección los santos tendrán vida y paz.

14. Los pecadores escucharon las palabras de Cristo y recibieron su misericordia.

15. Las naciones no saben la voluntad y la gracia de Dios.

16. Los discípulos bautizaban en el nombre de Jesús.

17. Los malvados están en la oscuridad del pecado, pero los fieles escuchan las palabras del Señor y se hacen sus discípulos.

18. Yo os bauticé con agua, pero él mismo os bautizará con Espíritu.

19. Estas son las palabras del Espíritu Santo.

20. El apóstol habló estas cosas sobre los que mandan en este tiempo.

21. En aquella noche las palabras del evangelio fueron predicadas a los pecadores.

22. Después de la resurrección de Cristo los cuerpos de los santos fueron vistos.

Apéndice 4:

Paradigmas de los sustantivos

El artículo definido

	Singular			Plural		
	M.	F.	N.	M.	F.	N.
N.	ὁ	ἡ	τό	οἱ	αἱ	τά
G.	τοῦ	τῆς	τοῦ	τῶν	τῶν	τῶν
D.	τῷ	τῇ	τῷ	τοῖς	ταῖς	τοῖς
A.	τόν	τήν	τό	τούς	τάς	τά

Sustantivos

(1) Primera declinación

	Singular				
	Sustantivos femeninos			Sustantivos masculinos	
	"día"	"gloria"	"voz"	"discípulo"	"joven"*
N.	ἡμέρα	δόξα	φωνή	μαθητής	νεανίας
G.	ἡμέρας	δόξης	φωνῆς	μαθητοῦ	νεανίου
D.	ἡμέρᾳ	δόξῃ	φωνῇ	μαθητῇ	νεανίᾳ
A.	ἡμέραν	δόξαν	φωνήν	μαθητήν	νεανίαν
V.	ἡμέρα	δόξα	φωνή	μαθητά	νεανία

	Plural				
	Sustantivos femeninos			Sustantivos masculinos	
	"día"	"gloria"	"voz"	"discípulo"	"joven"*
N.V.	ἡμέραι	δόξαι	φωναί	μαθηταί	νεανίαι
G.	ἡμερῶν	δοξῶν	φωνῶν	μαθητῶν	νεανιῶν
D.	ἡμέραις	δόξαις	φωναῖς	μαθηταῖς	νεανίαις
A.	ἡμέρας	δόξας	φωνάς	μαθητάς	νεανίας

(2) Segunda declinación

	"hombre" Singular	"regalo" Singular
N.	ἄνθρωπος	δῶρον
G.	ἀνθρώπου	δώρου
D.	ἀνθρώπῳ	δώρῳ
A.	ἄνθρωπον	δῶρον
V.	ἄνθρωπε	δῶρον

	"hombre" Plural	"regalo" Plural
N.V.	ἄνθρωποι	δῶρα
G.	ἀνθρώπων	δώρων
D.	ἀνθρώποις	δώροις
A.	ἀνθρώπους	δῶρα

(2) Tercera declinación

	Singular	Plural
	"cuerpo"	
N.	σῶμα	σώματα
G.	σώματος	σωμάτων
D.	σώματι	σώμασι(ν)
A.	σῶμα	σώματα

	Singular	Plural
	"carne"	
N.	σάρξ	σάρκες
G.	σαρκός	σαρκῶν
D.	σαρκί	σαρξί(ν)
A.	σάρκα	σάρκας

	Singular	Plural
	"gobernante"	
N.	ἄρχων	ἄρχοντες
G.	ἄρχοντος	ἀρχόντων
D.	ἄρχοντι	ἄρχουσι(ν)
A.	ἄρχοντα	ἄρχοντας

	Singular	Plural
	"raza"	
N.	γένος	γένη
G.	γένους	γενῶν
D.	γένει	γένεσι(ν)
A.	γένος	γένη

	Singular	Plural
	"rey"	
N.	βασιλεύς	βασιλεῖς
G.	βασιλέως	βασιλέων
D.	βασιλεῖ	βασιλεῦσι(ν)
A.	βασιλέα	βασιλεῖς

	Singular	Plural
	"ciudad"	
N.	πόλις	πόλεις
G.	πόλεως	πόλεων
D.	πόλει	πόλεσι(ν)
A.	πόλιν	πόλεις

Adjetivos

(1) Temas que terminan en consonante ("buen[o]")

	Singular			Plural		
	Masc.	**Fem.**	**Neutro**	**Masc.**	**Fem.**	**Neutro**
N.	ἀγαθός	ἀγαθή	ἀγαθόν	ἀγαθοί	ἀγαθαί	ἀγαθά
G.	ἀγαθοῦ	ἀγαθῆς	ἀγαθοῦ	ἀγαθῶν	ἀγαθῶν	ἀγαθῶν
D.	ἀγαθῷ	ἀγαθῇ	ἀγαθῷ	ἀγαθοῖς	ἀγαθαῖς	ἀγαθοῖς
A.	ἀγαθόν	ἀγαθήν	ἀγαθόν	ἀγαθούς	ἀγαθάς	ἀγαθά
V.	ἀγαθέ	ἀγαθή	ἀγαθόν	ἀγαθοί	ἀγαθαί	ἀγαθά

(2) Temas que terminan en ε, ι, ρ ("pequeño")

	Singular			Plural		
	Masc.	Fem.	Neutro	Masc.	Fem.	Neutro
N.	μικρός	μικρά	μικρόν	μικροί	μικραί	μικρά
G.	μικροῦ	μικρᾶς	μικροῦ	μικρῶν	μικρῶν	μικρῶν
D.	μικρῷ	μικρᾷ	μικρῷ	μικροῖς	μικραῖς	μικροῖς
A.	μικρόν	μικράν	μικρόν	μικρούς	μικράς	μικρά
V.	μικρέ	μικρά	μικρόν	μικροί	μικραί	μικρά

(3) Adjetivo de dos terminaciones ("imposible")

	Singular		Plural	
	Masc./Fem.	Neutro	Masc./Fem.	Neutro
N.	ἀδύνατος	ἀδύνατον	ἀδύνατοι	ἀδύνατα
G.	ἀδυνάτου	ἀδυνάτου	ἀδυνάτων	ἀδυνάτων
D.	ἀδυνάτῳ	ἀδυνάτῳ	ἀδυνάτοις	ἀδυνάτοις
A.	ἀδύνατον	ἀδύνατον	ἀδυνάτους	ἀδύνατα
V.	ἀδύνατε	ἀδύνατον	ἀδύνατοι	ἀδύνατα

(4) πᾶς ("todo"/"cada")

	Singular			Plural		
	Masc.	Fem.	Neutro	Masc.	Fem.	Neutro
N.	πᾶς	πᾶσα	πᾶν	πάντες	πᾶσαι	πάντα
G.	παντός	πάσης	παντός	πάντων	πασῶν	πάντων
D.	παντί	πάσῃ	παντί	πᾶσι(ν)	πάσαις	πᾶσι(ν)
A.	πάντα	πᾶσαν	πᾶν	πάντας	πάσας	πάντα

(5) πολύς ("mucho," plural "muchos") y μέγας ("grande")

Singular						
	M.	**F.**	**N.**	**M.**	**F.**	**N.**
N.	πολύς	πολλή	πολύ	μέγας	μεγάλη	μέγα
G.	πολλοῦ	πολλῆς	πολλοῦ	μεγάλου	μεγάλης	μεγάλου
D.	πολλῷ	πολλῇ	πολλῷ	μεγάλῳ	μεγάλῃ	μεγάλῳ
A.	πολύν	πολλήν	πολύ	μέγαν	μεγάλην	μέγα

Plural						
	M.	**F.**	**N.**	**M.**	**F.**	**N.**
N.	πολλοί	πολλαί	πολλά	μεγάλοι	μεγάλαι	μεγάλα
G.	πολλῶν	πολλῶν	πολλῶν	μεγάλῶν	μεγάλων	μεγάλων
D.	πολλοῖς	πολλαῖς	πολλοῖς	μεγάλοις	μεγάλαις	μεγάλοις
A.	πολλούς	πολλάς	πολλά	μεγάλους	μεγάλας	μεγάλα

(6) ἀληθής ("verdadero")

	Singular		Plural	
	M./F.	**N.**	**M./F.**	**N.**
N.	ἀληθής	ἀληθές	ἀληθεῖς	ἀληθῆ
G.	ἀληθοῦς	ἀληθοῦς	ἀληθῶν	ἀληθῶν
D.	ἀληθεῖ	ἀληθεῖ	ἀληθέσι(ν)	ἀληθέσι(ν)
A.	ἀληθῆ	ἀληθές	ἀληθεῖς	ἀληθῆ

Pronombres personales

(1) Primera persona ("yo")

	Singular		Plural	
N.	ἐγώ	yo	ἡμεῖς	nosotros
G.	ἐμοῦ o μου	de mí, mí, o mío	ἡμῶν	de nosotros, nuestro(a)
D.	ἐμοί o μοι	a mí	ἡμῖν	a nosotros
A.	ἐμέ o με	me, a mí	ἡμᾶς	nos, a nosotros

(2) Segunda persona ("tú")

	Singular		Plural	
N./V.	σύ	tú	ὑμεῖς	vosotros
G.	σοῦ o σου	de ti, tú, o tuyo	ὑμῶν	de vosotros, vuestro(a)
D.	σοί o σοι	a ti	ὑμῖν	a vosotros
A.	σέ o σε	te, a ti	ὑμᾶς	os, a vosotros

(3) Tercera persona ("el," "ella")

	Singular					
	Masculino		Femenino		Neutro	
N.	αὐτός	él	αὐτή	ella	αὐτό	él o ella
G.	αὐτοῦ	de él, su, o suyo	αὐτῆς	de ella, su, o suya	αὐτοῦ	de él o de ella, su, o suyo(a)
D.	αὐτῷ	a él	αὐτῇ	a ella	αὐτῷ	a él o a ella
A.	αὐτόν	le, a él	αὐτήν	la, a ella	αὐτό	le o la, a él o ella

	Plural					
	Masculino		Femenino		Neutro	
N.	αὐτοί	ellos	αὐταί	ellas	αὐτά	ellos o ellas
G.	αὐτῶν	de ellos, sus, o suyos	αὐτῶν	de ellas, sus, o suyas	αὐτῶν	de ellos o de ellas, sus, o suyos(as)
D.	αὐτοῖς	a ellos	αὐταῖς	a ellas	αὐτοῖς	a ellos o a ellas
A.	αὐτούς	les, o a ellos	αὐτάς	las, o a ellas	αὐτά	les o las, a ellos o a ellas

Pronombres demostrativos

(1) El demostrativo de cercanía ("este," "esta")

	Singular			Plural		
	Masc.	Fem.	Neutro	Masc.	Fem.	Neutro
N.	οὗτος	αὕτη	τοῦτο	οὗτοι	αὗται	ταῦτα
G.	τούτου	ταύτης	τούτου	τούτων	τούτων	τούτων
D.	τούτῳ	ταύτῃ	τούτῳ	τούτοις	ταύταις	τούτοις
A.	τοῦτον	ταύτην	τοῦτο	τούτους	ταύτας	ταῦτα

(2) Demostrativo de lejanía ("aquel," "ese")

		Singular			Plural	
	Masc.	**Fem.**	**Neutro**	**Masc.**	**Fem.**	**Neutro**
N.	ἐκεῖνος	ἐκείνη	ἐκεῖνο	ἐκεῖνοι	ἐκεῖναι	ἐκεῖνα
G.	ἐκείνου	ἐκείνης	ἐκείνου	ἐκείνων	ἐκείνων	ἐκείνων
D.	ἐκείνῳ	ἐκείνῃ	ἐκείνῳ	ἐκείνοις	ἐκείναις	ἐκείνοις
A.	ἐκεῖνον	ἐκείνην	ἐκεῖνο	ἐκείνους	ἐκείνας	ἐκεῖνα

Pronombres interrogativos
("¿Quién?," "¿Cuál?," "¿Qué?," ¿Por qué?")

	Singular		Plural	
	Masc./Fem.	**Neutro**	**Masc./Fem.**	**Neutro**
N.	τίς	τί	τίνες	τίνα
G.	τίνος	τίνος	τίνων	τίνων
D.	τίνι	τίνι	τίσι(ν)	τίσι(ν)
A.	τίνα	τί	τίνας	τίνα

Pronombres indefinidos

El pronombre indefinido griego es τις / τι, que es el equivalente del español "alguien," "algo," y "un tal." Sus formas son idénticas a las del pronombre interrogativo aparte de la acentuación: el pronombre indefinido es un enclítico, que envía su acento a la palabra precedente

Pronombres relativos

k	Singular			Plural		
	M.	**F.**	**N.**	**M.**	**F.**	**N.**
N.	ὅς	ἥ	ὅ	οἵ	αἵ	ἅ
G.	οὗ	ἧς	οὗ	ὧν	ὧν	ὧν
D.	ᾧ	ᾗ	ᾧ	οἷς	αἷς	οἷς
A.	ὅν	ἥν	ὅ	οὕς	ἅς	ἅ

Pronombres relativos indefinidos

Singular	ὅστις, ἥτις, ὅτι
Plural	οἵτινες, αἵτινες, ἅτινα

Pronombres recíprocos

G.	ἀλλήλων
D.	ἀλλήλοις
A.	ἀλλήλους

Pronombres reflexivos

No hay por lo tanto ningún nominativo del pronombre reflexivo. El pronombre reflexivo de tercera persona se declina como αὐτός: ἑαυτοῦ, ἑαυτόν, etc. Las primeras y segundas personas están compuestas de una combinación de ἐμέ y σέ con αὐτός: ἐμαυτοῦ, ἐμαυτῷ, ἐμαυτόν; σεαυτοῦ, σεαυτῷ, σεαυτόν. En el plural, ἑαυτῶν/-οῖς/ούς funge para todas las personas.

Pronombres posesivos

Los pronombres posesivos ἐμός ("mi"), σός ("su"), ἴδιος ("su"), ἡμέτερος ("nuestro"), y ὑμέτερος ("sus") a veces son usados en vez del genitivo de los pronombres personales cuando se desea énfasis. Estos pronombres posesivos son declinados (y funcionan) como adjetivos regulares de las primeras y segundas declinaciones.

El númeral εἷς ("uno")

	Masc.	Fem.	Neutro
N.	εἷς	μία	ἕν
G.	ἑνός	μιᾶς	ἑνος
D.	ἑνί	μιᾷ	ἑνί
A.	ἕνα	μίαν	ἕν

Apéndice 5:

Sufijos o desinencias de caso y número

Los Sustantivos de la Primera Declinación

1	2	3	4	5	Plural
-α	-α	-η	-ης	-ας	-αι
-ας	-ης	-ης	-ου	-ου	-ων
-ᾳ	-ῃ	-ῃ	-ῃ	-ᾳ	-αις
-αν	-αν	-ην	-ην	-αν	-ας

Los Sustantivos de la Segunda Declinación

		Masc.	Neutro
Sg.	N.	-ος	-ον
	G.	-ου	-ου
	D.	-ῳ	-ῳ
	A.	-ον	-ον
	V.	-ε	-ον
Pl.	N.	-οι	-α
	G.	-ων	-ων
	D.	-οις	-οις
	A.	-ους	-α
	V.	-οι	-α

Sustantivos de la tercera declinación

		Masc./Fem.	Neutro
Sg.	N.	-ς, nada	nada
	G.	-ος	-ος
	D.	-ι	-ι
	A.	-α o -ν	nada
Pl.	N.	-ες	-α
	G.	-ων	-ων
	D.	-σι	-σι
	A.	-ας	-α

APÉNDICE 6:

SUFIJOS O DESINENCIAS VERBALES DE PERSONA Y NÚMERO

Desinencias/sufijos primarios

	Activa	Media/Pasiva	Activa	Media/Pasiva
	Singular		**Plural**	
1.	-ω	-μαι	-μεν	-μεθα
2.	-εις	-σαι (-η)	-τε	-σθε
3.	-ει	-ται	-ουσι(ν)	-νται

Desinencias/sufijos secundarios

	Activa	Media/Pasiva	Activa	Media/Pasiva
	Singular		**Plural**	
1.	-ν	-μην	-μεν	-μεθα
2.	-ς	-σο (-ου, -ω)	-τε	-σθε
3.	nada (o ν móvil)	-το	-ν ο -σαν	-ντο

APÉNDICE 7:

RESUMEN DE LAS PREPOSICIONES

Preposiciones que rigen un solo caso

Preposición	Caso	Significado
ἀνά	acusativo	arriba
ἀντί	genitivo	en lugar de, por
ἀπό	genitivo	de, desde, lejos de
εἰς	acusativo	en, adentro, a, para
ἐκ	genitivo	de, desde, por
ἐν	dativo	en, entre, a, ante, cerca de
πρό	genitivo	antes de
πρός	acusativo	a, hacia, con
σύν	dativo	con

Preposiciones que rigen dos casos

Preposición	Caso	Significado
διά	genitivo	a través de
	acusativo	por causa de
κατά	genitivo	contra
	acusativo	según
μετά	genitivo	con
	acusativo	después
περί	genitivo	acerca de
	acusativo	alrededor de
ὑπέρ	genitivo	por, en lugar de
	acusativo	más allá de, por encima de
ὑπό	genitivo	por
	acusativo	debajo de

Preposiciones que rigen tres casos

Preposición	Caso	Significado
ἐπί	genitivo	*en, sobre*
	dativo	*en, sobre*
	acusativo	*en, sobre*
παρά	genitivo	*de*
	dativo	*con*
	acusativo	al lado de

APÉNDICE 8:

PALABRAS DIVERGENTES POR LA ACENTUACIÓN O EL ESPÍRITU

ἀλλά	pero
ἄλλα	otras cosas

αὐτή	*nominativo femenino singular de* αὐτός
αὕτη	*nominativo femenino singular de* οὗτος

αὐταί	*nominativo femenino plural de* αὐτός
αὗται	*nominativo femenino plural de* οὗτος

εἰ	si (condicional)
εἶ	eres

εἰς	en
εἷς	uno

ἔξω	afuera
ἕξω	tendré (futuro indicativo de ἔχω)

ἡ	nominativo femenino singular del articulo definido
ἥ	nominativo femenino singular del pronombre relativo
ἤ	o

ἦν	*era* (imperfecto indicativo de εἰμί)
ἥν	acusativo femenino singular del pronombre relativo

| ὁ | nominativo masculino singular del articulo definido |
| ὅ | nominativo/acusativo neutro singular del pronombre relativo |

| ὄν | nominativo/acusativo neutro singular del presente participio de εἰμί |
| ὅν | acusativo masculino singular del pronombre relativo |

| οὐ | no |
| οὗ | genitivo masculino/neutro singular del pronombre relativo |

| τίς, τί, etc. | ¿Quién?, ¿Qué? |
| τις, τι, etc. | quien (en referencia a una persona/cosa en particular) |

| *ὤν* | *nominativo masculino singular del presente participio de εἰμί* |
| ὧν | genitivo plural del pronombre relativo |

Apéndice 9:

Formas principales de los verbos seleccionados

(Los paréntesis significan que tal forma no aparece en el Nuevo Testamento, pero no significa que esta forma no exista en la literatura griega antigua.)

Presente	Futuro	Aoristo	Perfecto activo	Perfecto medio	Aoristo pasivo
ἀγαπάω *amo*	ἀγαπήσω	ἠγάπησα	ἠγάπηκα	ἠγάπημαι	ἠγαπήθην
ἄγω *llevo*	ἄξω	ἤγαγον	(ἦχα)	ἦγμαι	ἤχθην
αἴρω *tomo, recojo*	ἀρῶ	ἦρα	ἦρκα	ἦρμαι	ἤρθην
ἀκούω *escucho*	ἀκούσω	ἤκουσα	ἀκήκοα	(ἤκουσμαι)	ἠκούσθην
ἁμαρτάνω *peco*	ἁμαρτήσω	(ἡμάρτησα) ἥμαρτον	ἡμάρτηκα	(ἡμάρτημαι)	(ἡμαρτήθην)
ἀφίημι *perdono*	ἀφήσω	ἀφῆκα	ἀφεῖκα	ἀφεῖμαι	ἀφέθην
βαίνω *voy*	βήσομαι	ἔβην	βέβηκα	(βέβημαι)	ἐβήθην
βάλλω *echo*	βαλῶ	ἔβαλον	βέβληκα	βέβλημαι	ἐβλήθην
γίνομαι *llego a ser, ser, estar*	γενήσομαι	ἐγενόμην	γέγονα	γεγένημαι	ἐγενήθην
γινώσκω *entiendo, conozco*	γνώσομαι	ἔγνων	ἔγνωκα	ἔγνωσμαι	ἐγνώσθην
γράφω *escribo*	γράψω	ἔγραψα	γέγραφα	γέγραμμαι	ἐγράφην
διδάσκω *enseño*	διδάξω	ἐδίδαξα			ἐδιδάχθην
δίδωμι *doy*	δώσω	ἔδωκα	δέδωκα	δέδομαι	ἐδόθην
δοξάζω *glorifico*	δοξάσω	ἐδόξασα	(δεδόξακα)	δεδόξασμαι	ἐδοξάσθην
ἐγείρω *levanto*	ἐγερῶ	ἤγειρα		ἐγήγερμαι	ἠγέρθην
ἐλπίζω *espero*	ἐλπιῶ	ἤλπισα	ἤλπικα		
ἔρχομαι *salgo, vengo*	ἐλεύσομαι	ἦλθον	ἐλήλυθα		
ἐσθίω *como*	φάγομαι	ἔφαγον			

ἑτοιμάζω *preparo*	ἑτοιμάσω	ἡτοίμασα	ἡτοίμακα	ἡτοίμασμαι	ἡτοιμάσθην
εὑρίσκω *encuentro*	εὑρήσω	εὗρον	εὕρηκα	(εὕρημαι)	εὑρέθην
ἔχω *tengo*	ἕξω	ἔσχον	ἔσχηκα		
θεραπεύω *curo*	θεραπεύσω	ἐθεράπευσα	(τεθεράπευκα)	τεθεράπευμαι	ἐθεραπεύθην
ἵστημι *pongo (en pie), establezco*	στήσω	ἔστησα ἔστην	ἔστηκα	(ἕσταμαι)	ἐστάθην
καλέω *llamo*	καλέσω	ἐκάλεσα	κέκληκα	κέκλημαι	ἐκλήθην
κηρύσσω *predico*	κηρύξω	ἐκήρυξα	(κεκήρυχα)	(κεκήρυγμαι)	ἐκηρύχθην
κρίνω *juzgo*	κρινῶ	ἔκρινα	κέκρικα	κέκριμαι	ἐκρίθην
λαμβάνω *tomo, recibo*	λήμψομαι	ἔλαβον	εἴληφα	(εἴλημμαι)	ἐλήμφθην
λέγω *digo, hablo*	ἐρῶ	εἶπον	εἴρηκα	εἴρημαι	ἐρρήθην
λείπω *me falta*	λείψω	ἔλιπον	(λέλοιπα)	λέλειμμαι	ἐλείφθην
λύω *desato*	λύσω	ἔλυσα	(λέλυκα)	λέλυμαι	ἐλύθην
μένω *permanezco*	μενῶ	ἔμεινα	μεμένηκα		
ὁράω *veo*	ὄψομαι	εἶδον	ἑόρακα ἑώρακα		ὤφθην
πάσχω *sufro*	(παθοῦμαι)	ἔπαθον	πέπονθα		
πείθω *confío en*	πείσω	ἔπεισα	πέποιθα	πέπεισμαι	ἐπείσθην
πέμπω *envió*	πέμψω	ἔπεμψα	(πέπομφα)	(πέπεμμαι)	ἐπέμφθην
πιστεύω *creo*	(πιστεύσω)	ἐπίστευσα	πεπίστευκα	πεπίστευμαι	ἐπιστεύθην
ποιέω *hago*	ποιήσω	ἐποίησα	πεποίηκα	πεποίημαι	(ἐποιήθην)
σώζω *salvo*	σώσω	ἔσωσα	σέσωκα	σέσωσμαι σέσωμαι	ἐσώθην
τηρέω *guardo*	τηρήσω	ἐτήρησα	τετήρηκα	τετήρημαι	ἐτηρήθην
τίθημι *pongo*	θήσω	ἔθηκα	τέθεικα	τέθειμαι	ἐτέθην
φιλέω *amo*	(φιλήσω)	ἐφίλησα	πεφίληκα	(πεφίλημαι)	(ἐφιλήθην)

Vocabulario griego-español

(La siguiente lista incluye todas las palabras de los vocabularios. Los números de sección indican la primera aparición de la palabra en un vocabulario.)

A, α

ἀγαθός, -ή, -όν, *bueno(a)*, §46
ἀγαπάω, *amo*, §127
ἀγάπη, ἡ, *amor*, §41
ἀγαπητός, -ή, -όν, *amado(a)*, §46
ἀγγέλλω, *anuncio*, §127
ἄγγελος, ὁ, *ángel, mensajero*, §36
ἅγιος, -α, -ον, *santo(a)*, §46
ἀγοράζω, *compro*, §160
ἀγρός, ὁ, *campo, terreno*, §36
ἄγω, *llevo*, §26
ἀδελφός, ὁ, *hermano*, §36
ἀδύνατος, -ον, *imposible*, §46
αἷμα, αἵματος, τό, *sangre*, §115
αἴρω, *tomo, recojo*, §127
αἰτέω, *pido*, §127
αἰών, αἰῶνος, ὁ, *tiempo, eternidad, edad*, §115
αἰώνιος, -ον, *eterno, eternal*, §46
ἀκάθαρτος, -ον, *impuro(a), sucio(a)*, §46
ἀκήκοα, perf. 2 de ἀκούω, §75
ἀκολουθέω, *sigo*, §127
ἀκούω, *escucho*, §26
ἀκούσω, fut. de ἀκούω, §26
ἀλήθεια, ἡ, *verdad*, §41
ἀληθής, ἀληθές, *verdadero*, §122
ἀλλά, *pero, sino* §36
ἀλλήλων, *unos a otros, entre si* §148
ἄλλος, -η, -ο, *otro(a)*, §46
ἁμαρτάνω, *peco*, §56
ἁμαρτία, ἡ, *pecado*, §41
ἁμαρτωλός, ὁ, *pecador*, §36
ἀμήν, *verdaderamente, en verdad*, §97
ἀμνός, ὁ, *cordero*, §79
ἄν, *partícula pospositiva no traducida al español que añade un elemento de eventualidad o indefinición a una oración o frase*, §154
ἀνά, *arriba* (con acusativo), §62
ἀναβαίνω, *subo, asciendo*, §127

ἀναγινώσκω, *leo*, §62
ἀνάστασις, ἀναστάσεως, ἡ, *resurrección*, §115
ἀνέῳξα, aor. 1 de ἀνοίγω, §62
ἀνήρ, ἀνδρός, ὁ, *hombre, marido, esposo*, §115
ἄνθρωπος, ὁ, *hombre, persona, ser humano*, §36
ἀνίστημι, *levanto, me levanto*, §164
ἀνοίγω, *abro*, §62
ἀντί, *en lugar de, por* (con genitivo), §62
ἄξιος, -α, -ον, *digno(a)*, §46
ἀξίως, *dignamente, de una manera digna*, §97
ἄξω, fut. de ἄγω, §26
ἅπας, ἅπασα, ἅπαν, *todo, todo entero*, §122
ἀπέθανον, perf. 2 de ἀποθνήσκω, §62
ἀπέρχομαι, *me voy*, §83
ἀπεστάλην, aor. 2 pas. de ἀποστέλλω, §104
ἄπιστος, -ον, *incrédulo(a), infiel*, §46
ἀπό, *de, desde, lejos de* (con genitivo), §41
ἀποδίδωμι, *regreso, pago, retribuyo*, §164
ἀποθνήσκω, *muero*, §62
ἀποκρίνομαι, *contesto, respondo*, §85
ἀποκτείνω, *mato*, §127
ἀπόλλυμι, *destruyo*, §164
ἀποστέλλω, *envío*, §127
ἀπόστολος, ὁ, *apóstol, mensajero*, §36
ἄρτος, ὁ, *impuro(a), sucio(a)*, §41
ἀρχή, ἡ, *inicio*, §41
ἀρχιερεύς, ἀρχιερέως, ὁ, *sumo sacerdote*, §115
ἄρχομαι, *comienzo*, §85
ἄρχω, *gobierno* (rige genitivo), §85
ἄρχων, ἄρχοντος, ὁ, *gobernante, jefe, magistrado*, §115
ἀσθενέω, *estoy débil*, §127
ἀσπάζομαι, *saludo*, §85
αὐτός, -ή, -ό, *él, ella, ello, mismo(a)*, §68
ἀφίημι, *perdono, dejo*, §164
ἄχρι, *hasta, hasta que* (con el genitivo), §92

B, β

βαίνω, *voy* (siempre es compuesto en el NT), §127
βάλλω, *echo*, §56

βαπτίζω, *bautizo*, §26
βαπτίσω, fut. de βαπτίζω, §26
βασιλεία, ἡ, *reino, reinado*, §41
βασιλεύς, βασιλέως, ὁ, *rey*, §115
βέβληκα, perf. 1 de βάλλω, §75
βεβάπτισμαι, perf. med./pas. de βαπτίζω, §92
βήσομαι, fut. dep. de βαίνω, §127
βιβλίον, τό, *libro*, §79
βλασφημέω, *blasfemo, hablo mal de*, §127
βλέπω, *veo*, §26
βλέψω, fut. de βλέπω, §26
βούλομαι, *deseo*, §85

Γ, γ

γάρ, *porque* (pospositivo), §92
γε, *ciertamente, por cierto, en verdad* (pospositiva)
γέγραμμαι, perf. med./pas. de γράφω, §92
γέγραφα, perf. 2 de γράφω, §75
γεννάω, *engendro*, §127
γένος, γένους, τό, *raza*, §115
γῆ, ἡ, *tierra, terreno*, §41
γίνομαι, *llego a ser, ser, estar* (necesita un complemento), §85
γινώσκω, *entiendo, conozco*, §36
γλῶσσα, *lengua, idioma*, §41
γνῶσις, γνώσεως, ἡ, *conocimiento*, §115
γραμματεύς, γραμματέως, ὁ, *escriba, maestro de la ley*, §115
γραφή, ἡ, *Escritura, carta*, §41
γράφω, *escribo*, §26
γράψω, fut. de γράφω, §26
γυνή, γυναικός, ἡ, *mujer, esposa*, §115

Δ, δ

δαιμόνιον, τό, *demonio*, §79
δέ, *ahora, pero* (pospositivo), §36
δεῖ, *es necesario, debe* (verbo impersonal; rige acc. e inf.), §139
δείκνυμι, *maestro*, §164
δεύτερος, -α, -ον, *segundo(a)*, §46
δέχομαι, *recibo*, §85
δέω, *ato, sujeto*, §127
δηλόω, *demuestro*, §127
διά, *a través de* (con genitivo); *por causa de* (con acusativo), §62
διάβολος, ὁ, *calumniador, diablo*, §79
διαθήκη, ἡ, *pacto*, §41
διακονέω, *sirvo, ministro a*, §127
διακονία, ἡ, *ministerio, servicio*, §41

διάκονος, ὁ, *ministro, siervo*, §36
διδάξω, fut. de διδάσκω, §26
διδάσκω, *enseño*, §26
διδαχή, ἡ, *enseñanza*, §41
δίδωμι, *doy*, §164
διέρχομαι, *paso por*, §83
δίκαιος, -α, -ον, *justo(a), justificado(a)*, §46
δικαιοσύνη, ἡ, *justicia, rectitud*, §41
δικαιόω, *justifico, declaro justo*, §127
διό, *por eso*, §92
δοκέω, *pienso* (δοκεῖ, *parace*), §127
δόξα, ἡ, *gloria*, §41
δοξάζω, *glorifico*, §26
δοξάσω, fut. de δοξάζω, §26
δοῦλος, ὁ, *siervo, esclavo*, §36
δύναμαι, *puedo, soy capaz*, §164
δύναμις, δυνάμεως, ἡ, *poder*, §115
δυνατός, -ή, -όν, *poderoso(a), capaz*, §46
δύο, *dos*, §122
δώδεκα, *doce*, §122
δῶρον, *regalo*, §36

Ε, ε

ἑαυτοῦ, *sí mismo, sí misma*, §148
ἐάν, *si*, §154
ἐὰν μή, *a menos que, a no ser que*, §154
ἔβαλον, aor. 2 de βάλλω, §56
ἐβαπτίσθην, aor. 1 pas. de βαπτίζω, §104
ἔβην, aor. 2 de βαίνω, §127
ἐβλήθην, aor. 1 pas. de βάλλω, §104
ἐγγίζω, *acerco*, §160
ἐγγύς, *cerca*, §97
ἐγείρω, *levanto, surjo*, §127
ἐγενήθην, aor. 2 dep. de γίνομαι, §104
ἔγνωκα, perf. 1 de γινώσκω, §75
ἔγνων, aor. 2 de γινώσκω, §56
ἐγνώσθην, aor. 1 pas. de γινώσκω, §104
ἔγνωσμαι, perf. med./pas. de γινώσκω, §92
ἐγράφην, aor. 2 pas. de γράφω, §104
ἐγώ, *yo*, §68
ἐδιδάχθην, aor. 1 pas. de διδάσκω, §104
ἐδοξάσθην, aor. 1 pas. de δοξάζω, §104
ἔθνος, ἔθνους, τό, *nación, Gentile*, §115
εἰ, *si*, §154
εἶδον, aor. 2 de ὁράω, §56
εἰμί, *soy, estoy*, §26
εἶπον, aor. 2 de λέγω, §56
εἴρηκα, perf. 1 de λέγω, §75
εἰρήνη, ἡ, *paz*, §41

εἰς, *en, adentro, a, para* (con el acusativo), §41

εἷς, μία, ἕν, *uno(a), un*, §122

εἰσέρχομαι, *entro en*, §83

εἶχον, imperf. de ἔχω, §56

ἐκ, *de, desde, por* (con el genitivo), §41

ἐκάλεσα, aor. 1 de καλέω, §127

ἕκαστος, -η, -ον, *cada uno(a), cada*, §46

ἐκβάλλω, *tiro fuera, echo fuera*, §62

ἐκεῖ, *allí, en ese lugar*, §97

ἐκεῖνος, -η, -ο, *aquel, aquella, aquello/eso, esa*, §79

ἐκηρύχθην, aor. 1 pas. de κηρύσσω, §104

ἐκκλησία, ἡ, *iglesia*, §41

ἐκπορεύομαι, *salgo de, vengo de*, §85

ἔλαβον, aor. 2 de λαμβάνω, §56

ἐλείφθην, aor. 1 pas. de λείπω, §104

ἔλεος, ἐλέους, τό, *misericordia*, §115

ἐλήμφθην, aor. 1 pas. de λαμβάνω, §104

ἔλιπον, aor. 2 de λείπω, §56

ἐλπίζω, *espero*, §160

ἐλπίς, ἐλπίδος, ἡ, *esperanza*, §115

ἔμαθον, aor. 2 de μανθάνω, §56

ἐμαυτοῦ, -ῆς, *mí mismo*, §148

ἐμός, -ή, -όν, *mi, mío*, §148

ἐν, *en, entre, a, ante, cerca de* (con el dativo), §41

ἐντολή, ἡ, *mandamiento*, §41

ἐξέρχομαι, *salgo*, §83

ἔξεστι(ν), *es permitido, es lícito*, §139

ἐξουσία, ἡ, *autoridad, derecho*, §41

ἔξω, *afuera* (con el genitivo), §97

ἔξω, fut. de ἔχω, §26

ἔπαθον, aor. 2 de πάσχω, §56

ἐπείσθην, aor. 1 pas. de πείθω, §104

ἐπέμφθην, aor. 1 pas. de πέμπω, §104

ἐπί, *en, sobre* (con genitivo, dativo, y acusativo), §62

ἐπιθυμία, ἡ, *deseo, lascivia*, §41

ἐπικαλέω, *llamo*, §127

ἐπιστολή, ἡ, *carta*, §41

ἐπιτίθημι, *deseo, lascivia*, §164

ἐπιτιμάω, *reprendo*, §127

ἐπορεύθην, aor. 1 dep. de πορεύομαι, §104

ἐργάζομαι, *trabajo*, §85

ἔργον, τό, *obra, trabajo*, §36

ἔρημος, ἡ, *desierto, región deshabitada*, §36

ἔρχομαι, *salgo, vengo*, §85

ἐρωτάω, *pregunto, pido*, §127

ἐσθίω, *como*, §56

ἔσχατος, -η, -ον, *último(a)*, §46

ἔσχηκα, perf. 1 de ἔχω, §75

ἔσχον, aor. 2 de ἔχω, §56

ἐσώθην, aor. 1 pas. de σώζω, §104

ἕτερος, -α, -ον, *otro(a), diferente*, §46

ἔτι, *todavía, aún, ya*, §92

ἑτοιμάζω, *preparo,,* §26

ἑτοιμάσω, fut. de ἑτοιμάζω, §26

ἔτος, ἔτους, τό, *año*, §115

εὐαγγελίζομαι, *anuncio las buenas nuevas, predico el evangelio*, §85

εὐαγγέλιον, τό, *evangelio*, §36

εὐθύς, *inmediatamente, al instante* (también aparece como εὐθέως), §97

εὐλογέω, *bendigo*, §127

εὕρηκα, perf. 1 de εὑρίσκω, §75

εὗρον, aor. 2 de εὑρίσκω, §56

εὑρίσκω, *encuentro*, §56

εὐχαριστέω, *agradezco, doy gracias*, §127

ἔφαγον, aor. 2 de ἐσθίω, §56

ἔφυγον, aor. 2 de φεύγω, §56

ἐχθρός, ὁ, *enemigo*, §79

ἔχω, *tengo*, §26

ἑώρακα, perf. 1 de ὁράω, §75

ἕως, *hasta, hasta que*, §92

Z, ζ

ζάω, *vivo*, §127

ζήσομαι, fut. dep. de ζάω, §127

ζητέω, *busco*, §127

ζωή, ἡ, *vida*, §41

H, η

ἤ, *o*, §92

ἤγαγον, aor. 2 de ἄγω, §56

ἠθέλησα, aor. 1 de θέλω, §56

ἠκούσθην, aor. 1 pas. de ἀκούω, §104

ἦλθον, aor. 2 de ἔρχομαι, §85

ἥλιος, ὁ, *sol*, §79

ἡμάρτηκα, perf. 1 de ἁμαρτάνω, §75

ἥμαρτον, aor. 2 de ἁμαρτάνω, §56

ἡμέρα, ἡ, *día*, §41

ἡμέτερος, -α, -ον, *nuestro*, §148

ἤνεγκα, aor. 1 de φέρω, §56

ἤνεγκον, aor. 2 de φέρω, §56

ἡτοίμακα, perf. 1 de ἑτοιμάζω, §75

ἡτοιμάσθην, aor. 1 pas. de ἑτοιμάζω, §104

ἤχθην, aor. 1 pas. de ἄγω, §104

Θ, θ

θάλασσα, ἡ, *mar*, §41

θάνατος, ὁ, *muerte*, §36
θαυμάζω, *me maravillo*, §160
θέλημα, θελήματος, τό, *voluntad*, §115
θελήσω, *fut. de* θέλω, §127
θέλω, *quiero, deseo*, §127
θεός, ὁ, *Dios, dios*, §36
θεραπεύω, *curo*, §26
θεραπεύσω, *fut. de* θεραπεύω, §26
θεωρέω, *veo, miro, percibo, observo*, §127
θλῖψις, θλίψεως, ἡ, *aflicción, tribulación*, §115
θρόνος, ὁ, *trono*, §79
θυγάτηρ, θυγατρός, ἡ, *hija*, §115

Ι, ι
ἴδε, *¡Mira!*, §160
ἴδιος, -α, -ον, *propio, suyo*, §148
ἰδού, *¡Mira!*, §160
ἱερεύς, ἱερέως, ὁ, *sacerdote*, §115
ἱερόν, τό, *templo*, §36
Ἰησοῦς, ὁ, *Jesús*, §36
ἱμάτιον, τό, *capa, vestido*, §79
ἵνα, *que, para, para que*, §154
ἵστημι, *pongo (en pie), establezco*, §164
ἰσχυρός, -ά, -όν, *fuerte*, §46

Κ, κ
καθαρίζω, *limpio*, §160
κάθημαι, *me siento*, §164
καθίζω, *me voy a sentar, me siento*, §160
καθώς, *como, así como*, §92
καί, *y*, §36
καὶ . . . καί, *tanto . . . y*, §36
καινός, -ή, -όν, *nuevo(a)*, §46
καιρός, ὁ, *tiempo, oportunidad*, §79
κακός, -ή, -όν, *malvado(a), malo(a)*, §46
καλέσω, *fut. de* καλέω, §127
καλέω, *llamo*, §127
καλός, -ή, -όν, *bueno(a), hermoso(a)*, §46
καλῶς, *bien, rectamente*, §92
καρδία, ἡ, *corazón*, §41
καρπός, ὁ, *fruto/a*, §79
κατά, *contra* (con genitivo); *según* (con acusativo), §62
καταβαίνω, *bajo, desciendo*, §127
κεφαλή, ἡ, *cabeza*, §41
κηρύξω, *fut. de* κηρύσσω, §26
κηρύσσω, *predico,,* §26
κλῆσις, κλήσεως, ἡ, *llamada*, §115
κόσμος, ὁ, *mundo*, §36

κράζω, *clamo, grito*
κρατέω, *asgo, aferro*, §127
κρίνω, *juzgo*, §127
κρίσις, κρίσεως, ἡ, *juicio*, §115
κύριος, ὁ, *Señor, señor, dueño*, §36

Λ, λ
λαλέω, *hablo, digo*, §127
λαμβάνω, *tomo, recibo*, §36
λαός, ὁ, *pueblo*, §79
λέγω, *digo, hablo*, §36
λείπω, *me falta*, §56
λέλυκα, *perf. 1 de* λύω, §75
λέλυμαι, *perf. med./pas. de* λύω, §92
λίθος, ὁ, *piedra*, §36
λογίζομαι, *tomo en cuenta*, §85
λόγος, ὁ, *palabra, mensaje*, §36
λύσω, *fut. de* λύω, §26
λύω, *desato*, §26

Μ, μ
μαθητής, ὁ, *discípulo*, §41
μακάριος, -α, -ον, *bienaventurado(a), bendito(a)*, §46
μανθάνω, *aprendo*, §56
μαρτυρέω, *doy testimonio, testifico*, §127
μαρτυρία, ἡ, *testimonio, testigo*, §41
μάρτυς, μάρτυρος, ὁ, *testigo*, §115
μέγας, μεγάλη, μέγα, *grande, gran*, §122
μείζων, μεῖζον, *grande, mayor*, §122
μέλλω, *estoy a punto de*, §139
μεμάθηκα, *perf. 1 de* μανθάνω, §75
μὲν . . . δέ, *por una parte . . . por otra parte* (pospositivo), §92
μένω, *permanezco*, §127
μεριμνάω, *me preocupa, me da ansiedad*, §127
μέρος, μέρους, τό, *parte*, §115
Μεσσίας, ὁ, *Mesías*, §41
μετά, *con* (con genitivo); *después* (con acusativo), §62
μετανοέω, *me arrepiento*, §127
μή, *no*, §26
μηδείς, μηδεμία, μηδέν, *nadie, nada*, §122
μήτηρ, μητρός, ἡ, *parte*, §115
μικρός, -ά, -όν, *pequeño(a)*, 46
μισέω, *odio, desprecio*, §127
μόνος, -η, -ον, *solo(a), único(a)*, §46
μυστήριον, τό, *secreto*, §79

N, ν

ναί, *sí, así es, de veras, ciertamente*
ναός, ὁ, *templo, santuario*, §79
νεανίας, ὁ, *joven*, §41
νεκρός, -ά, -όν, *muerto(a)*, §46
νεός, -ά, -όν, *nuevo(a)*, §46
νικάω, *venzo*, §127
νόμος, ὁ, *ley*, §36
νῦν, *ahora*, §92
νυνί, *ahora*
νύξ, νυκτός, *noche*, §115

Ο, ο

ὁ, ἡ, τό, *el, la*, §41
ὁδός, ἡ, *camino, vía*, §36
οἶδα, *sé*, §75
οἰκία, ἡ, *casa*, §41
οἰκοδομέω, *edifico, construyo*, §127
οἶκος, ὁ, *casa, hogar*, §36
ὄνομα, ὀνόματος, τό, *nombre*, §115
ὅπου, *donde*, §92
ὅπως, *para que*, §154
ὁράω, *veo*, §127
ὀργή, ἡ, *enojo, ira, castigo*, §41
ὅς, ἥ, ὅ, *que, el/la/lo que*, §148
ὅστις, ἥτις, ὅτι, *el cual, el que, cualquiera*, §148
ὅταν, *cuando, siempre que*, §154
ὅτε, *cuando*, §92
ὅτι, *que, porque*, §75
οὐ, *no*, §26
οὐαί, *¡Ay de...!*, §160
οὐδέ, *ni, ni siquiera*, §92
οὐδὲ . . . οὐδέ, *ni . . . ni*, §92
οὐδείς, ουδεμία, οὐδέν, *nadie, nada*, §122
οὐκέτι, *no más*, §92
οὖν, *entonces, así que*, §92
οὐρανός, ὁ, *cielo*, §79
οὗτος, αὕτη, τοῦτο, *este, esta, esto*, §79
οὕτως, *así, de esta manera*, §97
οὐχί, *no (forma enfática de οὐ)*, §92
ὀφθαλμός, ὁ, *ojo*, §79
ὄχλος, ὁ, *gentío, multitud*, §36
ὄψομαι, *fut. de ὁράω*, §127

Π, π

παιδίον, τό, *niño(a)*, §79
πάλιν, *otra vez, de nuevo*, §154
πάντοτε, *siempre*, §97

παρά, *de (con genitivo); con (con dativo); al lado de (con acusativo)*, §62
παραβολή, ἡ, *parábola*, §41
παραδίδωμι, *entrego, traiciono*, §164
παρακαλέω, *exhorto, animo, consuelo*, §127
παράκλησις, παρακλήσεως, ἡ, *estimulo, consuelo*, §115
παρρησία, ἡ, *franqueza, confianza*, §41
πᾶς, πᾶσα, πᾶν, *cada uno, cada, todo, entero*, §122
πάσχω, *sufro*, §56
πατήρ, πατρός, ὁ, *padre*, §115
πείθω, *confío en*, §26
πειράζω, *pruebo, tiento*, §160
πείσω, *fut. de πείθω*, §26
πέμπω, *envió*, §26
πέμψω, *fut. de πέμπω*, §26
πέντε, *cinco*, §122
πεπίστευκα, *perf. 1 de πιστεύω*, §75
πέποιθα, *perf. 2 de πείθω*, §75
πέμπομφα, *perf. 2 de πέμπω*, §75
πέπονθα, *perf. 2 de πάσχω*, §75
περί, *acerca de (con genitivo); alrededor de (con acusativo)*, §62
περιπατέω, *camino*, §127
περισσεύω, *abundo, desbordo*
περιτομή, ἡ, *circuncisión*, §41
Πέτρος, ὁ, *Pedro*, §79
πέφευγα, *perf. 2 de φεύγω*, §75
πιστεύσω, *fut. de πιστεύω*, §26
πιστεύω, *creo*, §26
πίστις, πίστεως, ἡ, *fe*, §115
πιστός, -ή, -όν, *fiel, confiable*, §46
πλανάω, *engaño, extravío*, §127
πλῆθος, πλήθους, τό, *multitud*, §115
πληρόω, *lleno, cumplo*, §127
πλοῖον, τό, *barco*, §79
πνεῦμα, πνεύματος, τό, *Espíritu, espíritu*, §115
ποιέω, *hago*, §127
πόλις, πόλεως, ἡ, *ciudad*, §115
πολύς, πολλή, πολύ, *mucho(a)*, §122
πονηρός, -ά, -όν, *malvado(a), malo(a)*, §46
πορεύομαι, *salgo, vengo*, §85
πότε, *¿cuándo?*, §97
πρίν, *antes que*, §139
πρό, *antes de (con genitivo)*, §62
πρός, *a, hacia, con (con acusativo)*, §62
προσέρχομαι, *vengo a*, mire §83
προσευχή, ἡ, *oración*, §41
προσεύχομαι, *oro*, §85

προσκυνέω, *adoro*, §127
προφήτης, ὁ, *profeto*, §41
πρῶτος, -η, -ον, *primero(a)*, §46
πῦρ, πυρός, τό, *fuego*, §115
πῶς, *¿Cómo?*, §154

Ρ, ρ
ῥῆμα, ῥήματος, τό, *palabra, dicho*, §115

Σ, σ
σάββατον, τό, *sábado, día de reposo*, §79
σάρξ, σαρκός, ἡ, *carne*, §115
σεαυτοῦ, -ῆς, *te, ti mismo*, §148
σέσωκα, *perf. 1 de σώζω*, §75
σέσωσμαι, *perf. med./pas. de σώζω*, §92
σημεῖον, τό, *señal*, §79
σήμερον, *hoy*, §92
σκανδαλίζω, *hago caer, hago pecar*, §160
σκότος, σκότους, τό, *tinieblas, obscuridad*, §115
σός, σή, σόν, *tuyo*, §148
σοφία, ἡ, *sabiduría*, §41
σοφός, -ή, -όν, *sabio(a)*, §46
σπείρω, *siembro*, §127
σπέρμα, σπέρματος, τό, *semilla, descendiente*, §115
σταυρός, ὁ, *cruz*, §79
σταυρόω, *crucifico*, §127
στόμα, στόματος, τό, *boca*, §115
στρατιώτης, ὁ, *soldado*, §41
σύ, *tú*, §68
σύν, *con* (con dativo), §62
συναγωγή, ἡ, *sinagoga*, §41
συνέρχομαι, *vengo junto con*, mire §83
σώζω, *salvo*, §126
σῶμα, σώματος, τό, *cuerpo*, §115
σώσω, *fut. de σώζω*, §26
σωτηρία, ἡ, *salvación*, §41

Τ, τ
τε, *y* (pospositivo)
τεθεράπευκα, *perf. 1 de θεραπεύω*, §75
τέκνον, τό, *niño(a), hijo(a)*, §36
τελειόω, *perfecciono, completo*, §127
τέλος, τέλους, τό, *fin, término*, §115
τελώνης, ὁ, *cobrador de impuestos*, §41
τέσσαρες, τέσσαρα, *cuatro*, §122
τηρέω, *guardo, obedezco*, §127
τίθημι, *pongo*, §164
τιμάω, *honro*, §127
τίς, τί, *¿Quién?, ¿Qué?, ¿Cuál?*, §148

τις, τι, *alguno, uno, cierto*, §148
τόπος, ὁ, *lugar*, §79
τότε, *entonces*, §92
τρεῖς, τρία, *tres*, §122
τρίτος, -η, -ον, *tercero(a)*, §46
τυφλός, ὁ, *ciego*, §79

Υ, υ
ὕδωρ, ὕδατος, τό, *agua*, §115
υἱός, ὁ, *hijo*, §36
ὑμέτερος, -α, -ον, *de ustedes, suyo*, §148
ὑπάρχω, *soy, estoy, existo*, §85
ὑπέρ, *por* (con genitivo); *más allá de, por encima de* (con acusativo), §62
ὑπό, *por* (con genitivo); *abajo* (con acusativo), §62
ὑποκριτής, ὁ, *hipócrita*, §41
ὑπομονή, ἡ, *perseverancia, persistencia*, §41

Φ, φ
φανερόω, *revelo*, §127
φέρω, *traigo, llevo*, §36
φεύγω, *huyo*, §56
φημί, *digo*, §164
φιλέω, *amo*, §127
φίλος, ὁ, *amigo*, §79
φόβος, ὁ, *temor, miedo*, §79
φωνέω, *llamo*, §127
φωνή, ἡ, *voz, sonido*, §41
φῶς, φωτός, τό, *luz*, §115

Χ, χ
χαρά, ἡ, , §41
χάρις, χάριτος, ἡ, , §115
χείρ, χειρός, ἡ, , §115
Χριστός, ὁ, , §36
χρόνος, ὁ, *gozo*, §79
χωρίς, *sin, aparte de* (con genitivo)

Ψ, ψ
ψεύδομαι, *miento*, §85
ψυχή, ἡ, *alma, vida*, §41

Ω, ω
ὧδε, *aquí, acá, en este lugar*, §97
ὥρα, ἡ, *hora*, §41
ὡς, *como, al igual que, como si*, §154
ὥστε, *para que*, §139
ὤφθην, *aor. 1 pas. de ὁράω*, §104

Índice temático

(Los números se refieren a las secciones de la gramática, no a las páginas.)